罪光全書 冊十五

中國哲學的精神

中國哲學認識論

臺灣學生書局印行

冊十五 總 目 錄

十五之一 中國哲學的精神

十五之二 中國哲學認識論

丙編　佛家的認識論

第七章　唯識論

3.

羅光全書 冊十五之一

中國哲學的精神

臺灣學生書局印行

序

三十八年以前，我由香港商務印書館出版了我第一册講中國哲學的書，書名是中國哲學大綱：今年我由學生書局出版這册書，書名中國哲學的精神。第一册書是我研究中國哲學的開端，這册書是我研究中國哲學的結論。在這兩册書出版時期的中間，我出版了整部中國哲學思想史，一共九册，又出版了儒家哲學的體系續編和儒家的形上學，代表我研究中國哲學的歷程，也代表我研究工作的辛勞和心血，因爲我是在行政工作中，抽出時間做研究的。

我寫第一册書，用系統的方法，寫中國哲學的大綱，沒有用歷史的方法；我寫這册書，也用系統的方法，不用歷史的方法，寫中國哲學的精神。

俞大維老先生常勸我用通俗方式寫一册介紹中國哲學的書，書中少引古人的話，我盡心用這種方式寫這册書，但是我怕既不通俗化，又不學術專門化；不過，讀起來，比較我其他的哲學書容易懂。

我讀過方東美先生的中國哲學的精神及其發展，和新儒家哲學十八講，牟宗三先生的中國哲學十九講，覺得都沒有把他們願意講的講完。我的這册書則把中國哲學的特點，分成十六章，擇要講明。中國哲學的特點精神當然很多，但是我認為這册書中的十六點，乃是特點精神最重要的，最代表有價值的。

目前大家在談整理中國的傳統文化，在談新儒學，首先便要研究清楚中國傳統哲學的精神，使整理的工作，和創新的工作有個起點，有個基礎。我便把我研究中國哲學五十年所得的結論，說給大家聽。說得對不對，請大家批評。

民國七十九年二月二十六日序於天母牧廬

中國哲學的精神

目錄

一　中國哲學的對象

——人生之道

一、學

中國古代沒有「哲學」的名詞，「哲學」，這個名詞是從西洋語文翻譯來的，在明朝末年耶穌會士傅汎際所譯的邏輯學，稱爲名理探，耶穌會士艾思及所著心理學，稱爲「性理觕述」，清朝初年耶穌會士利類思所譯聖多瑪斯神學大全三十卷，書名超性學要，民國初年耶穌會士馬相伯翻譯西洋哲學爲「格致之學」。民國初期教育部所定大學課程已經有「哲學」一課，「哲學」的名詞乃成爲通用的名字。

西洋各國語文的「哲學」名詞，都來自希臘。希臘的哲學爲人類對宇宙萬物的研究，當時的研究不是現代自然科學用實驗的研究，而是由理性去推論探尋，像是「性理之學」。在這一種學術裏包含現代的科學。中國古代沒有專門研究宇宙萬物的學術，然而有兼論宇宙萬物以講論人生之道的學術，歷代稱爲「諸子之學」，講論這種學術稱爲「講學」。

「諸子之學」起於春秋戰國時代，所謂「諸子」就是當時「講學」的教師，他們發表自己的思想，教授弟子，建立一種學說，結成一家，乃有荀子的「非十二子篇」，又有司馬談的「論六家要旨」。

在春秋戰國以前，書籍藏於官府，求學的人要向官吏領教。「衞公孫朝問於子貢曰：仲尼焉學？子貢曰：文武之道未墜於地，在人，賢者識其大者，不賢者識其小者，莫不有文武之道焉。夫子焉不學？而亦何常師之有」（論語 子張）孔子雖沒有一定的老師，但曾問禮於老聃，訪樂於萇弘，問官於郯子，學琴於師曠。孔子所問的這幾位當時都有守職。漢書「藝文志」根據劉歆的七略，乃認爲諸子都出自王官，民國初年章太炎遂倡諸子出於王官論，胡適作文辨駁（胡適文存第一集卷二）評爲沒有證據的錯論。

中國古代的哲學，祇用一個『學』字，講授者稱爲「講學」。受敎者稱爲「求學」。

「學」，在孔子的生活中最重要，他自己說：「吾十五而志於學。」（爲政）「默而識之，學而不厭，誨人不倦，何有於我哉。」（述而）「十室之邑，必有忠信如丘者焉，不如丘之好學也。」（公冶長）

孔子敎弟子甚麼呢？「子以四敎：文、行、忠、信。」（里仁）顏淵說：「夫子循循然善誘人，博我以文，約我以禮。」（子罕）「子曰：志於道，據於德，依於仁，游於藝。」（述而）

弟子求學，便不在於讀死書，「哀公問弟子孰為好學，孔子對曰：有顏回者好學，不遷怒，

不貳過，不幸短命死矣! 今也則亡，未聞好學者也。」(雍也)「子曰：君子食無求飽，居無

求安，敏於事而慎於言，就有道而正焉，可謂好學也已。」(學而)

上面的話，是一種描述的言語，具體上表示一個好學的人的生活態度。若從理論上去

問，儒家的學究竟有什麼對象？在上面引子貢的話，說孔子所學的是文武之道，「文武之道

未墜於地，在人，……夫子焉不學？」(子張)在同一篇裏有另一段話：「子夏曰：百工居肆

以成其事，君子學以致其道。」儒家的學，在於「道」。

不單是孔子授徒，稱為講學，門人受教，稱為求學或從學，別的各家也稱講學和從學。

孟子書中就有這種記載：「陳相見許行而大悅，盡棄其學而學焉。」(滕文公上)孟子以許行

所學為「道」，他說：「從許子之道，則市賈不貳。」(同上)孟子責許行：「今也南蠻鴃舌

之人，非先王之道，子倍子之師而學之。」

老莊道家當然不讚成求學，「為學日益，為道日損。損之又損，以至於無為。」(道德經第四

十八章)也不從事講學，因為他們主張一切順乎自性，不要加以人工。然而老莊卻更注重

「道」，人要順乎自然以行「道」。老子說：「聖人處無為之事，行不言之教。」(道德經第二

章)莊子說：「夫隨其成心而師之，誰獨且無師乎？奚必知代而心自取者，有之愚者與有

焉。」（逍遙遊）「故曰：至人無己，神人無功，聖人無名。」（逍遙遊）不學而自知本心，以本心爲師，乃能知「大道」。

二、道

孔子曾經說：「君子謀道不謀食，……君子憂道不憂貧。」（衛靈公）而且說：「朝聞道，夕死可也。」（里仁）可見孔子對『道』的重視，一切生活行動，都以『道』爲標準。「富與貴，是人之所欲也，不以其道得之，不處也。貧與賤，是人之所惡也，不以其道得之，不去也。」（里仁）孟子也說：「非其道，則一簞食不可受於人……如其道，則舜受堯之天下，不以爲泰。」（滕文公上）因此，孔子少年立志求學，到老還是「學而不厭」，以求學「道」。

孔孟所說的道，是堯舜文武之道。孔子自視傳承文武之道，他說：「文王既沒，文不在兹乎！」（子罕）又說：「我非堯舜之道，不敢以陳於王前。」（公孫丑下）孟子說：「欲爲君，盡君道，欲爲臣，盡臣道，二者皆法堯舜而已矣。」（離婁上）

但是在書經一册書裏，竟沒有一處講述堯舜之道，祇有「堯典」和「舜典」述說堯舜對政治的設施，還有「皋陶謨」和「洪範」講述修身治國的原則規律。「堯典」說堯皇……「光被

四表，格於上下。克明俊德，以親九族。……百姓昭明，協和萬邦。」皋陶對禹王說：「允

廸厥德，謨明弼諧。……慎厥身修，思永，惇敘九族。」……但是《書經》祇有「洪範篇」說：「遵

王之道」。後來孔子開始講學，「道」字便使用得多了，特別是在禮記一書裏和易經的「十

翼」裏，『道』字用到各方面：天道、地道、人道、天地之道、君子之道、小人之道、君

道、臣道、夫婦之道、孝道、世道、……等等。後來，社會上對每樁事情，都有作事之道、駕

讀書之道、趨考之道、用筆之道、畫畫之道、木匠之道、裁縫之道、以及目前駕車之道、

飛機之道、炒股票之道。

儒家孔、孟開始用『道』時，『道』字究竟有什麼意思？中庸說：「天命之謂性，率性

之謂道，修道之謂教。道也者，不可須臾離也，可離，非道也。」（第一章）大學的第一章

說：「大學之道，在明明德，在親民，在止於至善。」中庸又說：「誠者，天之道也；誠之

者，人之道也。」這幾段話說明了孔、孟所說之『道』。孔子雖然自己說過：「吾

道一以貫之。」（里仁）但是他卻沒有說出來他的一貫之道。『道』，在儒家開始的孔孟思想

裏是「人生之道」，卽人生的原則規律。

堯、舜在「堯典」和「舜典」的記載裏，指示他的臣子，怎樣好好盡職，治理人民，

「洪範」則條條指出治國修身之道。這些記載就代表堯舜之道。

到了孔子，開始授徒講學，把堯、舜之道用系統的講理方式講說，又爲給弟子一個簡明的標準，乃標出人生之道在於守禮：「非禮勿視，非禮勿聽，非禮勿言，非禮勿動。」（顏淵）人的生活一切遵照禮規而動，在抽象理論方面，孔子的一貫之道爲「仁」，在具體生活方面爲「禮」。

禮爲什麼可以是人生的原則規律。

「孔子曰：夫禮，先生以承天之道，以治人之情；故失之者死，得之者生。」（禮記 禮運）

「故禮，上事天，下事地，尊先祖而隆君師，是禮之三本也。」（荀子 禮論）

「禮者，天理之節文也。」（論語 顏淵 朱子集註）

禮，是天理的具體條文，由聖王按照天理而制成文，作人生的規律。孔子所以說：「文王旣沒，文不在玆乎？」他傳述文王的禮規，恢復堯、舜、文、武所敎的人生之道。

易經的「十翼」，闡明人生之道和天地之道的關係：因爲所謂的天理，就是天地運行之道。易經的「十翼」多次講說天道、地道、乾道、坤道，和天地之道，或總說爲「易道」。

「易之為書也，廣大悉備，有天道焉，有地道焉，有人道焉。」（繫辭下　第七章）

「昔者聖人之作易也，將以順性命之理，是以立天之道，曰陰與陽；立地之道，曰柔與剛；立人之道，曰仁與義。」（說卦　第二章）

聖王按天地之道而作禮，「必本於天，動而之地，列而之事，變而從時，協於分藝。其居人也曰養，其行之以貨力，辭讓，飲食，冠昏，喪祭，射御，朝聘，故禮義也者，人之大端也。」（禮記　禮運）

禮，用於人事的各方面，制有各種的條文，但再進一步研究，「天理和人」的關係。中庸就說到「性」。「天命之謂性」，天理在尚書裏稱為天命，來自上天。人為宇宙萬物的一部份，天理也在人。天理在人，即是人性。中庸乃說：「率性之謂道」，人生之道在於『率性』。「率性」是誠，中庸乃說：「誠者，天之道也；誠之者，人之道也。」人性的善惡問題所以成為儒家兩千年的研究對象。

儒家再進一步，研究性，以性為理，理便成為理學家的研究對象。

道和理的關係：道是人生的原則規律，理是這些原則規律的理由，雖然這種解釋不能代表歷代儒家學者的意見，但是主要的思想則是這種解釋。另一方面，從「理」的來源來說，

天理是來自天道，易經認爲是「一陰一陽之謂道。」（繫辭上 第五章）王船山說：

「一陰一陽之謂道，惟性之自出而言之道，謂天道也。……此太極之所以出生萬物成萬理而起萬事者也，資生資始之本體也，故謂之道。互古今，統天人，攝人物，皆受成於此。其在人也，則自此而善，自此而性矣。夫一陰一陽，易之全體大用也，乃訴善與性之所從出。統宗於道者，固卽此理。是則人物之有道，易之有象數，同原而不容歧視明矣。」（周易內傳 卷五）

道的基本爲天道，天道爲一切物理的根源，也是一切事理的根源。王船山常講道和器的關係，器是人事，人事有人事的原則規律，例如孝，有孝道；夫妻有夫婦之道。其他各事都是一樣，王船山以器先於道，在實際上先有了一椿事件，才有處理這椿事件之道，但這不是說先有了這椿事件，這椿事件造成了這種處理之道，道不由器所造成，而是『道』用於這椿事時，須先有事，卽是先有器。不過，這種先後的問題，乃是抽象理論方面的問題，在具體上，道器是同時存在的。有父子，便有孝道，道和器不相離。「可離，非道也。」

儒家的哲學，所研究的對象，爲「道」，卽人生之道，以人爲中心。但人不是孤單獨

立，而是宇宙萬物的一部份。人生之道的來源，來自天地之道，

由天地變易之道，到人生之道，儒家哲學研究人性，由孟、荀的人性論，理學家研究人

性之理。

人生之道不能祇在於抽象之理，必須有實行。爲實行人生之道，儒學研究人心和人情，

再進而研究修身之道，研究仁與孝，以及四達德和守敬克慾，再推而到齊家治國平天下，即

是儒家所說『內聖外王』之道。韓愈曾作一篇「原道」，他說：「夫所謂先王之教者，何也？

博愛之謂仁，行而宜之之謂義，由是而之焉之謂道，足於已而無待於外之謂德。……斯吾所

謂道也，非向所謂老與佛之道也。堯以是傳之舜，舜以是傳之禹，禹以是傳之湯，湯以是傳

之文武周公，文武周公傳之孔子，孔子傳之孟軻。孟軻之死，不得其傳焉。」這是儒家所謂

道統。

道家研究人生之道，以宇宙根源的「本體之道」作爲根本，老子講明「本體之道」，進

而推出「道之虛」，作爲人生之道。莊子更由「虛」而到「神妙」，講說與天地同化於氣而

成至人。

佛家講人生之道，和宗教信仰相結合，佛家相信人生爲「生、老、病、死」四苦……乃講

「苦、集、滅、道」四諦，道爲智慧，破除人的愚昧，明見萬法爲空，歸到永恒的眞如而入

三、道的範圍

中國哲學所有的對象，為人生之道，儒釋道三家以及墨學法家都有這個研究對象，但是儒釋道三家對於道的研究範圍，則各有不同。

儒家肯定人為實有體，宇宙萬物也是實有。人的生命週轉在實有宇宙以內。儒學的人生，即是在天地以內的人生；人生之道也就在宇宙以內。儒學不講身後，身後的善惡賞罰，則成於子孫身上。善惡的賞罰，以「家」為單位。儒家人生的最高目標天人合一，是天人合德，發育萬物。

在現實的人生內，儒家以「內聖外王」為範圍。「內聖外王」之道來自天地之道。漢儒和理學家都講究易經，漢儒從象數方面研究，構成五行的學說，影響了中華民族的全部生活。理學家從義理方面研究易經，追索易經的原本人生之道，乃建立『仁道』的人生，由仁道而有中道，由中道而有誠道。仁、中、誠，便是儒家哲學的基本點。易經的原本人生之道為天道，天道在人為人性，人性具有仁、中、誠之理。理由心而顯；性和心便成為儒家哲學

涅槃。

的中心點。仁道、中道、誠道的實行，首先在於修身，修身在於守敬，次則在於齊家，家齊在於孝。再推到治國平天下，治國平天下在於王道，王道即是仁政、守敬、行孝、施行仁政，乃是儒家哲學的結論。

王船山說：「中也，和也，誠也，則人之德言之，其實一也。」（周易內傳 卷五 繫辭上）

孟子說：「君子深造之以道，欲其自得之也，自得之，則居之安，居之安，則資之深；資之深，則取之左右逢源。故君子欲其自得之也。」（離婁下）

道家老、莊的生活觀，是超乎宇宙，和『道』相冥合的生活觀。『道』為「玄之又玄，眾妙之門。」（道德經第一章）「有物混成，先天地生，寂兮寥兮，獨立而不改，周行而不殆，可以為天下母，吾不知其名，字之曰道，強為之名曰大。」（道德經 第二十五章）「視之不見，名曰夷。聽之不聞，名曰希。搏之不得，名曰微。此三者不可致詰，故混而為一。其上不皦，其下不昧，繩繩不可名，復歸於無物。是謂無狀之狀，無物之象，是謂惚恍。迎之不見其首，隨之不見其後，執古之道以御今之有，能知古始，是謂道紀。」（道德經 第十四章）

以無限之本體『道』作人生的根基和歸宿，「故道生之，德畜之，長之育之，亭之毒之，養之覆之，生而不有，為而不恃，長而不宰，是謂玄德。」（道德經 第五十一章）玄德的人生，是自然無為的人生，是和元氣合而為一的生活。莊子「養生主篇」開端就說：「吾生也

有涯，而知也無涯，以有涯隨無涯，殆已！已而為知者，殆而已矣。為善無近名，為惡無近

刑，緣督以為經，可以保身，可以全生，可以養親，可以盡年。」郭象的注解說：「忘善惡

而居中，任萬物之自為，悶然與至當為一，故刑名遠己而全理在身也。」莊子藉顏回的口，

說：「墮肢體，黜聰明，離形去知，同於大通，此謂坐忘。」仲尼曰：同則無好也，化則無常

也，而果其賢也，丘也請從而後也。」（大宗師篇）

道家哲學的範圍，好似莊子「逍遙遊」篇所說的鵬，飛翔宇宙間，沒有限制。又好似莊

子書中所說的真人，和元氣相融，和『道』相通。由惚恍之『道』，到無為的自然，作為研

究的對象。研究的中心，則為養生。

佛教的人生之道，在於「苦、集、滅、道」四諦。先研究人生痛苦的緣因，歸之『無

明』，因『無明』以我和萬物為有，乃起貪慾。次則研究破除痛苦緣因的我執和物執，得萬

物皆空的智慧，再而由智慧（般若）以明見自性，最後由自性而和『真如』融合為一，進入涅

槃。從無明到智慧，都以『心』為中心點，所以佛教標出『明心見性』為研究主題。由『見

性』而入涅槃，是一種『心觀』。佛教哲學的範圍，是在『心』以內，『假心』為宇宙，

『真心』為『真如』。在『真如』內，一入一切，一切入一，萬法共融。

二　崇　實

──實有・實際

西洋哲學裏有唯心論，有唯名論，有唯物論，有唯實論（實有論）等等派別，依照學者對認識的對象所有的主張而分，有的主張對象爲不可知，名爲虛名；有的主張對象都是精神；有的主張對象都是物質，但是大部份學者在傳統上主張客體對象爲實有體，主張唯實論，

在生活上說，哲學思想常構成人們的生活觀，指引人們生活趨向目的。西洋哲學因着宗教的信仰，引導人趨向身後的永生目的，又結合宗教信仰構成超於現實的神秘生活。西洋哲學天主教或基督教的信仰，不以善惡的賞罰在現世完全實現，而是在人的身後永生得以完成。人的生命在現世爲旅程，到達永生才止於終極目的。因此西洋人的人生觀，在傳統上是超於現實生活的人生觀；西洋人的文明，在根本上含有超世的精神。西洋的古典美術、文學、政治、社會生活、社會倫理，都以宗教的永生信仰爲基礎；文藝復興以後，雖以現實的人生和宗教信仰相分離，但是永生的信仰，在康德、黑格爾、海德格、柏格森等哲學家的思想裏仍

然存在，而且在現代科學家的思想裏則更強烈。

中國的哲學，常是講人生之道。所講的人生，是現世的實際人生。儒釋道三家對人生的看法不同，所講的人生之道也就不同。儒家就現實人生以求現實人生之道，即是講現世人生之道，指示人們善渡現世的生活，不談出生以前，不講人死以後，只講現在生活的人生。孔子說：「未知生，焉知死。」（先進）中華民族的生活，是一種穩穩當當建立在現世的生活，而又是緊緊固固關在現世以內的生活。因此，中國哲學的基本精神，為一種重實的精神。雖然道家老莊和佛家的僧侶，努力企圖打破這種限制，老、莊引人走出現實以避世，佛教教人拋棄宇宙以出世，結果，道教的化人祇說住在高山孤島，佛教的輪廻仍轉回現生。

儒家重實的精神，在最初的典籍裏已經表現出來，「舜典」開端就說：「格汝舜，詢事考言，乃言底可績。」堯從實際的工作上，嘉獎舜有功績。「臯陶謨篇」記述帝舜治國的計劃：

「帝曰：臣作朕股肱耳目，予欲左右有民，汝翼。予欲宣力四方，汝為。予欲觀古人之象，日、月、星、辰、山龍、華蟲、作會；宗彝藻火粉米，黼黻絺繡，以五彩彰施于五色、作服，汝明。予欲聞六律，五聲、八音，在治忽以出納五

言，汝聽。」

用服飾音樂，卽是用實際的禮樂去治民，使能宣敎四方，使民能和皇帝相處，皇帝「左右有民。」

「洪範篇」所條擧的九疇，都是實際的事。爲治國，皇帝應該盡心盡力把這九項做好。

「初一，曰五行。次二，曰敬用五事。次三，曰農用八政。次四，曰協用五紀。次五，曰建用皇極。次六，曰乂用三德。次七，曰明用稽疑。次八，曰念用庶徵。次九，曰嚮用五福，威用六極。」

皇極一項，可以說是大原則，可以說是抽象理論；然而仍舊以皇帝爲人民行事的極原，皇帝固然要謹守中道，勿偏勿倚，這種中道要在實際事上顯明出來。

易經講天地的變易，爲卜筮之用，在幽明神秘中週轉；可是八卦由天地人物的實像而繪畫，天地的變易也由實際的現象而表現。易經的用，更是爲着實際的生活。

「易有聖人之道四焉……以言者尚其辭，以動者尚其變，以制器者尚其象，以卜筮者尚其占。」（繫辭上 第十章）

易經所有的是辭、爻、象、占，四者都用爲人的日常生活、「繫辭下」第二章而且舉例說明「製器者尚其象，神農氏倣效益卦作耒耜，倣效噬嗑作市集。古代皇帝堯、舜取法渙卦刳木爲舟，取法隨卦服牛乘馬，取法小過卦製造杵臼，倣效睽卦製造弓矢，取法大過造棺槨。」雖然中國古社會是否承認這些事實，然而繫辭所說，代表古人的一種思想。

孔子所教給弟子的『道』，在於「述而不作，信而好古」，所以他「不語怪力亂神」，（述而）而以禮爲根本。

孟子的志向：「居天下之廣居，立天下之正位，行天下之大道，得志與民由之，不得志獨行其道，富貴不能淫，貧賤不能移，威武不能屈，此之謂大丈夫。」（滕文公下）這種理想的目標，乃一種高尙的現世生活，後代儒家學者常守中庸所說：「君子尊德性而道問學。……國有道，其言足以與；國無道，其默足以容。詩曰：旣明且哲，以保其身。」（中庸第二十七章）「明哲保身」便是儒者生活的規律。

爲能明哲保身，儒家最重「時」，易經的許多卦辭裏，都說時的意義很重要：因爲一切

都在變易，為能適應，應該知道行動時變易的是怎樣。孟子稱讚孔子為「聖者之時者」，

（萬章下）這徹底表現儒家「重實」的精神。

為研究儒家的重實精神，我們從五方面去看：名學，本體論，變易，修身，治國。

一、名　學

西洋哲學有一種唯名論，主張人所有的認識沒有客觀的對象，所製成的名詞都是空的，祇有名，沒有實。唯心論便記名的意義完全由人心所造，好比佛教的唯識論，以一切識都由第八識阿賴耶識所造。

中國的哲學：儒家、墨家、法家、道家，都主張名有實，就是古代的名家也承認名有實。公孫龍有「名實論」和「指物論」兩篇，討論名和實的關係。在「名實論」裏，他說「物以物其所物而不過焉，實也。實以實其所實而不曠焉，位也，出其所位非位，位其所位者，正也。」名家的特點，不是否認名有實，而是把名離開實去作詭辯，例如白馬非馬，祇講白和馬兩個名字，不講實，名是一個名字，馬是一個名字，白加馬是兩個名字，當然不等於馬一個名字。

墨子的墨經，講論名字，「以名舉實。」（小取）墨經說「舉，擬實也。」（經上）「舉，

告也，以文名舉彼實也。」（經說上）墨經論到白馬非馬，另舉一例：

「牛馬之非牛，與可之同，說在兼。」（經下）

「或不非牛而非牛也，則或非牛或牛而牛也，可。故曰：牛馬非牛也，未可；牛

馬，牛也，未可。則或可，或不可，而曰：牛馬牛也未可，亦不可。且牛不二，馬

不二，則牛不非牛，馬不非馬。而牛馬非牛非馬。無難。」（經說下）

墨經不把名和實分離，牛和馬都有自己的實，牛指牛，馬指馬，牛馬合在一起，牛馬不

是牛，牛馬不是馬，因為牛為一，馬為一，牛馬合成二，所以不牛不馬。

儒家的名學，以荀子為代表。荀子對於名和實的關係，說的非常明白。他說：「名也

者，所以期累實也。」（正名）累字應該是異字，名是分別實的。

「故智者為之分別，制名以指實，上以明貴賤，下以別同異。貴賤明，同異

別，知是，則志無不喻之患，事無困廢之禍，此所為有名也。」（正名）

名是人所造，造名以指實。在沒有定名以前，可以選擇許多名，既選定以後，大家通用了，一實便祇有所選定的名，這個名乃是實名。

「名無固宜，約之以命，約定俗成謂之宜，異於約則謂之不宜。名無實，約之以命實，約定俗成，謂之實名。」（正名）

牛不稱實，則名不實，名不正。荀子和墨子都主張正名。這種正名是理則學和認識論的正名，孔子另外有種正名，是倫理學的正名。在倫理道德方面，一個名字按照倫理規律有它的權利義務，叫這個名字的人，便應該擁有所有的義務和權利。

「子路曰：衛君待子而為政，子將奚先？子曰：必先正名乎！子路曰：有是哉！子之迂也，奚其正！子曰：野哉由也！君子於其所不知，蓋闕如也。名不正，則言不順；言不順，則事不成；事不成，則禮樂不興；禮樂不興，則刑罰不中；刑罰不中，則民無所措手足。故君子名之必可言也，言之必可行也。君子於其言，無所苟而已矣。」（子路）

孔子的正名，使禮樂可以興起。禮，按照每人的名份分出上下；樂，協調大家的情緒，互相結合。每個人便要各自安居在各自的名份中，實際上表現出所有名份的意義。

「君子於其言，無所苟。」（憲問）言行要相符。孔子又注意到每個人說得到，要做得到。「子曰：君子恥其言而過其行。」又說：「今之成人者，……久要不忘平生之言。」孔子所謂成人，亦不出此三者。」

程頤注說：「知之明，信之篤，行之果，天下之達德也。」

信篤、行果，就是「重實」。

二、本體論

中國哲學在本體論上，有道家主張無，佛教主張空。但是究其實，老子的無，乃是無限之有，人沒有觀念和語言可以表達，才稱為無。佛家的空，則是以萬法（有）為絕對實體眞如的表形，所以是空，空的深處則有眞如。西洋哲學的唯名或唯心等等主張，也祇在名學上講空，在本體上誰也不能否認當前的萬物。儒家則不僅在名學上不講空，在本體論上，更是攻擊道佛的空無，極力主張萬物為實有。

朱熹論老子說：「老子之學大抵以虛靜無為，冲淡自守為事。故其為說，常以儒弱謙下

為表，以空虛不毀萬物為言。其為治，雖曰：『我無為而民自化』，然不化者則亦不之問也。

其為道每每如此，非特『載營魄』一章之指為然也。若曰『旁月日，批宇宙，揮斥八極，神

氣不變』者，是乃莊生之荒唐。其曰：『光明寂照，無所不通，不動道場，徧周沙界者』。

則又瞿曇之幻語；老子初曷嘗有是哉」。(朱子語類 卷第一百二十五)

「向光儒論老子，多為之出脫：云老子乃矯時之說，以某觀之，不是矯時，只是不見實

理，故不知禮樂刑政之所出，而欲去之。」(朱子語類 卷第一百二十五)

明末清初王夫之的思想，特別注意在一「實」字。他論太虛說：「太虛，一實理者也。

故曰：誠者，天之道也。用者，皆其體也。故曰：人之道也。」(思問錄內篇) 王夫之以誠為

實，他說：「誠也者，實也。實有之也，固有之也。無有弗然，而非他有耀也。」(尚書引義

洪範三) 他追從張載以太虛為氣之本體，本體為誠、為實。

儒家在本體論的「實」，以氣為基礎。易經祇提到太極和陰陽，沒有加以解釋，漢朝儒

者接納戰國時新起的五行思想，以太極為元氣，由太極生陰陽兩氣，然後變生五行。到了宋

朝，張載正式提出太虛或稱太和，為氣的本體，由太和而生陰陽，宇宙萬物都由氣所成，氣

中含有理。氣為實有，也不是抽象的原素，而是使物成為實體的具體原素。太和雖是無形，

仍是實體。張載說：「太虛無形，氣之本體。其聚其散，變化之客形爾。」(正蒙 太和)

「太和所謂道，中涵浮沉升降，動靜相感之性。是絪縕相盪，勝負曲伸之始。……散殊而可象者爲氣，清濁而不可象者爲神，不如野馬絪縕，不足謂之太和。」（太和）

朱熹不主張太極爲太虛之氣，以太極爲理之極致，又把理和氣分開，但是他主張每物都由理和氣而成，理成物性，氣成物形，理氣不能分離存在，有是理，便有是氣；有是氣，理才有依着處。所以氣是實的，是具體的。

陸象山和王陽明特別講心，以心爲理。他們所講的心是孟子所講性善之心，爲仁義禮智之心，是實體之心，也就是荀子所說的虛靈之心，朱熹所說清氣的心。

王夫之隨從張載，作正蒙注，以氣爲太極，然不是太虛，而是已有陰陽之氣，祇是陰陽沒有顯露出來。因此王夫之最注重一個「實」字，理要是「實理」，氣要是「實氣」，德要是「實德」，知爲「實知」，心爲「實心」。

「故誠其意者，皆出於不妄，而心爲實心，知爲實知。意亦誠實之意，而後爲善去惡之幾，決矣。」

「誠者有是實心，別有是實理。有是理，則有是物，故近近而吾身之形形色色，遠而萬物之生生化化，萬事之原原本本，皆誠以成之也。」（四書訓義 卷

誠，爲倫理的眞實無妄，倫理的誠也來自本體的眞實無妄；就如倫理的眞實乃自本體之

眞，所以王夫之認爲宇宙萬物，都由眞實而成，若本體不眞實就不能成物。本體的眞實，乃

其他一切眞實的基礎。

三、變　易

中國哲學的儒道佛三家都主張宇宙萬物常在變，儒家以太極變而生陰陽五行，道家以道

變而生一二三，佛敎以宇宙萬法無常，故變。變的思想，乃中國哲學的特點。

儒家講變易，以易經爲本，易經在「繫辭上」第四章，說明『易』的意義：

「易與天地準，故能彌綸天地之道，仰以觀於天文，俯以察於地理，是故知幽明

之故，原始反終，故知死生之說。精氣爲魂，游魂爲變，是故知鬼神之情狀。

與天地相似，故不違。知周乎萬物，而道濟天下，故不過。旁行而不流，樂天

知命，故不憂。安土敦乎仁，故能愛。範圍天地之化而不過，曲成萬物而不

遺，通乎晝夜之道而知，故神無方而易無體。」

天地鬼神人物，一切都常在變易，變易貫通天地萬物。天地鬼神人物的變易，由氣而成。易經說：「一陰一陽之謂道，繼之者善也，成之者性也。」（繫辭上　第五章）氣分陰陽，陰陽相交，結成萬物。兩氣在宇宙以內繼續變易，在萬物以內也繼續變易，造成宇宙的生命。易經以變易為化生生命，「生生之謂易。」（繫辭上　第五章）肯定「天地之大德曰生。」（繫

辭下　第一章）

變化在時間空間進行，易經便注重時和位，為能把握時和位，易經特別強調『中正』；中為反卦的第二爻和第五爻，這兩爻居上下兩卦的中央；正為陰陽得其位，陰居第二爻，陽居第五爻，卦有中正的爻，陰陽居在適當的時位，卦為吉卦。一物的成素陰陽。若恰得中正，這物便是好物。

中正用到倫理上，便是中庸，「子曰：中庸其至矣乎！民鮮能久矣。」（中庸　第三章）「仲尼曰：君子中庸，小人反中庸。君子之中庸也，君子而時中；小人之反中庸也，小人而無忌憚也。」（中庸　第二章）孟子乃以孔子為「聖之時者」。

變易乃實際的變易，為內聖外王，都要注意宇宙和人事的變易，以求得「恰得其當」的

『中庸』。「子曰：道之不行也，我知之矣，知者過之，愚者不及也。道之不明也，我知之

矣，賢者過之，不肖者不及也。人莫不飲食也，鮮能知味也。」（中庸 第四章）范仲淹論治國

說：「天下之理，如循環焉，惟聖人說卦觀象，窮則變，變則通，通則久。非知變者，其能

久乎？此聖人作易之大旨，以授於理天下者也，豈徒然哉！」（范文正公集 卷八 書上執政書）孟子

也曾經說：「齊人有言曰：雖有智慧，不如乘勢，雖有鎡基，不如待時。」

王夫之長於史論，以「春秋史法」評論史事，然對於史事的變化過程，則用易經的變易

原則，尤其注重「幾」。幾為一事將發而尚未發時的先兆，好比一根筍將要出土，土稍呈凸

形。明智的人可以覺察到事發的幾，馬上謀求應付之道。事已發生，則能造成『勢』，時勢

的力量，可大可小，明智的人知道或是順勢，或是任勢，或是違勢而作中流砥柱。因此，人

事的變化，乃是非常實際的，不能虛造，也不能忽視。俗語說：「識時務者為俊傑」。但是

儒家並不是主張與流俗合污，而是教人行道要合於時，〈中庸第十章，孔子論『強』，即是論

『勇』，孔子說：

「故君子和而不流，強哉矯！中立而不倚，強哉矯！國有道不變塞焉，強哉

矯！國無道至死不變，強哉矯！」（第十章）

和於時，然不流於俗。隨時而變，然變中有不變。

四、內聖——修身

儒家論人生之道，目的在於修身。中西哲學講修身之道，方式不同。西洋哲學以修身之道歸之於宗教，整部聖經條陳了修身的原則和方法，整系哲學則不提修身。西洋宗教的修身，以克慾免罪爲起點，進而行善修德，最後進而心靈和上帝天主相結合，雖不能直觀上帝天主，然而心靈與上帝天主之間，發生神秘性的超於人性的實際關係。印度哲學則和宗教信仰融合一體，印度的修身之道充滿了神秘性的靜觀。中國儒家的修身之道，堅守「率性之謂道」，避免超乎人性或出乎人性的神秘方法，習用孟子的養心和中庸的盡性。

孟子主張人心生來具有仁義禮智的種子，做人之道在於培養這種種子，成爲善德。但人心不幸也懷有情慾，情慾趨向耳目的享受，阻礙仁義禮智的種子之發育，人便要克慾。孟子說：「養心莫善於寡慾。其爲人也寡慾，雖有不存焉者寡矣；其爲人也多慾，雖有存焉者寡矣！」（盡心下）大學、中庸講修身寡慾由慎獨開始，獨自在家，事事謹慎，心想似乎有無數的眼睛在看，絕對不可慌亂，「小人閒居爲不善，無所不至，見君子而后厭然，揜其不善而

著其善。人之視己，如見其肺肝然。則何益矣。此謂誠於中，形於外；故君子必慎其獨

也。」（大學 第六章）「是故君子戒慎乎其所不睹，恐懼乎其所不聞，莫見乎隱，莫顯乎微；

故君子慎其獨也。」（中庸 第一章）

儒家修身之道的中心點，在於「心安」，使心不亂，也就是孟子所說的收心。宋朝理學

家楊時、李延年等力行佛教坐禪方法的靜坐，使心不動，情慾不起。朱熹反對這種方法，提

出「守敬」以求「心安」。

王陽明主張致良知，他的弟子便廢除克慾，李卓吾乃任性狂妄。明末清初的學者們，例

如王夫之，極力攻擊「陽明學派」的空疏和狂妄，主張實踐孔、孟克慾守禮之道。

儒家的聖人，達到中庸所說「盡性」，參贊天地的化育。他們的生活境界似乎非常神

秘，中庸描述說：

　　「仲尼，祖述堯舜，憲章文武，上律天時，下襲水土，辟如天地之無所不持

　　載，無不覆幬，辟如四時之錯行，如日月之代明。萬物並育而不相害，道並行

　　而不相悖，小德川流，大德敦化，此天地之所以為大也。」（第三十章）

　　「唯天下至聖，……溥博如天，淵泉如淵，見而民莫不敬，言而民莫不信，行

而民莫不説……」（第三十一章）

「唯天下至誠，……肫肫其仁，淵淵其淵，浩浩其天。苟不固聰明聖知達天德者，其孰能知之。」（第三十二章）

中庸的神秘性的描述，實則就是聖人與天地合其德，心靈充滿天心的仁愛，聖人的精神和天地的精神相合，乃能表現易經所説宇宙生生的神妙莫測；然而並不是超乎宇宙和上帝相結合的神秘。

五、外王──治國

儒家學道的目的，在於「行道」，把堯舜文王之道推行全國，使國治天下平。孔子所以自信「文王既沒，文不在茲乎？」自己負有傳承文王之道的使命。孟子自信：「夫天未欲平治天下也，如欲平治天下，當今之世，捨我其誰哉？」（公孫丑 上）

老子也講治國平天下，然而他的政治思想雖然很簡單，「絕聖棄智」，使民回到初民的

樸素生活，其實乃是烏托邦不着實際的政治思想。莊子不講治國，只談養生以成至人或眞人。然而他的至人或眞人，則是虛幻的構想，後來成爲道家的仙人。儒家的政治哲學乃是實際治國平天下的哲學。

儒家的政治哲學以人爲主，從人的生活着想。人有兩面的生活：身體的生活和心靈的生活，孟子所以主張使民能夠飽食煖衣，然後加以教育。孔子更主張「政者，正也。」（論語 顏淵）朝廷官員、君王諸侯都要先正自己的心身，然後倡導正國人的心身。孟子以孔子的仁道實用到政治上，主張施行仁政，仁政就是王道。王道以仁，霸道以力。

「孟子曰：以力假仁者霸，霸必有大國。以德行仁者王，王不待大。湯以七十里，文王以百里。以力服人者，非心服也，力不贍也。以德服人者，中心悅而誠服也。」（公孫丑　上）

孔、孟倡導德政，到了戰國末期，社會道德淪沒，荀子主張性惡，傾向法家。漢朝初年因經過長期戰亂，人心思安，皇帝採用道家思想，無爲而治，使民得以休息。漢武帝則以國勢富強，力圖擴充王權，乃一面獨尊儒家，一面又採取法治。由漢朝到清朝，歷代的政治，

外面是儒家的德治，內面則是法家的嚴刑峻法，以求在實際上可以治國。因此，歷代所說內聖外王的王道，德治變爲法治，也是爲應實際的情況。但是儒家卻不貴以術治國，雖以法治，仍要誠實。王夫之說：「以大義服天下者，以誠而已矣。未聞其以術也。」（讀通鑑論 卷

（二）

儒家政治的目標，在於禮記「禮運篇」所說的大同：

「大道之行也，天下爲公，選賢與能，講信修睦。故人不獨親其親，不獨子其子，使老有所終，壯有所用，幼有所長。矜寡孤獨廢疾者皆有所養。男有分，女有歸，貨惡其棄於地也，不必藏於己，力惡其不出於身也，不必爲己。是故謀閉而不興，盜竊亂賊而不作，故外戶而不閉。是謂大同。」

大同的政策，有似是烏托邦的幻想，歷代儒家沒有人追求這種政策的全部實現，然局部的追求，則是後代所謂小康計劃，各朝的明主賢相也能夠着實達到目的。

儒家以人生之道敎人，人爲生活先要修身，然後齊家，最後能夠治國平天下，事事都注重實事實物。中華民族乃成爲一個看重實際生活的民族，不傾於神秘和幻想的生活。儒家研

究的方法，以實際生活的體驗爲途徑，不走純粹推理的路。孔子、孟子的語錄，都屬實際生活的經驗談，朱熹和宋明理學家的語錄也是走同樣的路線。王夫之的著作雖不是語錄，然仍不離實際體驗的方法。因此實際生活體驗方式，成爲中國哲學方法的特徵。

三 貴 心 靈

——心靈爲上，精神爲重

一、儒家的心學

當代的我國學人，談中西文化，常說西洋文明爲物質文明，東方中國文明爲精神文明。究其實「精神」和「物質」怎樣分別，沒有人說清楚，兩者的內容，在列舉事件時，也不明白。西洋人的生活以宗敎信仰爲基礎，西洋的宗敎信仰爲基督信仰，即是天主敎和基督敎，以來生爲人生的目的，克慾守誠，以求心靈和天主上帝相結合，可是人的感官常和世物相接觸，人心對身體享受的慾望很強，人乃注重現世快樂而輕忽來生快樂，西洋人便在生活上傾向物質，但是他們生活的基礎，仍舊是靈魂的來世永生。宗敎人士所寫的脩身書籍，講論心靈的修養，較比儒家的修身書籍多得很多，祇因爲是宗敎的修身書，講哲學的人不講，普通社會人士也不讀，留給敎會的隱修團體去看去行，我國研究西洋文化或文明的學人，當然沒有看過一册，便說西洋人祇重物質享受，不講精神修養。

儒家講人生之道，以人爲中心。按照孟子所說：

「公都子問曰：鈞是人也，或爲大人，或爲小人，何也？孟子曰：從其大體爲大人，從其小體爲小人。曰：鈞是人也，或從其大體，或從其小體，何也？曰：耳目之官不思，而蔽於物，物交物則引之而已矣。心之官則思，思則得之，不思則不得也，此天之所與我者，先立乎其大者，則其小者不能奪也，此爲大人而已矣。」(告子上)

耳目感官乃人的小體，心靈乃人的大體，孟子所以說：「體有貴賤，有大小，無以小害大，無以賤害貴，養其小者爲小人，養其大者爲大人。」(同上) 人的生活，以心靈的生活爲主。

荀子講理由：

「心居中虛，以治五官，夫是謂之天君。」(天論)

「心者，形之君也，而神明之主也。出令而無所受令，自禁也，自使也，自奪也，自取也，自行也，自止也，故口可刼而使墨云，形可刼而使詘申，心不

可郤而使易意，是之則受，非之則辭。」（解蔽）

「心何以知？曰：虛壹而靜。」（解蔽）

荀子以心「虛壹而靜」，為精神體，能知，能主宰。這種主張，後來成為儒家一貫的思想。

朱熹說：

「心是神明之官，為一身之主宰。性便有許多道理，得之於天而具於心者，發於知識思慮處皆是情，故曰心統性情。」（朱子語類　卷九十八）

陸象山更以心為理，心和理為一，心外無理。

「人心在靈，此理至明，人皆有是心，心皆具是理。」（象山先生全集　卷二十二雜說）

王陽明便倡「致良知」說，以心為良知，人反觀自心，便知道事情的善惡，這是人的良知。把心所指示的善惡，做到行動上，乃能致良知於行為，遂為「致良知」。

心在儒家的思想裏，在本體方面，指着性，性爲理，心便爲理，在用的方面，指着情，情爲心之動。因此，朱熹說「心統性情」，情爲心之用，指着情由心所發動，心自己本身的工作，則在於知和主宰。西洋哲學在傳統的思想上，主張人有靈魂，靈魂爲人生命的中心，靈魂爲精神體，靈魂和身體合成人，人爲靈魂精神體和身體物質體所成。靈魂具有兩種官能，一爲理智，能知：一爲意志，能主宰。當代西洋哲學廢除了靈魂（anima）觀念，代以Mind 理智觀念，然而又不是傳統哲學的理想——專司知識，也含有主宰情感的意識，有似中國哲學的心。Mind 不能獨立存在，人一死就滅了。

儒家的心不是魂，人的生死不在於心，而在於魂魄，魂魄合則人活，魂魄散則人死，人死後的存在不是心，是魂。若主張魂的氣散歸天地元氣，人就沒有死後的存在。

儒家的心，代表人的精神生命，身體代表物質生命，人爲心物合一體，具有精神和物質兩方面的生活。

精神的生活以心爲中心，因爲心能知，能夠知道天理，一方面知道自己裏面的人性，一方面知道外面事物的物理。大學爲脩身，主張致知格物。朱熹和陸象山對這個問題意見不同，朱熹主張內知性理外知物理，陸象山主張祇反觀自心的性理。王陽明在陸象山文集的序中，說心學由孟子發起，斷了九百年，由陸氏繼承。這種斷語對不對，我們來簡單看看儒學的心學。

孟子主張心有良知良能，心有天生的仁義禮智之端，即是仁義禮智之理，心天然知道這種理，不用學習，又天生有作仁義禮智的行為之能，稱為良知良能。王陽明講致良知，就是講孟子的良知良能。孟子講心有兩種意義：一、以心代表性，二、以心作脩身的中心。孟子以心代表性，孟子主張性善，因為子思在中庸裏開端就說：「天命之謂性，率性之謂道，修道之謂教。」人的生活須以人性為標準，《大學》也以性為明德，「大學之道，在明明德。」然而性善究竟怎樣可以知道？性為抽象觀念，人在生活行動時，不能衹看心善，或更好說心善就是性善。孟子乃提出心、人心天生是善，心為具體之性，心代表性，性善就是一個抽象觀念作標準，孟子便說心生來有仁義禮智之端：

「所以謂人皆有不忍人之心者。……由是觀之，無惻隱之心非人也，無羞惡之心非人也，無辭讓之心非人也，無是非之心非人也。惻隱之心，仁之端也；羞惡之心，義之端也；辭讓之心，禮之端也；是非之心，智之端也。人之有是四端也，猶其有四體也」。（公孫丑　上）

仁義禮智之端，即是人性。

「孟子曰：口之於味也，目之於色也，耳之於聲也，鼻之於臭也，四肢之於安逸也，性也，有命焉，君子不謂性也。仁之於父子也，義之於君臣也，禮之於賓主也，智之於賢者也，聖人之於天道也，命也，有性焉，君子不謂命也。」（盡心 下）

孟子反對告子以「生之謂性」（告子 上）感官的天生傾向，屬於人的良能，仁義禮智也屬於人的良能，都可稱為命，但是感官的良能沒有良知，不能稱為性，仁義禮智根於心，有良知，才可稱為性，因此孟子以心代表性。

第二點，孟子以心作脩身的中心，因為善在心裏有種子，即是仁義禮智之端，脩身便在培養這種善的種子。孟子說：養性，養心。

「雖存乎人者，豈無仁義之心哉！其所以放其良心者，亦猶斧斤之於木也，旦旦而伐之，可以為美乎？其日夜之所息，平旦之氣，其好惡與人相近也者幾希！則其旦晝之所為，有梏亡之矣，梏之反覆，則其夜氣不足以存，夜氣不足以存，則其違禽獸不遠矣。人見其禽獸也，而以為未嘗有才焉，是豈人之情也哉？」（告子 上）

心生來是有仁義禮智的種子，但也有妨害種子的情慾，中庸第一章說過情慾發動須中節，問題就在於情慾發動常多不中節，那就要人自克慾，孟子稱克慾為寡慾，使情慾的數目

少些，使情慾的衝勁小些。

「孟子曰：養心莫善於寡欲。其為人也寡欲，雖有不存焉者寡矣；其為人也多欲，雖有存焉者寡矣。」（盡心　下）

克制情慾，目的為培養仁義禮智的種子，使能完全發揚，達到盡心或盡性。孟子說：

「盡其心者，知其性也。知其性則知天矣。存其心，養其性所以事天也。」（盡心　上）中庸則講盡性，在第二十二章說至誠的人，能盡個性又能盡人性，再能盡物性，達到參贊天地的化育，同天地合德。

荀子講性講心和孟子不同，荀子主張性惡，他所說的惡是情的惡，不是性的惡，「凡性者，天之就也，不可學，不可事。禮義者，聖人之所生也；人之所學而能，所事而成也。不可學，不可事而在天者，謂之性；可學而能，可事而成之在人者，謂之偽；是性偽之分也。」（性惡）「生之所以然者，謂之性。之初所生，精合感應，不事而自然者，謂之性。」（正名）

荀子之性有兩種意義：一種以性為天然，一種以「精合感應」的和情慾相合的天然傾向。孟子稱這種天然傾向為『命』，不以為慾的傾向也是不學而能的天然，如同好好色，惡惡臭，

『性』。荀子的性惡是人性經過心的良知之善，荀子則以心為人行動的主宰，即屬於偽，不

屬於心。荀子說：「然則從人之性，順人之情，必出於爭奪，合於禮分亂理，而歸枯暴。」
（性惡）荀子把性和情連在一起，從性順情乃生惡。

荀子講心，從理論方面講心，即講心的體用，心的體為虛靈，心的用在知識和主宰。荀

子說心『虛壹而靜』。

「心何以知？曰虛壹而靜，心未嘗不藏也，然而有所謂虛；心未嘗不兩也，然
而有所謂壹；心未嘗不動也，然而有所謂靜。人生而有知，知而有志，志也
者，藏也；然而有所謂虛，不以所已藏害所將受，謂之虛。心生而有知，知而
有異，異也者，同時兼知之，同時兼知之，兩也；然而有所謂一，不以夫一害
此一謂之壹，心臥則夢，偷則自行，使之則謀，故心未嘗不動也；然而有所謂
靜，不以夢劇亂知謂之靜，未得道而求道者，謂之虛壹而靜。」（解蔽）

心之體為精神體，所以是虛，可以接受無限的知識，可以同時知道許多事理，可以動而
不亂。朱熹後來解釋因為心的氣非常的清，心的用為知為主宰。

「心有徵知；徵知，則緣耳而知聲可也，緣目而知形可也。然而徵知必將待天
官之當簿其類，然後可也。」（正名）

（解蔽）心枝散在別的事上，有感覺也沒有知，徵知又解為徵召之知，即是回憶，徵知又解為
徵知，緣着感官而知道外物。心不在，感覺也不能感到外物。荀子說『心枝則無知』，
徵實之知，則對事理有證據，徵知又解為徵實的天生良知。心的知，便包括人所有的知識。

心能主宰，荀子說：

「心居中虛，以治五官，夫是謂之天君。」（天論）

「心者，形之君也，而神明之主也，出令而無所受令。自禁也，自使也，自奪
也，自取也，自行也，自止也。」（解蔽）

人有自由，自作主宰。人自作主宰是由心作主宰。荀子主張善為偽，不是天生，就是主
宰善由人心作主而作的，是人為的，不是人本性所有的。

荀子的性論，以本性傾向為惡，以人心主宰可以行善。荀子的心論，說明了心的虛壹而

靜的本體，和能知能主宰之用。

漢朝儒家已經講『氣』，董仲舒以心之氣爲淸。「氣之淸者爲精，……治身者以積精爲寶。……身以心爲本。」（春秋繁露卷七　通國身）

宋朝理學家的朱熹和陸象山都因對心的主宰不同，互起爭論。朱熹以心統性情，性爲心之本，情爲心之用，和孟子的思想相近。張載已接受漢儒和荀子的思想，說『虛與氣，有心之名。』（正蒙　太和）心爲淸氣所成，朱熹也接納這種主張，又以爲心之理就是性，性之理爲天理，卽天生之理。人由理氣而成，理爲性，氣爲情，理氣相合而成人，人以心爲主，心便有理和氣，因此心統性情。「心是神明之官，爲一身之主宰，得之於天而具於心者，發於知識思慮處皆是情。故曰心統性情。」（朱子語類　卷九十八）朱熹更以人心來自天地之心，人心有天理，更有天理之情。易經常講天地之心和天地之情，天地之心情在於使萬物化生。朱熹說天地以化生萬物爲心，人得天地之心，故仁，「仁者，天地生物之心。」（朱子語類　卷五十三）「天地以生物爲心，天包着地，別無所作爲，只是生物而已。亘古至今，生生不窮，人物則得此生物之心以爲心。」（朱子語類　卷五十三）

朱熹在儒家的心學，上承易經和孟子的思想，以心爲善，心之善爲仁，爲生命，也就是愛之理。仁和生物之心相連，聖人是仁人，乃參贊天地的化育，爲中庸所講的至誠之人，又

是《易經》所講「與天地合其德」的大人。孔子所主張的仁，在朱熹的心學上，取得了有系統的發展。仁為天地好生之心，又為天地好生之德，人得天地之心，人心故仁，人心也好生，發展人心到了最完全處，便是天人合一的仁道。

陸象山則別開一面，以心等於理，理為性，性由理而顯。心能知，為孟子所說的良知，人為行善避惡，只須反觀自心，便知道行為之道。陸象山倡『心外無理』，在致知格物上，和朱熹唱對臺戲，朱熹研究外物以求知行為之理，陸象山倡反觀自心以求知行為之理。性由心而顯為孟子的思想，心有良知也是孟子的思想，王陽明後來乃說孟子的心學被漢、唐的學者所忘記，由陸象山繼承傳揚。實際上孟子以性由心顯，在於心顯性之善，孟子的良知在於心天然傾於善，和陸象山的主張並不相同，王陽明自己繼承陸象山的思想，更以心等於理。；心等於良知，但卻不講良能，而以人勉力以致良知於行為，使良知能夠完全實現。所以王陽明之學稱為心學，認為是孟子的心學。究其實，兩者間的關係並不多，反而王學和佛教的心學更有關係，把整個的哲學，或人生之道，緊縮到一個心字上，有唯心論的傾向。在認識論方面，王陽明就主張沒有心的知，物就是不存在，物以心為體；同時心又以物為體，沒有物的知，心也不存在。雖然這種講法，是在認識論，不在本體論，物的本體並不因人的認識而存在，但在對人來說，沒有認識就沒有物。心在王陽明的學說中最為重要。

儒家哲學的對象在人生之道，人生乃是脩身之道，孔子以仁為道德的總綱，孟子以仁為人心，脩身在於養心，朱熹說明仁乃天地生物之心，人得天地之心為仁，人因仁而參天地之化育，「與天地合其德」，王陽明以良心為良知，致良知乃人生脩身的總則，心在儒家的哲學裏，乃是中心。

王夫之反對王陽明的心學，評為空疏，流於放縱邪僻。他主張心統理、氣、知、覺、習。生命之理，為人的體，理在氣中，心是氣。知、覺、習，為心之用，即生命之用。體用不分，理、氣、知、覺、習都統在心中。為脩身，應注意心之動，為注意心之動，則要注意心動之幾。幾是將動尚未動，以思去主宰，思是心之思，能夠主宰動，心動有情，有情則有欲。若不能主宰幾，等心動而後主宰，則就難了。「知覺昏與情相應，相應，以思御知覺，而後與性相應，但知覺則與欲相應。以思御知覺，而後與理相應。」

（讀四書大全說卷十 頁三〇、三一）王夫之的心說，繼承張載的思想。加上他自己對於「動之幾」的思想，可以作為中國儒家的最後結論。

儒家講論人生之道，孔子以人生之道在於仁道，孟子以仁為人心，人心為人的大體，荀子以人心為虛靈的精神體，人心的仁，便是人的精神生命。後來理學家以心為思想的中心，都注重發揚人的精神生命。

二、道家和佛教的心學

1. 道家的心學

老子在道德經中很少講心，祇在五章中提出心字：「心善淵」。（第八章）「馳騁畋獵，令人心發狂」（第十二章）「我愚人之心哉，」（第二十章）「聖人無常心，以百姓之心爲心。」（第四十九章）「心使氣，曰強。物壯則老，謂之不道。」（第五十五章），從這幾段引語看老子的心字，乃是一般所說的人。最可注意的，是『心善淵』和『心使氣』，老子主張一切自然，常人的心和身體相連，容易爲感覺所動，人要使自心成爲虛淵，不爲世物所動，一切順着自然。

莊子也有老子的思想，以人心使人離開自然，違反天性而自有作爲。荀子以人心作僞爲僞，僞成仁義道德。莊子則以人心作僞爲惡，「德又下衰，……然後去性而從心，心與心識知而不足以定天下，然後附之以文，益之以博，文滅質，博溺心，然後民始亂，無以返其性情而復其初。」（繕性）「夫子曰：夫道覆載萬物者也，洋洋乎大哉！君子不可以不刳其心。」

（天地）「夫子」可以說是老子，也可以說是莊子，「剖」不是剖去，而是剖深剖寬，如同老

子所說「心善淵」。心深淵，心寬大，才可以和道相接。在上面所引的一段話的後面，莊子

說「君子明於此十者，則韜乎其事心之大也。」

心淵深，則能虛靜，虛靜則明：「水靜則明燭鬚眉，平中準，大匠取法焉。水靜猶明而

況精神，聖人之心靜乎，天地之鑒也，萬物之鏡也。夫虛靜恬淡，寂寞無為者，天地之平，

而道德之至也。」（天道）

莊子承認心是精神，能知，能虛靜。莊子對於心的知，有許多批評，以心的知為理性的

知，理性的知有限，為小知，人按着知識去行事，「心與心識知而不足以定天下，然後附之

以文，益之以博，……無以返其性情而復其初。」莊子主張氣知為大知，氣不是人之氣和物

之氣直接相提，結成一種直見或直覺，不經過思慮，和萬物相通，以通於道，這種大知或至

知，雖然由氣相通而成，大知的顯明還是不在心裏，因為心是人知識的中心，光明如同鏡

子，大知也在心的鏡子上顯明出來。人按在知而生活，乃能一切順乎天然。莊子乃以心為心

齋，為靈臺。

心齋，心虛空沒有世界的事物，心靜寂除盡世事的慾念。「心定而王天下，其鬼不祟，

其魂不疲。一心定而萬物服，言以虛靜，推於天地，通於萬物，此之謂天樂，天樂者，聖人

體。

之心以畜天下也。」（天道）為能有心齋，必要先忘記外面一切事物，最後還要忘記自己的肢

「梓慶削木為鐻，鐻成，見者驚猶鬼神。魯侯見而問焉曰：子何術以為焉？對曰：臣工人何術之有！雖然，有一焉。臣將為鐻，未嘗以耗氣也，必齋以靜心，齋三日，而不敢懷慶賞爵祿；齋五日，不敢懷非譽巧拙；齋七日，輒然忘吾有四肢形體也。當是時也，無公朝，其巧專而外骨消。然後入山林，觀天性；形軀至矣，然後成見鐻，然後加手焉。不然則已，則以天合天，器之所以疑神者，其是與！……知忘是非，心之適也，不內變，不外從，事會之適也。始乎適而未嘗不適者，忘適之適也。」（達生）

「工倕旋而蓋規矩，指與物化而不以心稽，故其靈台一而不桎。」（同上）

莊子的『心齋』，忘記世界一切物體，忘記自己的身軀，心成為一處空虛的書齋。以心接納事物，沒有適和不適的感受，有「忘適之適」，心乃成為靈臺，光明虛靜。莊子「應帝王篇」裏的無名人說：「汝遊心於淡，合氣於漠，而無容私焉，而天下治矣。」莊子的「在

宥篇」說：「把神以靜，形乃自正，必靜心清，無勞汝形，無搖汝精，乃可以長生。」

莊子的心說，在於使心靜而不動，不知不想，不愛不憎，讓生活的變化順乎自然。在忘

記一切以後，得到人生的至善，享受生命的天樂。

老、莊的消極人生觀，墮棄形骸，忘懷一切，然後由心然而動，人之氣和宇宙之氣相

通，達到「至人」的境界。

2. 佛教的心學

中國佛教的心學，發端在南北朝的般若學。般若學為中國佛教大乘的初期思想以道安、

支遁、僧肇等為主要學者。佛教傳入中國時，依附道家的學說，談虛談空。到了南北朝，佛

教學者推出佛教自己的思想，顯明和道家不同。般若學講虛空，就空的內容分別出多種意

見，當時稱為六家七宗：道安的本無宗，深法師的本無異宗，支遁的即色宗，于法蘭的識含

宗，壹法師的幻化宗，蘊法師的心無宗，于道邃的緣會宗。道安為南北朝時儒家最著名的法

師，研究般若經，主張人人有佛性。他的本無宗思想，以一切為空，心無所寄，「泯爾都

忘，二三盡息，皎然不緇，故曰淨也，常道也。」（合放光光讚隨略解序）他在這篇序裏提出般

若的三種正義：法身、如、真際：法身為佛身，如為如是爾，併不能被說明，祇能說如是

（ 48 ）· 48 ·

爾。真際為真境界，無動無為。這三義都要歸到心。

菩提達磨在北魏時，開始中國的禪宗，以「壁觀」作禪法，面壁而坐，忘象忘言，寂然不動，使絕對真實（佛）和人心冥合，即是廢棄或忘卻，稱為假心的人心，得到真心。

楞伽經在唐初受佛教高僧的傳揚，提出如來藏，即真（佛）如在人心，稱為如來藏，真如「不生不滅，非有非無」人應「明心見性」。

大乘起信論倡『一心二門』。二門即真如門和生滅門。一心是眾生所有的心都是同一的，這同一的心為真如，真如有兩面：一面為真如本體，稱為真如門，一面為真如對外的成就，有生有滅。

天台宗和華嚴宗，發展了《大乘起信論》的思想。天台宗以「性具說」為主；華嚴宗以「性起說」為宗，兩宗最後都結論到心觀或止觀。

天台宗以真心為真如，因為真心不生不滅，不增不減，故稱為真。佛在眾生裏，各有差異，真心無相，不能有差異，故稱為如。真如為絕對體，名為佛。凡聖各種法，各有差性，佛性隱藏，稱為如來藏。佛性有染淨兩面，淨性為本體，清淨唯一。染性現為萬象世界，因而說萬法，即萬物由於「性具」，因佛性具有染性，人由自己的假心，排除一切，直見心中的實相，即絕體實體真如，由絕體實體真如再去看世界萬物，乃有「摩訶止觀」，便

達到一種境界，在境界中「空假中三諦圓融，一念三千世界，一法攝一切法。」

華嚴宗為大乘圓教在論心方面和佛教各宗不同。小乘諸教以萬物為有，緣因在於由心造

業，由業成假，假立假心。大乘始教的唯識論以異熟阿賴耶識為心，藏有種子，種子由前生

的業所造，再由現生的行所薰習而成萬物，大乘終教以如來藏在人心，具有性能，乃現萬

有。大乘頓教，泯絕一切，心沒有寄托，直見真如。大乘圓教以真心總該萬有，事事無礙。

真心即真如，真如向外表現乃成萬有，有如海水向外表現成為波浪。於是由真如再去看萬

物，便有真空觀，理事無礙觀，開徧含容觀，一入一切，一為真如，一切為萬有，萬有即真

如，真如即萬有。

禪宗在實際生活中，立地成佛。成佛的生活不能言立，便不立文字。

佛教以人生為痛苦，佛教的目標在解除人生痛苦，痛苦的因緣是人自成愚昧無明，以空

無的萬物為有。解除痛苦的辦法，在除去愚昧，增加智慧，在天台宗和華嚴宗的心觀裏，直

接明瞭真如為一切。這種種過程都在心內完成。

儒家因為目標在於講人生之道，人的生命則是心靈的生命，因此由孟子開始，儒家注意

心，到了宋朝理學家，說明心性的問題，格物致知的問題，未發和已發的問題，心與仁的問

題，都是關於人心，陸象山和明朝王陽明更以心為思想的中心，而且也是他們的全部思想。

心靈生活既是人的大體，又代表人之所以為人，儒家歷代都看重精神生活，不以物質享受為重，役物而不役於物。中華民族的文化，便成為精神生活的文化。

四 氣成一切

——氣成一切事物

古代希臘哲學討論宇宙的成因，有各種的主張，或者主張由水而成，或者主張由火而成，或者主張由原子而成，還有主張由數而成。亞里斯多德則主張由原形和原質而成，原形原質都是抽象的觀念，在實際具體上，各種物體的原形和原質都各不同。西洋哲學祇主張每一物體都有質素，但不主張一切物體都由一種質素而成。中國哲學則主張一切由氣而成，不僅是物體由氣而成，鬼神也是由氣而成，祇是除開皇天上帝。

氣成一切，還不是單單對於物體，而且對於人事，對於人的生命，一切也全是氣所成，氣貫徹宇宙一切，也貫徹人生的一切：這一點爲中國哲學的特點。

一、宇宙論

易經在「繫辭」裏，講宇宙的成因時，說：「易有太極，是生兩儀，兩儀生四象，四象

生八卦。」（繫辭上 第五章）說：「一陰一陽之謂道，繼之者善也，成之者性也。」（繫辭上 第五章）

並沒有提到氣，易經祇有太極、陰陽、動靜的觀念，沒有說明實際是氣。

氣在書經、詩經和孔子的時候，是自然界的一個名詞，指着天地間的空氣，和一年的氣

候。莊子則明顯地主張氣成萬物。「道」為無，「氣」為有。「道生一」，一乃是氣。莊子

說：

「雜乎芒芴之間，變而有氣，氣變而有形，形變而有生。」（至樂）

「通天下一氣耳！故聖人貴一。」（知北遊）

「壹其性，養其氣，合其德，以通乎物之所造。」（達生）

孟子講養氣，且養浩然之氣。他說：「夫志，氣之帥也；氣，體之充也。夫志至焉，氣

次焉。故曰：持其志，勿暴其氣。」（公孫丑 上）氣是人身體的具體元素，身體的行動和存在

都靠着氣。這一點，和莊子所說「養其氣」，有些相同，但都還沒有說明氣在物體的地位。

漢朝的學者，專門講氣。易經在漢初是唯一的被保存之古籍，漢初研究易經的學者頗

多，後來易學在漢朝成爲一種漢易，以「卦氣」說爲主。孟喜開端，京房繼續發揮，以六十

四卦配一年，所以有四正卦配四季，有十二消息卦配十二月，以四正卦的二十四爻配一年的

二十四節氣，以十二消息卦的七十二爻配一年的七十二候，再以六十卦的三百六十爻配一年

的三百六十四日。

董仲舒則發揮陰陽五行的思想，「天地之氣，合而爲一，分爲陰陽，判爲四時，列爲五

行。」（春秋繁露 五行相生）王充則主張萬物由氣而成，天地人都有元氣。「上世之天，下世

之天也，天不變易，氣不改更。上世之民，下世之民也，俱稟元氣。元氣純合，古今不

異。……萬物之生，俱得一氣，氣之薄渥，萬世若一。」（論衡 卷十八 齊世篇）

易學在漢朝進入了人生的各方面，醫學配合五行，音樂配合五行，道德配合五行，事物

都配合五行，卜卦用五行，算命看相，擇日看地，都是用五行。哲學思想裏滲入了迷信，宇

宙和人生，完全由氣的陰陽五行所貫通。道家的長生術，煉金丹或吸收精神，更使氣而神秘

化了。

宋朝理學家唾棄漢儒的易學，然而卻保留了陰陽五行的思想。宋濂溪的「太極圖」，正

式以陰陽五行說明萬物化生的歷程。宋朝理學家專講氣的學者，則是張載。張載以太極爲太

虛之氣，爲氣之本體，還沒有分陰陽，這個太虛之氣有些像老子的「道」。

「太虛無形，氣之本體，其聚其散，變化之客形爾。」（正蒙 太和）

「太和所謂道，中涵浮沉升降，動靜相感之性。是生絪縕相盪，勝負屈伸之始。……散殊而可象為氣，清通而不可象為神，不如野馬絪縕，不足謂之太和。」（太和）

宇宙萬物都由氣而成，成是由陰陽兩氣的變化，變化之理含在氣中。太虛一氣，以動靜相對為二，乃有變化，化生陰陽。

「氣本之虛，則湛本無形。感而生，則聚而有象，有象斯有對，對必反其為有，反斯有仇，仇必和而解。」（太和）

似乎有點黑格爾的正反合變化歷程，但是意義不相同，太虛因動靜之感而生陰陽，陰陽相反而繼續變化，兩者相合而成物性。這就是易經所說「一陰一陽之謂道，繼之者，善也；成之者，性也。」（繫辭上 第五章）

「氣不能不聚而為萬物，萬物不能不散而為太虛，循是出入，是皆不得已而然也。」（太和）

程顥和程頤也都主張萬物由氣而成，然而提出了「理」的觀念，以往學者主張理在氣中，氣為主，理在氣中，二程則主張理和氣相對待，理氣相合而成物。朱熹乃提「理氣為二」的主張，理還較氣為高。理和氣為二，兩者相分不相離，不分先後，有理就有氣，有氣就有理。理成物性，氣成物形。宇宙祇有一個理，理的圓滿處稱為太極，宇宙有一太極，各物也各有一太極。氣分清濁，因而限制理，理乃分殊，所以「理一而殊」。宇宙間因此有各種物體，人也因此有智愚和賢不肖；這都是由於氣的清濁不同而造成的。

朱熹的理氣思想，流傳於後代，張載的太虛之氣的思想也流傳於後代。明末清初的哲學家王夫之發揮張載的思想，以太虛為陰陽未顯的氣。氣的本體已分陰陽，祇是沒有顯明出來。王夫之的易經哲學乃主張「乾坤並建」。他的歷史哲學也以氣為人事的要素和動力，宇宙間的物和事都由氣而成。

在中國哲學裏，本體論和宇宙論混合一起，因為在本體理論方面和在具體的實際方面，都以氣為原素。氣不僅是一個抽象觀念；而且是具體的實際因素。西洋士林哲學講元形和元

質，兩者都是抽象觀念，在實際上元形和元質怎樣，那是科學的問題。例如房子、桌子、椅

子，都有材料，材料就是這些物體的元質，材料在實質上可以是木，可以是石，可以是鐵，

可以是橡膠。哲學祇講元質（材料），科學則講各種材料。中國哲學則合而為一，理論上的原

質和實際上的材料，都是氣。但是萬物的材料雖都是氣，然而又不是同一的物，物分多少

少的種類，分類是由於氣分清濁。而且也不能肯定氣是物質，認為中國哲學是唯物論，就像

大陸目前都認為王夫之為唯物論哲學家。氣不是純物質，也不是純精神；可以是精神，可以

是物質，由氣的清濁不定。理學家都主張人心之氣為清，心便是虛靈，便是精神，儒家也主

張神靈無形，不可見，所以是精神。

中國哲學以氣作萬有的原素，起源於人對於空氣的常識，常識告訴人：空氣充滿，不可

見、不可捉摸空氣遇濕變成霧，又變成雲，則可見，但形狀不固定。雲遇冷，變成雨露，形

狀更可見到，但仍舊不固定。水遇冷變成冰，形狀便固定了。冰遇熱，又變成水。這種變化

過程，給中國古代的哲學人一種啓示：氣可以是萬物的構成元素。

空氣常動常變化，氣也常動常變化。由太虛本體之氣，因着動靜分成陰陽兩氣，陰陽兩

氣因着聚散分爲五行，五行按照相生相尅的次序，結成萬物。在各個物體中都有成爲陰陽五

行之氣，陰陽不相分離，純陽之中含有陰，純陰之中含有陽。陰陽結成的五行，則各分離，

屬一行的不屬另一行，屬金祇屬金，屬木祇屬木，物體祇屬五行的一行。物體的關係，則可按五行相生相尅的關係去推測，歷史哲學上便有朝代五德終始說，男女婚姻便有生干關係的吉凶說，醫學上便有五行病理和藥方，在音樂上便有五音的聲律。照樣推廣到各方面，氣的陰陽五行包括宇宙間的一切事物，這也是使易經一書成爲百科全書的原因。目前一些研究易經的人，仍舊是在易經爲百科全書的路上奔走，認爲易經萬事皆通。

二、民生哲學

1. 命——才、力

把上面所說易經爲百科全書，再簡單加以解釋。

漢朝王充主張由骨相以測命，人之命的來源是父母的氣。「凡人受命，在父母施氣之時，已得吉凶矣。夫性與命異，或性善而命凶，或性惡而命吉。操行善惡者，性也；禍福吉凶者，命也。」（論衡　卷二　命義篇）富貴壽夭是命，壽夭來自氣的多寡，「壽夭之命，以氣多少爲主性也。」（論衡　卷一　氣壽篇）富貴則來自氣的清秀或重濁，氣的結構由骨相顯出，故看骨

相可以算命。「人禀元氣於天，各受壽夭之命，以立長短之形……用氣為性，性成命定，體氣

與形骸相抱，生死與期節相須。形不可變化，命不可減加。」（論衡 卷二 無形篇）氣的形表現

在骨相，看骨相便可以知命，「人曰：命難知，知命甚易。知之何用？用之骨體。人命禀於

天，則有表候於體。察表候以知命，猶察斗斛以知容矣。表候者，骨法之謂也。」（論衡 卷

一 命祿篇）王充的思想偏於唯物，不能代表儒家，然而在中國一般人的心理上，影響頗大，

因為中國人很多相信算命。

漢朝董仲舒卻從另一層面觀察人身體的形相，主張人身體的形相和天地相合，進而主張

天人合一。「唯人獨能偶天地，人有三百十節，偶天之數也。形體骨肉，偶地之厚也。上有

耳目聰明，日月之象也。體有空竅理脈，川谷之象也。心有哀樂喜怒，神氣之類也。觀人之

體，一何高物之甚而類於天也？物旁折，取天之陰陽以生活耳；而人乃爛然有其文理。……

天地之符，陰陽之副，常設於身，身猶天也，數與之相參，故命與之相連也。天以終歲之數

成人之身，故小節三百六十六，副日數也，大節十二分，副月數也。內有五臟，副五行數

也。外有四肢，副四時數也。乍視乍瞑，副晝夜也。乍剛乍柔，副冬夏也。」（春秋繁露 卷十

三 人副天數）董仲舒的天人合一為一種物質性的配合，配合的因素在於「氣」，自然界的天，

由氣所成，人也由天地之氣所成，「取天之陰陽以生活耳」後代儒家不接納這種思想，但是

在普通人的學識中，常以人為小天地，一切和天相似。

宋朝理學大家朱熹，主張理氣並列，有理必有氣，理成人性，氣成人形。人和人的分別，不在人性，人性祇有一個，人的分別，在於人形，所以在於每個人所禀的氣，氣有清濁的不同。而最重要的分別是人性的善惡。從孟子批評告子的「生之謂性」而主張性善，性的善惡問題，在儒家學者中，已經談了幾乎一千年，沒有得到結論，朱熹乃從本體論的理氣二元論去解釋，以理為性，無善無惡，或者更好說為善，稱為「天地之性」，即「本然之性」；具體的每個人的性，已經和氣相結合，成為「氣質之性」，因着氣有清濁的不同，每個人的氣質之性便有善惡，氣清者為善，氣濁者為惡。

> 「論天地之性，則專指理言，論氣質之性，則以理與氣雜而言之，未有此氣，已有此性，氣有不存，而性却常在。」（朱子語類　卷四）

理係抽象之理，為一觀念，從觀念方面說，理常存在，人性便常存；氣為具體元素，具體的氣則不常存，有這個人，這個人之氣才存。

「性即理也，當然之理無有不善，故孟子之言性，指性之本而言，然必有所依而立，故氣質之禀，不能無淺深厚薄之別。孟子之言性，孔子曰性相近也，兼氣質而言。」

「問氣質有昏濁不同，則天命之性有偏全否？曰：非有偏全。謂如日月之光，若在露地，則盡見之，若在屋之下，有所蔽塞，有見有不見。昏濁者，是氣昏濁也。」（朱子語類　卷四）

朱熹這種氣質之性分善惡的主張，受到清朝學者的猛烈攻擊，因為朱熹以氣之清濁的效果在於「情」，善惡由「情」而顯，清朝學者為「情」辯護，認為「情」常是善，善惡來自「習」，孔子不是說過「性相近，習相遠」嗎？朱熹以孟子的性善論，為論本然之性，即抽象之性，這是不對的，孟子講性善，非常具體，不是從抽象方面講話，而是由人心方面講。孟子並沒有分理和氣。朱子的氣質之性有善惡，天地之性當然沒有不善，把本體方面的善惡和倫理方面的善惡相混，用本體元素之氣去分別性的善惡，也是把本體論和倫理論相混雜，沒有辦法可以講通。

孟子對於性不分理氣，不用理氣去講性，但是他卻講到氣在人身的地位和用處，他講到

志和氣，又講到養氣而不動心。

「夫志，氣之帥也；氣，體之充也。夫志至焉，氣次焉，故曰：持其志，勿暴其氣。」（公孫丑　上）

「志」，爲心的目標，由心決定，由心堅持保守。氣，爲身體的精力，充塞身體。精力要由心去主宰，心選擇了一個目標，作爲志向，然後發動身力朝着志向走去；不可精力先動了，拉着心向這方面走，那就沒有志向，消耗精力。所以說「持其志，毋暴其氣。」孟子也批評告子所說「不得於言，勿求於心；不得於心，勿求於氣」孟子說：「不得於心，勿求於氣，可；不得於言，勿求於心，不可」（同上）又說：「志壹則動氣，氣壹則動志也。今夫蹶者趨者，是氣也，而反動其心。」志向專，則發動全身氣力去追求；氣力結集要傾向到一點，心志也未被他走，心跟着也動力。孟子集義以養氣，就是按照義理，使氣力不亂動，心能夠安定。這樣他的胸襟寬大，氣宇軒昂，有種氣吞宇宙的度量。他稱這種度量爲浩然之氣。

中國歷代學者所講修養，開始的工夫就在這種忍耐工夫，不因外面事物而動氣，以心靈統制身體，「不生氣」，「不動氣」。若是脾氣暴燥，則變換氣質，「忍氣吞聲」，「低聲

下氣」。這些工夫，都表示氣是人的活力，「理直氣壯」「一鼓作氣」，就是這樣。人的生活，一舉一動都離不了氣，「勃然大怒」，固然是氣的發作；「容色不變」，也是運氣的工夫。

道教的養生便專以養氣爲主，煉丹和呼吸的方法，都爲保全人身的元氣，而且還要以天地的元氣，吸入體內，構成胎息，人能脫胎換骨，養老還童。目前社會流行的體操和健行術，莫不以養氣爲主、氣被看爲人身體的主要元素。

2. 時間、空間

在西洋哲學裏，時間和空間爲一困難的問題，哲學家意見不相同，有人主張時間和空間爲客觀的實體，有人主張爲主觀空想，有人主張爲主觀觀念，然有客觀的依據。在觀念上說，空間爲量的表現，有量的物體，一分子在一分子之外，所以造成空間，這是所謂「內空間」，一物體和一物體互有距離，這是所謂「外空間」。時間則是變的表現，變有先後。變的先後，便是時間，柏格森卻主張變是延綿，沒有先後，眞正的時間就是延綿，海德格以時間表現存有，時間便可看爲存在。

在中國哲學思想裏，時間和空間的觀念由易經開始，易經講中正，中正代表陰陽爻的位

置，爻為變易的象徵，變易由爻所成。爻的變在於卦中的地位的變易，爻地位的變易便有時

間和空間的意義。初爻，象徵爻在開始變的空間和時間、例如乾卦的第一爻，意義是「見龍

在田」，這種意義象徵一個偉人，在沒有發跡的時候和地位。因此，時間和空間構成爻在變

易中的意義，這種意義又由爻去代表，爻的本身，為陰陽；時間和空間便有陰陽的意義。

漢朝講易的學者，專講卦氣，卦代表宇宙之變，宇宙之變由陰陽兩氣而成，陰陽兩氣變

易而成五行。宇宙一切變易，都是陰陽五行的變。每個物體的變化，必在空間和時間之中，

宇宙的變易，在時間上是一年四季，在空間上是東西南北四方，宇宙變易的成素是陰陽五

行，陰陽五行便在一年四季和東西南北中間變易，漢朝易學者便以四季和四方乃是陰陽五行

之氣所成，四季和四方配合木火金水四行，又配四正卦，再以卦或爻去配十二月、二十四節

氣，七十二候，三百六十日，於是時間和空間都由陰陽五行而成。

漢朝董仲舒和儒家學者，接納了戰國時代鄒衍的五行學說，演變出來五行的相生相尅次

序；於是宇宙一切變易和人世一切事物的變，都依照五行的次序去推算，擇地擇時日的民生

方式就出現了。中國的社會便有看相算命、擇地葬人，行事擇黃道吉日。氣的思想，隨着陰

陽五行貫通了人事的一切行動。

3. 音樂、醫術

普通常說中國的音樂和醫術，運用五行的思想作爲架構。在古代自然科學未發達的時代，爲表示聲調的差別，爲說明病和藥的關係，沒有科學的方法和術語去說明，祇好借用五行的名詞，五行代表氣的五種變化，氣又是一切事物的成素，聲音和人的內臟以及肢體，也由氣而成，聲調和內臟及肢體各有分別，也由氣的變化而成。氣的變化爲五行，五行便應用到音樂和醫術了。

〔禮記〕的「樂記篇」講音樂的理論，「凡音之起，由人心生也。人心之動，物使之然也。感於物而動，故形於聲。聲相應故生變，變成方謂之音，比音而樂之，及干戚羽旄，謂之樂。」樂由音而生，音由心而生，心因感物而動而生音，音聲便是氣之動，「是故其哀心感者，其聲噍以殺；其樂心感者，其聲嘽以緩；其喜心感者，其聲發以散；其怒心感者，其聲粗以厲；其敬心感者，其聲直以廉；其愛心感者，其聲和以柔。六者，非性也，感於物而后動」，動是心動，心動由氣而表現，聲音便是氣的表現。「凡姦聲感人、而逆氣應之，逆氣成象而淫樂興焉。正聲感人、而順氣應之，順氣成象而和樂興焉。倡和有應，回邪曲直，各歸其分，而萬物之理，各以類相動也。」氣類相感，爲漢朝的思想，漢朝天人感應說也以天

地善惡之氣和人行為的善惡相感應，這種思想運用到音樂。

歷代史書中，如史記，漢書，載有古代音樂的音律，都講五聲：宮，商，角，徵，羽，五聲配陰陽五行。「音律之數，以五為限之故，當與當時陰陽五行等迷信，有若干關係。中國後世言音律之人，除極少數例外，多只以陰陽五行為大本營，誠然穿鑿附會，令人討厭，但初民思想不能超出陰陽五行等迷信，卻是一種事實，為研究人類學者所公認，不過當時彼等陰陽五行思想，尚不若後世之周密複雜而已。」（王光祈編中國音樂史 臺灣中華書局 頁七）

陰陽五行的迷信，不是初民的迷信，乃由戰國開始而盛行於漢朝的迷信。中國音律在詩經的雅頌時代已經存在，漢朝人講音律時把五行的思想配合了五行，沒有科學的依據，祇是一種「氣成一切事物」的主張。

司馬遷在史記的「樂書」中說：「宮為君，商為臣，角為民，徵為事，羽為物，五者不亂，則無沾滯之音矣。」又以五音配於政治，以顯示音樂為國家政治的一種大事。

中國的醫學，素來沒有科學化的系統說明書，由黃帝內經開始，以及到清朝醫書頗多，然而著名的醫師則常保自己的秘方，不願傳世。古代醫學的思想，常以五行為內科的基礎。

「黃帝內經應用當時流行的陰陽五行學說，從理論上闡述了中國對生理、病理、疾病的發生發展，臨床診斷和治療基本問題的看法，形成自成體系的學說，它運用陰陽兩個方面的對立

統一，消長變化的觀點，指出人體必須保持陰陽的相對平衡。即必須『和於陰陽、調於四

時』，不致生病，主張人要積極地『提挈天地，把握陰陽』，以此作爲處理醫學中各種問題

的總綱。它提出了『善診者，察色按脈，先別陰陽』，『陽病治陰，陰病治陽』，『寒者熱

之，熱者寒之』等原則。它應用五行的生、尅、乘、侮等學說，在一定程度上說明了肌體各

臟腑之間的內在聯繫和旣相生又相尅的關係，提出了所謂『母病及子』『子病累母』等疾病

傳變關係和『虛則補其母，實則瀉其子』等治療準則，都是五行說的具體應用。內經將大自

然中具有的陰陽五行說，直接應用於醫療實驗，形成中醫學理論體系的重要組成部份，在當

時的歷代條件下，是一個了不起的成就，這是中國醫學在古代科學中最完善的學科之一的一

個重要因素。但由於陰陽五行說畢竟是思辯性的早期哲學思想，它在醫學上的應用不能不帶

有經驗描述的性質和歷史的侷限性，特別是在近代醫學和生物學興起之後，如何吸取新的科

學營養，發展中醫學的理論，是一個有待研究的問題。」（中國科學文明史（無作者姓名）木鐸出版社

臺北市 民七十二年 頁一四八）

中國音樂史和中國醫學史，不是我的專長，祇好引用別的專家的話，可見在中國古代的

音樂和醫學方面，氣的觀念所佔的地位很重要，在中國歷代的社會裏，五行的觀念，滲入所

有學術和生活的各方面，天文地理倫理政治家事都依照五行的觀念去講述，例如四方和四

季，爲配合五行，加上了中央。仁義禮智四德，爲配合五行，加上了信，成了五常。由下面的圖表，可見五行的應用：

五行	五星	五時	五方	五色	五聲	五常	五數	五味	五帝	五情	五臟
木	木星	春	東	青	角	仁	八	酸	青帝	喜	肝
火	火星	夏	南	赤	徵	禮	七	苦	赤帝	樂	心
土	土星	土用	中央	黃	宮	信	五	甘	黃帝	慾	脾
金	金星	秋	西	白	商	義	九	辛	白帝	怒	肺
水	水星	冬	北	黑	羽	智	六	鹹	黑帝	哀	腎

五行的關係，在於相生相尅：相生是順，是吉；相尅是逆，是凶。例如男女婚姻，兩方

的生干若是相生，婚姻便吉，若是相剋，婚姻便凶。

五行相生圖

木生火生土生金生水生木

五行相剋圖

木剋土剋水剋火剋金剋木

到了現在科學時代，陰陽五行的思想，當然視為迷信。在現代西洋哲學思想盛行中國以後，陰陽五行的學說便被看為落伍。但若從宇宙論的哲學方面說，氣可以視為宇宙的原素——即是一種力。造物主——上帝天主以自力的神力創造宇宙，造物主的神力創造並發動宇宙的原素力，原素力變動而生相對稱的陰陽兩種力，陰陽兩種力繼續變易，互相聚散乃化生萬物。氣和陰陽的觀念可以保留，五行則不必要。然若以五行為陰陽的五種變易，則也可以則為陰陽化生萬物的歷程。中國哲學的這種特色和精神，並不會被科學和西洋哲學所消滅。

五　生生之謂易

──生命哲學

西洋傳統哲學以研究客觀眞理爲對象，以靜態的分析方法爲特色；中國哲學以研究人生之道爲對象，以動態的體驗方法爲特色。中國哲學的精神，便有一種動的精神，『天行健，君子以自強不息。』（乾卦　象曰）

人生活在宇宙之中，中國人又曾生活在農村以內，每天所經驗的，是白天黑夜，繼續不斷；每年所接觸的，是春夏秋冬的季節。親眼看見五穀在春天生發，在夏天發育，在秋天成熟，在冬天收進倉庫。春生，夏長，秋收，冬藏，一年四季，繼續變而又常一樣。在家裏，看見小孩子成長，在外面看見風雨變換，深深體驗到一切都繼續在變，又體驗在自己以內也是一切在變。變的現象便是宇宙一個普遍的現象，人的生活乃是滲在這種普遍現象以內。宇宙的變不是一種盲目的變，而是爲化生萬物而變，變和生融合而成生命，生命乃是仁愛。生命和仁便是哲學的特別精神，中國哲學成爲一種生命哲學。

一、原始的生命哲學

原始的哲學思想，常發原於哲學人對具體生活和生活的環境所有的探討，就如易傳述說伏羲作八卦的來由：「古者包犧氏之王天下也，仰則觀象於天，俯則觀法於地，觀鳥獸之文，與地之宜，近取諸身，遠取諸物，於是始作八卦，以通神明之德，以類萬物之情。」（繫辭下　第二章）原始哲學人探討人類生活之道，以為君王治民的政則。中華民族的原始哲學思想，從書經裏可以見到。

堯典述說帝命羲和與羲仲、羲叔，掌管人民的生活，配合天象和四時；人民的生活是農耕的生活，四時四方對於農產物有密切的關係。天時、地質，對於人、畜、農作物都有影響。

在「洪範篇」有：「四、五紀：一曰歲，二曰月，三曰日，四曰星辰，五曰歷數。」

「八，庶徵：……曰，王省惟歲，卿士惟月，師尹惟日；歲月日時無易，百穀用成，乂用明，俊民用章，家用平康，……庶民惟星，星有好風，星有好雨。日月之行，則有冬有夏；月之從星，則以風雨。」這一篇所講，關於人民的生活，使「百穀用成，家用平康。」重要

的因素，在於歲月日星能夠順時不亂。

這種思想在周禮中也表現明白，周禮所記的官制，是天官、地官、春官、夏官、秋官、冬官，每種官職的職位，不是按照名字去分，而是按照國家的事務去分，但是官制的名稱，就明顯地指示，國家的事務和天時互相連繫。禮記書中則有「月令」一長篇，記述每月所行的政事，莫不以天時爲準則。禮記「月令」和呂氏春秋的「十二月紀」相同，呂氏春秋爲呂不韋所編，屬秦始皇時代的作品，然秦朝並未能遵照月令行政，姑不論月令和月紀的作者是周公或呂不韋，月令的思想則是古代的思想。人君行政總按天時，天時由日月星辰而顯，天時的影響在於宇宙萬物的生命，宇宙萬物的生命，和人的生命相關。立春之月，天子迎春於東部，向上帝祈穀，親載耒耜以耕。因爲在這一月，天氣下降，地氣上騰，天地相合，草木萌動。月令和月紀的思想來自古代，細的節目和禮規，乃是後代秦、漢人的作品。這種思想，以宇宙萬物的變化，由春夏秋冬四季而顯，在四季所顯的變化，是萬物的生化過程。

二、生命哲學的成熟

中國古代生命哲學的思想，到了易經，已經成熟，結成了一種系統。

宇宙一切都在變，稱爲「易」，（繫辭上 第五章）變易的目標在於『生生』，「生生之謂易」，變易的成因，爲陰陽兩元素，陰陽繼續相交，交乃成物，「一陰一陽之謂道，繼之者善也，成之者性也。」（同上）陰陽兩元素各有特性，陽爲剛，陰爲柔，剛爲進，柔爲退；進則動，退則靜；動有進取，靜則迎合；兩種特性互相調協，以成萬物。陰陽的變易，繼續不停，循環運行，如日夜相繼續，如春夏秋冬四季相替換，宇宙乃形同一道生命的洪流，浩浩蕩蕩，生化不息。「剛柔相推，乃生變化……變化者，進退之象也。」

易經以變象代表物形，以爻代表變，以辭解釋變的意義。「聖人有以見天下之賾，而擬諸其形容，象其物宜，是故謂之象。聖人有以見天下之動，而觀其會通，以行其典禮，繫辭焉以斷其吉凶，是故謂之爻。」（繫辭上 第八章）「八卦成列，象在其中矣；因而重之，爻在其中矣；剛柔相推，變在其中矣；繫辭焉而命之，動在其中矣。吉凶悔吝者，生乎動者也；剛柔者，立本者也；變通者，趨時者也；吉凶者，貞勝者也；天地之道，貞觀者也；日月之道，貞明者也；天下之動，貞夫一者也。」（繫辭下 第一章）「是故易者，象也；象也者，像也。象者，材也；爻也者，效天下之動者也；是故吉凶生而悔吝著也。」（繫辭下 第三章）

易經的卦變，代表天地之變，天地之變爲化生萬物，易傳乃說：『天地之大德曰生。』（繫辭下 第一章）天地之變以乾坤爲元素，乾爲生化的開端，易經乾卦象曰：「大哉乾元，萬

物資始，乃統天，雲行雨施，品物流形。……乾道變化，各正性命，保合太和，乃利貞，首出庶物，萬國咸寧。」易經坤卦象曰：「至哉坤元，萬物資生，乃順承天。坤厚載物，德合無疆，含弘光大，品物咸亨。」「夫乾，其靜也專，其動也直，是以大生焉。夫坤，其靜也翕，其動也闢，是以廣生焉。」（繫辭上　第六章）乾坤象徵天地、宇宙萬物的化生，全仗天地的合作，乾動坤合。易經泰卦象徵春天，萬物發生，易經泰卦象曰：「泰，小往大來，吉，亨，則是天地交而萬物通也。上下交而其志同也。」天地相合，風調雨順，農耕和時間空間關係非常大；易經的卦，乃講中正，陽爻陰爻各正其位，易經卦辭常說：「時之意義大矣」。農產物的化生和四季及地域必須配合了時間和空間的意義和生化相連；易經的時間和空間所有的意義由生生去定，而不是由物質的變去定。

易經的變易不是物質的變易，因為變易是生生，即是生命，易經乃稱變易為神，為神秘莫測。「生生之謂易，成象之謂乾，效法之謂坤，極數知來之謂占，通變之謂事，陰陽不測之謂神。」（繫辭上　第五章）「範圍天地之化而不過，曲成萬物而不遺，通乎晝夜之道而知，故神無方而易無體。」（繫辭上　第四章）「易，無思也，無為也，寂然不動，感而遂通天下之故，非天下之至神，其孰能與於此？」（繫辭上　第十章）

孔子研究易經，給弟子們講授易經。易經原來為占卦以卜吉凶，吉凶推陰陽之道去推

算，順者爲吉，逆者爲凶，卜吉凶爲知道事情的禍福，有禍則不作事，有福才作事。孔子以禍福不在於事情的吉凶，而在於事情的善惡，善事必得福，惡事必得禍，福禍乃事情的賞報。賞報由上天所定，由鬼神去執行。

孔子旣把吉凶和善惡相連，便把易經天地變化之道，延伸爲行爲倫理之道。人乃天地萬物整體的一部份，人生之道乃天地變化之道的一部份。易傳乃說：「易之爲書也，廣大悉備，有天道焉，有人道焉，有地道焉，兼三才而兩之故六；六者非它，三才之道也。」（繫辭下　第十章）人道和天地之道相連，成爲三才之道。天地之道爲生，人道爲仁。「天地之大德曰生，聖人之大寶曰位，何以守位？曰：仁。」（繫辭下　第一章）仁和生相連。易經乾卦文言曰：「夫大人者，與天地合其德。」大人卽是聖人，也卽是聖王，聖人之德，在於和天地同具生生之德。

聖人之德旣和天地相同，聖人之德的原則也和天地之德的原則相合：天地生生之德由陰陽相調協而成，適合對地而居中正，聖人之德也是陰陽相合，常有中庸。聖人的行動，常以天地爲法。易經的象辭、爻辭和文言，把天地變化之道，常常配合人的行爲。所有的「象曰」，都講君子之道。易經將人的生命連接在宇宙萬物的生命以內，宇宙的生命，乃是一個生命，層次雖不同，但彼此相連：這種思想成爲中國哲學思想的特點，又是中國儒家哲學的

共同性。

三、中庸禮記的生命思想

孔子在論語裏，祇有一次講到了天的好生，他說：「予欲無言！」子貢曰：子如不言，則小子何述焉？子曰：天何言哉？四時行焉，百物生焉，天何言哉！」（陽貨）孔子主張法天，天的好處，在於使四時按序而行，百物乃得生化。這種思想完全和易傳的思想相同。孟子也沒有明確地講生命哲學，但有兩處表明和易經的思想：他說：「君子，親親而仁民，仁民而愛物。」（盡心上）「萬物皆備於我。」（同上）

中庸在這方面則較論語說得多。中庸第二十六章說：「天地之道，可一言而盡也：其生物不貳，則其生物不測。」天地之道總括在一個生字，天地生物有次序，依照物性，而且功能神妙莫測，生生不息，聖人效法天道，易傳曾說聖人以仁配天地之生，聖人和天地合德。中庸乃說：「大哉聖人之道，洋洋乎發育萬物，峻極于天。」（第二十七章）中庸主張人應率性而行，率性爲誠，「唯天下至誠，……能盡物之性，則可以贊天地之化育：可以贊天地之化育，則可以與天地參矣。」（第二十二章）「唯天下至誠，……知天地之化育，夫焉有所倚？

肫肫其仁，淵淵其淵，浩浩其天。」（第三十二章）與天地參，卽是易傳的天地人三才…三才相連，化生萬物。

中庸稱讚孔子，效法天地，與天地合德，具有天地的偉大。「仲尼，祖述堯舜，憲章文武，上律天時，下襲水土；辟如天地之無不持載，無不覆幬；辟如四時之錯行，如日月之代明，萬物並育而不相害，道並行而不相悖，小德川流，大德敦化，此天地之所以爲大也。」（第三十章）這段話和易傳乾卦文言曰：「夫大人者與天地合其德，與日月合其時，與四時合其序……」意義相同。孟子曾稱「孔子，聖之時者也。」（盡心下）中庸以孔子和易傳的大人，精神相同，都在於贊天地之化育，使萬物生生不息。

中庸的人生哲學，以率性爲基本原則，性爲人生的根基。人若能率性而行，則能盡性以發展，進而發展人性和物性，以達到贊天地的化育。萬物的性相連，因爲生命相連，發展了自己的生命，就該發展萬物的生命，「己欲達而達人」。

禮記爲戴聖收集的儒家關於禮的文字，「月令」一篇不足以代表孔孟時代的著作，「樂記」一篇也不是漢武帝時，河間王所收集；但兩篇中的思想則和周代的禮樂思想相連繫。

「月令篇」的思想，留在後面去講，在這裏只講「樂記」的思想。

「天高地卑，萬物散殊，而禮制行矣。流而不息，合同而化，而樂興焉。春作夏長，仁

也：秋斂冬藏，義也：；仁近於樂，義近於禮。」仁義樂禮相配，象徵天地萬物的生化，萬物

有類，生命不同，禮制以別；；萬物生命相連，合同而化。「方以類聚，物以羣

分，則性命不同矣。在天成象，在地成形；如此，則禮者，天地之別也。地氣上齊，天氣下

降，陰陽相摩，天地相蕩，鼓之以雷霆，奮之以風雨，動之以四時，煖之以日月，而百化興

焉；如此，則樂者，天地之合也。」天地相合則萬物化生，為易傳的思想，樂記篇也表明這

種思想。音樂，象徵萬物的生命，同化合流。

「是故先王本之情性，稽之度數，制之禮義，合生氣之和，道五常之行，使之陽而不

散，陰而不密，剛氣不怒，柔氣不懾，四暢交於中而發作於外，皆安其位而不相奪也。」樂

既是和，則須調協，音樂有節奏，有度數，一切合於中道。然後音樂對於人的情感，也能調

協，「四暢交於中」。

「是故大人舉禮樂，則天地將為昭焉。天地訴合，陰陽相得，煦嫗覆育萬物，然後草木

茂，區萌達，羽翼奮，角觡生，蟄蟲昭蘇，羽者嫗伏、毛者孕鬻，胎生者不殰，而卵生者不

殈，則樂之道歸焉耳？」樂使天地昭明，屈生曰區的能夠萌達；有羽翼的能夠奮發，有角無

觸的觡可以生，以及胎生或卵生者都能不夭傷。樂的意義和功能，便全在生命上。中國古代

所以非常重樂，詩經中許多樂章，象徵古代樂曲的興盛，可惜古樂在後代都失了傳，祇留下

了這些哲理的文章。

然而樂的直接影響在於人心，樂是因人的情動於中，乃發音於外。「夫樂者，樂也，人情之所不能免也。樂必發於聲音，形於動靜，人之道也。」因此，樂對於人心，非常重要。「君子曰：禮樂不可斯須去身，致樂以治心，則易直子諒之心油然生矣，易直子諒之心生，則樂樂，則安安，則文文，則天天，則神天，則不言不信神，不怒而威致，樂以治心者也。」注曰：「易謂和易，直謂正直，子謂子愛，諒謂誠信，言樂能感人使善心生也。」

四、老莊講生命的發揚

老子為絕對的自然主義，他說：「天地不仁，以萬物為芻狗。」（第五章）但是他的自然主義，不是一種呆木的唯物論，而是有情的生化。「致虛極，守靜篤，萬物並作，吾以觀復；夫物芸芸，各歸其根。歸根曰靜，是謂復命；復命曰常，知常曰明，不知常，妄作，凶。」（第十六章）「大道汜兮，其可左右，萬物恃而以生而不辭，功成不名有，衣養萬物而不為主，常無欲可名於小，萬物歸焉而不為主可名為大，以其終不自為大，故能成其大。」（第三十四章）老子以道的萬物的根源，道不是造物主也不是呆板元素，而是活動的主體，生

化萬物，衣養萬物，自己不稱功道寡，自作主人，道的變化之原則，以退爲進，以弱爲強，以往爲復，無爲無欲，任憑自然；人生之道卽在於遵守這種原則。「是以聖人欲上民，必以言下之；欲先民，必以身後之。是以聖人處上而民不重，處前而民不害；是以天下樂推而不厭。以其不爭，故天下莫能與之爭。」（第六十六章）「我有三寶，持而保之：一曰慈，二曰儉，三曰不敢爲天下先。慈故能勇，儉故能廣，不敢爲天下先，故能成器長。」（第六十七章）

老子的哲學看來很消極，實際上則是很積極追求生命的發揚，例如他說有三寶，慈，儉，不敢爲天下先，看來都是消極的品德；但是他說慈則能勇，儉則能廣，不敢爲天下先則能成器長，則效果都屬於積極的功效，而且若不守執三法，「今舍慈且勇，舍儉且廣，舍後且先，死矣！」可見老子不是求生命的死亡而無爲無欲，乃是以無爲無欲以高度發揚生命，如同他不求小智而求若愚的大智，不求小德而求無仁義的大德，不求小的生命而求發揚生命到極度，如同道之大。

　莊子爲一位追求生命的超越境界之哲學家，他的哲學思想是生命流通的哲學。他繼承老子的道之無限觀念，然它著實在氣的實體上。「雜乎芒芴之間，變而有氣，氣變而有形，形變而有生。」（至樂篇）萬物由氣而生，氣通流於萬物，「通天下一氣耳！聖人故貴一。」（知北遊篇）「凡物無成與毀，復通爲一；唯達者，知通爲一。」（齊物論篇）天地一氣，通於萬物…

人的生命，由氣而成；人能擯除外面一切形色，生活於氣，人的生命便和萬物相通，和宇宙

內可以流通無阻，逍遙自在。「若夫乘天地之正，御六氣之辯，以遊無窮者，彼且惡乎待

哉。」（逍遙遊篇）生命的發展，在於一切任其自然，保全天眞。「何謂天？何謂人？北海若

曰：牛馬四足，是謂天；落馬首，穿牛鼻，是謂人；故曰，無以人滅天，無以故滅命，無以

得殉名，謹守而勿失，是謂反其眞。」（秋水篇）天是自然，人是人爲，天眞則是保守自然，莫

被人爲所害。

「老聃曰：意幾乎後言，夫兼愛不亦迂乎，無私焉乃私也，夫子若欲使天下無失其牧

乎，則天地固有常矣，日月固有明矣，星辰固有列矣，禽獸固有羣矣，樹木固有立矣。……

又何偈偈乎揭仁義，若擊鼓而求亡子焉，意夫子亂人之性也。」（天道篇）這是老子敎訓孔子

的話，爲莊子所編造，意思是人性本來仁義，若是有人偏偏以仁義敎人，則是自造的仁義，

反而亂了人性。

宇宙的氣，運行不息，往返循環，「四時迭起，萬物循生，一盛一衰，文武倫經，一清

一濁，陰陽調和。」（天道篇）「萬物一齊，孰短孰長？道無終始，物有死生。不恃其功，一

虛一盈，不位乎其形，年不可舉，時不可止，消息盈虛，終則有始，是所以語大義之方，論

萬物之理也。物之生也若驟若馳，無動而不變，無時而不移，何爲乎何不爲乎，夫固將自

化。」（秋水篇）易經也說萬物的變易是神妙莫測，無為而無不為。莊子解釋宇宙萬物的變化，以為不可解釋，動而不動，變而不變，為又不為，乃稱為自化。

「性不可易，命不可變，時不可止，道不可壅，苟得於道，無自而不可，失焉者，無自而不可。」孔子不出，三月復見曰：丘得之矣！烏鵲孺，魚傳沫，細要者化，有弟而兄啼，久矣夫！丘不與化為人，不與化為人，安能化人。老子曰：可！丘得之矣。」（天運篇）萬物化生，純乎自然，鳥類卵生，魚類䘌生，細腰蜂化生，人類胎生。有了弟弟，兄長失乳失愛乃哭，一切都純乎自然。

因此，人應當知道生化之理，和「化」為友，才能化人。

人和化為友，及能大通，和天地為一。莊子說：「又況萬物之所係而一化之所待乎。」（大宗師篇）和天地相合乃為一，和人相和則不一。「性修反德，德至同於初。同乃虛，虛乃大，合喙鳴，喙鳴合，與天地為合，其合緡緡，若愚若昏，是謂玄德，同乎大順。」（天地篇）同乎大順的人便是真人或至人。「何謂真人？古之真人，不逆寡，不雄成，不謨士…若然者，過而弗悔，當而不自得者也。若然者，登高不慄，入水不濡，入火不熱，是知之能登假於道者也若此。」（大宗師篇）真人如同儒家的聖人，代表生命發揚到最高境界，人和天地萬物的生命相通。

五、秦漢的生命哲學

春秋戰國時期的思想，到了秦朝，已經呈現衰頹的現象；同時戰國時的迷信，也混進了哲學，開始漢朝的陰陽五行思想。法家的學說，因著秦始皇的一統政治，獲得了政客的信任。秦、漢的哲學思想，學術的價值很低，但對中華民族的生活，卻影響很大很深。當時的生命哲學思想，可以從呂氏春秋和董仲舒、班固以及漢易學者去看，而秦、漢的哲學，頗受管子的影響。

管子說：「地者，萬物之本原，諸生之根苑也；美惡賢不肖愚俊之所生也。水者，地之血氣，如筋脈之流通者也；故曰：水具材者也。……夫齊之水道躁而復，故其民貪麤而好勇；楚之水淖弱而清，故其民輕果而賊；越之水濁重而洎，故其民愚疾而垢；秦之水泔最而稽垏滯而襍，故其民貪戾罔而好事；齊晉之水枯旱而運，垏滯而襍，故其民諂諛葆詐。巧佞而好利，燕之水萃下而弱。沈滯而襍，故其民愚戇而好貞，輕疾而易死；宋之水輕勁而清，故其民簡易而好正；是以聖人之化世也，其解在水。故水一，則人心正；水清，則民心易，一則欲不污；民心易，則行無邪。是以聖人之治於世也，不人告也，不戶說也，其樞在水。」

這種思想可以說是中國哲學思想中獨特的思想，至於看重水，則和老子的思想相近，老子以上善若水，水弱而強。水性不同，所生人物也不同，這種思想在周禮「地官篇」裏也有，中國歷代也常說說山清水秀出美人。

但是管子對秦、漢哲學思想影響最大的，是他的陰陽五行思想。他在四時篇說：「是故陰陽者，天地之大理也；四時者，陰陽之大經也；刑德者，四時之合也。」君王在四時所行政令，要與時季相合，不合必招禍。「是以聖王治天下，窮則反，終則始，德始於春，長於夏，刑始於秋，流於冬。」這和儒家所說春生夏長秋收冬藏相應，「刑德不失，四時如一，刑德離鄉，時乃逆行，作事不成，必有大殃。」這種思想和明堂月令相同。

在「五行篇」，管子沒有講金木水火土，但說五行之官和五聲之律，然後說：「六月日至，是故人有六多，六多所以街天地也。天道以九制，地理以八制，人道以六制，以天爲父，以地爲母，以開乎萬物，以總一統。」六爲六爻，六陽爻爲天，六陰爻爲地，天之數爲九，地之數爲八，人之數爲六，六爲「重三才而兩之」，都是易經的思想。管子分一年的農事爲五段，每段七十二日，則是按五行而分。「五聲既調，然後作立五行以正天時，五官以正人位，人與天調，然後天地之美生。」五時是：木、火、土、金、水，每時七十二日，共三百六十日，後來漢朝易學便以木火金水配四季，土配年的中旬。人和天相合，萬物乃暢

（水地篇）

茂。

呂氏春秋爲秦朝宰相呂不韋集合賓客的著作所成，書中思想很雜，大都傾向道家。對於宇宙，以氣爲萬物的元素，氣自然而化，化生萬物。在「有始篇」說：「天地有始，天微以成，地塞以形；天地合和，生之大經也。以寒暑日月晝夜知之，以殊形殊，能異宜說之。夫物合而成，離（麗）而生，知合知成，知離知生，則天地平矣。」陽清故天微，陰濁故地塞成，天地相合，陰陽相麗，萬物化生。

呂氏春秋有「十二紀」篇，和禮記的「月令」相同。一年分四季，一季分三月，孟仲季。月的分別，在於陰陽的盛衰。例如：「孟春之月……是月也，天氣下降，地氣上騰，天地和同，草木繁動。」「仲夏之月……是月也，日長至，陰陽生，死生分。」「仲秋之月，……是月也，殺氣浸盛，陽氣日衰。」「孟冬之月……是月也，天氣上騰，地氣下降，天地不通，閉而成冬。」「季冬之月，……是月也，日窮于次，月窮于紀，星迴于天，數將幾終，歲將更始，專於農民，無有所使。天子乃與卿大夫，飭國典，論時令，以待來歲之宜。……凡在天下九州之民者，無不咸獻其力，以供皇天上帝社稷寢廟山林名川之祀。……季冬行秋令，則白露早降，介蟲爲妖，四鄰入保，行春令，則胎夭多傷，國多固疾，命之曰逆。行夏令，則水潦敗國，時雪不降，冰凍消釋。」在十二紀中，把自然界

的理象，人事的作爲，政治的設施，組成一個大系統，根本則是十二個月陰陽的變遷，由陰

陽的變遷，引發萬物生命的化生和盛衰，一切都要連繫。

《呂氏春秋》有「名類篇」，通常稱爲「感應篇」。感應是人事的善惡，和天地間的同類之

氣，互相感應，產生怪異的自然現象，好的現象爲祥瑞，惡的現象爲災異，預告上天的賞

罰。在感應中滲入了五行的思想；五行的思想在戰國時漸漸興盛，鄒衍結集當時流行的迷

信，造出五行的次序。把五行的次序和五德五色相配合，以述說朝代的興替，乃有五德終始

說，黃帝屬土，色尙黃；禹屬木，色尙青；湯屬金，色尙白；周屬火，色尙赤，繼承周朝的

朝代屬水，色尙黑。

五行的次序，在董仲舒的春秋繁露和班固的白虎通義，成了一定的相生相尅次序。『天

有五行：一曰木，二曰火，三曰土，四曰金，五曰水。木，五行之始也；水，五行之終也；

土，五行之中央也，此其天次之序也。木生火，火生土，土生金，金生水，水生木，此其父

子也。木居左，金居右，火居前，水居後，土居中央，此其父子之序，相受而布。』（春秋繁

露卷十一 五行之義 第四十二）這是五行相生的次序，又是五行配四方和中央的佈置。

「五行所以更王何？以其轉相生，故有終始也。木生火，火生土，土生金，金生水，水

生木。……五行所以相害者，大地之性，眾勝寡，故水勝火也；精勝堅，故火勝金；剛勝

柔，故金勝木；專勝散，故木勝土，實勝虛，故土勝水也。」（白虎道德論　卷三　五行）五行相

相尅的次序，原來就是自然界的現象，五行為五種自然物體，五種物體彼此有相互的關係。

但是漢朝儒者將五行作為陰陽的五種變化，因而成為萬物的構成元素。宇宙間無論自然界物

體或是人世間的事件，都由陰陽五行而成。五行的次序便成為一切物體和事件的關係原則，

五行也就進入了中國哲學和一切學術思想裏。

漢朝的易學，便是用陰陽五行去解釋易卦。漢易為氣數易；氣週遊宇宙，化生萬物。氣

在宇宙間的變化，有時間的變化，為一年四季；有空間的變化，為東西南北。漢易乃以四正

卦配四季，以十二消息卦配十二月，以四正卦的二十四爻配一年的二十四節氣，以十二消息

卦的七十二爻，配一年的七十二候，再以六十卦。（卽除去四正卦）的三百六十爻配一年的日

數，每一卦得六日七分。所謂四正卦，為坎震離兌，這四卦又配四方，再配五行。春為東為

木為震，夏為南為火為離，秋為西為金為兌，冬為北為水為坎，中央為土。四季代表時間，

四方代表空間，陰陽五行代表生氣，氣在時空中運行，成為六十四卦所代表變化，變化的目

的，則為春生夏長秋收冬藏的生生，這是漢易的卦氣說。至於漢易的象和數，則祇用為占

卜；卦象雖也牽涉到六十四卦相生的次序，但過於偏於機械式的解釋，沒有思想的意義。道

敎在漢末和六朝時，採納卦氣說，造成長生的外丹和內丹方法，按照月亮的盈虛時日，呼吸

天地運行的生氣，或修鍊金丹，以求長生不死。

六、佛教的生命哲學

佛教以萬法為因緣和合，實際都是空無，沒有真正的生命；但是大家都以為萬法是有，這倒若何解釋？佛教各派有各派的解釋，在各種解釋中，有幾個共同點。

宇宙萬物為一整體，都是人所幻想的，幻想的來由，是人誤信自己為實有。

我在母胎受孕時，是我在前生所有信我自己為有的堅強意識，即所謂我執，在前生臨終時不散，輸入母胎。這個信念具有我的生命，以及我以往生活中行為所結集的果，這些果成為我現生生活中的行為種子。因著這些種子我乃為有感覺，乃為有知識；但，感覺和知識的事物，全是這些種子所造的。因著這些事物，我乃起愛恨和貪欲，又造成種種惡行為，留下來生的惡種子。

萬物既是我心的種子所造的，或說萬法唯識，或說萬法唯心，萬物連成一體。而且在人死復輪廻時，可以投胎再生為人，也可以轉生為禽獸蟲魚菓木石頭。因此，不僅萬物相連，而且都有生命。

為免除輪廻再生，人要消除相信自我為有的信念，這個我執消除了，同時相信萬物為有的物執也就消除，人便進入涅槃，成佛而長生。消除的方法很多，佛教各派的共同點，則在於坐禪消除心中的念慮，在沉默清靜的心中，看到自己的真我為真如。真如即是佛，即是絕對的實有，也就是我的實體。通常我只看到我的身體，看到外面的事物，沒有見到隱在我和萬物的深處之實體真如。我若見到心中底處的真如，便也見到我和萬物都祇是真如是向外表現的形色，猶如大海中的波浪。波浪為海水的活動，萬物也是真如的活動，為真如生命的一種表現。人若能看清了這一層大道理，人就成佛，歸到真如本體，消除假我而獲得真我，和真如為一，進入涅槃，「長樂我淨」，永恒生存。

七、理學家的生命哲學

儒家思想，在孟子、荀子以後，消沉了下來，經過漢朝、魏晉和隋唐的道家，道教和佛教的刺激，到了宋朝，乃興起了新的儒學——理學。理學為研究萬物性理的學，上面溯到易經和中庸，旁面則採擷道佛的觀念，結成儒家人文哲學的形上學。

第一位正式講理學的人，大家都承認是周敦頤。他的思想存在他所作的太極圖說和通

書，《太極圖說》發揮易經的生生，《通書》則發揮中庸的誠和神。

「無極而太極，太極動而生陽，動極而靜，靜而生陰，靜極復動，一動一靜，互為其根。分陰分陽，兩儀立焉。陽變陰和，而生水火木金土。五氣順布，四時行焉。五行一陰陽也，陰陽一太極也，太極本無極也。五行之生也，各一其性，無極之真，二五之精，妙合而凝，乾道成男，坤道成女，二氣交感，化生萬物，萬物生生，而變化無窮焉。惟人也，得其秀而最靈。……大哉易也，斯其至矣。」（太極圖說　周濂溪集）

我們不談太極和無極的問題，祇看周敦頤的化生萬物的次序，是結集易經和漢易而成。太極而陰陽，陰陽而五行，五行而男女，男女而萬物。這種變化的過程，乃是一氣的變化過程，一氣而變化為陰陽兩氣，陰陽兩氣變化而為五氣，五氣再變化而為男女二氣，男女二氣交感，乃化生萬物。這種變化次序後來為理學家所接受，祇是對於太極和無極發生問題，大家不願接納。

《通書》講五行，「水陰根陽，火陽根陰。五行陰陽，陰陽太極，四時運行，萬物終始。」

（通書第十六）這種思想，和太極圖說相同。所以不能因爲通書不提「太極圖」，便懷疑「太極圖」不是周敦頤所作。通書所講，多爲人生之道，講中講誠：「聖人之道，仁義中正而已矣。守主靜，立人極焉。」這是太極圖說所說的，通書裏面說：「聖人定之以中正仁義，而主靜，立人極焉。」兩者的思想完全相合，通書講誠，「誠者，聖人之本。大哉乾元，萬物資始，誠之源也。」（通書 誠上 第一）這個誠，即是中庸的誠，誠爲盡性，也就是易傳所講的生生。

張載的哲學思想，以一氣爲根本，氣的本體爲太虛，「太虛無形，氣之本體。其聚其散，變化之客形耳。」（正蒙 太和）太虛聚而爲陰陽，陰陽再聚而爲五行，五行聚而生萬物。一切都是一氣的聚散。「太虛不能無氣，氣不能不聚而爲萬物，萬物不能不散而爲太虛。循是出入，是皆不得已而然也。」（正蒙 太和）氣自然變化，然氣並不是物質，「凡可狀，皆有也；凡有，皆象也；凡象，皆氣也。」（正蒙 乾稱）氣之性，本虛而神。」「氣有陰陽，推行有漸爲化，合一不測爲神。」（正蒙 神化）易傳曾強調天地生生，「神妙再測。」張載以氣的變化，神妙莫測，和易傳所說相同，「感者，性之神；性者，感之體。惟屈伸動靜終始之能一也，故所以妙萬物而謂之神，通萬物而謂之道，體萬物而謂之性。」（正蒙 乾稱）氣聚而成物性，物性具有感應之力，感應非常神妙，雖然有屈伸動靜終始的變化，然常是一

氣的變化，故稱為神，稱為道。

萬物既由一氣所成，生命彼此相連，互有次序，「生有先後，所以為天序。小大高下，相並而相形焉，是為天秩。天之生物也有序，物之既形也有秩。」（正蒙 動物）然而天序天秩，不為把物分開，而是為把萬物的次序中合物一個整體，「乾稱父，坤稱母，予茲藐焉，乃渾然中處。故天地之塞，吾其體，天地之帥，吾其性，民吾同胞，物吾與也。」（正蒙 乾稱篇西銘）這種萬物體，由人心去體會，「大其心，則能體天下之物。……聖人盡性不以見聞梏其心，其視天下，無一物非我。孟子謂盡性則知性知天，以此。天人無外，故有外之心，不足以合天心。」（正蒙 大心）也就是孟子所說：「萬物皆備於我。」

程顥、程頤、朱熹，三人的生命哲學思想，可以連在一起，用朱熹的思想作代表；因為朱熹繼承了二程的學說，加以擴充。

萬物由理氣二元而成：理，在天地間為同一之理，氣則分清濁。同一之理，為生命之理；，氣之清濁程度不同，濁氣為物質性，清氣為精神性。理氣相合時，氣限制了理，故「理一而殊」。氣濁的物體，生命之理不能顯露，呆板不靈普通稱為無生物，氣較清之物體，生命之理可以顯露一部份，成為低級生物。按照氣的清濁程度，生命之理顯露為各程生命。人命之理可以安全顯露，所以說：「人得理之全，物得理之偏。」的氣最清，人心最靈，生命之理可以安全顯露，所以說：「人得理之全，物得理之偏。」

生命之理，在人的心靈生命中完全顯出，朱熹說：「天地以生物為心，天包著地，別無所作為，只是生物而已。亘古亘今，生生不窮，人物則得此生物之心以為心。」（朱子語類 卷五十三）這個生物之心，在人稱為仁。「仁者，天地生物之心。」（同上）朱熹以仁不是愛，而是愛之理；仁心，即是生生不息之心。「發明心字，曰：一言以蔽之曰生而已矣，天地之大德曰生，人受天地之氣而生，故此心必仁，仁則生矣。」（朱子語類 卷五）「心即仁也，不是心外別有仁。」（朱子語類 卷六十）

在本體論方面，整個宇宙祇有一個生命之理，有一個運行之氣。運行之氣有清濁，氣和理相結合而成物性，這種性為氣質之性。氣質之性為個體之性，個體之性既包含類性，又包含個性。按照中國哲學的傳統，氣的清濁不是對立的兩分法，清是清，濁是濁，而是程度的階梯法，由最濁以到最清。氣和理的結合，是物性的結合，合成本體的物性，不是合成本體的附體，附體則是本體的用，是本體存在後所變化的。因此，氣的清濁不是附加體的區分，乃是本體的區分。氣清氣濁的物體，不是在附加體上不同，而是在本體上不同。生命之理和氣相結合，因著氣的清濁，顯露的程度不同，不是附加體的程度不同，卻是生命本體不同，物體也就不相同。生物之同雖是一個，實際上的生命之理則因和不同清濁之氣相結合，也就彼此相異：「理一而殊。」

在人的生命方面，人得生命理之全，因為人之氣最清，氣清則為精神性，人的生命便是精神性的心靈生命。人心是仁，仁總攝一切善德，心靈的生命為仁義禮智信的生命。仁義禮智信發於人，現於人情，情乃心之動，動而中節即為善德。修德便在於管制情慾，以守敬為方法，守敬有內外，敬以直內，義以方外。直內之敬在於守一，專心目前之事，使合於天理。合於天理則誠，誠為聖人；聖人贊天地之化育，「贊天地之化育，人在天地中間，雖只是一理，然天人所為各自有分，人做得底，卻有天做不得底。如天能生物，而耕種必用人；水能潤物，而灌溉必用人；火能燥物，而薪爨必用人；裁成輔相，須是人做，非贊助而何？」（朱子語類 卷六十四）。

朱熹哲學，形上學和人生哲學結成一系統，可以代表中國的儒家哲學思想。理氣連貫一切，理則生命之理，生命便是哲學思想的中心。

王陽明的哲學思想的中心，在於致良知，良知為心；心不僅是天理，也是一切知識和生命的中心。王陽明以宇宙之物能夠存在，因為有人心，若是人心不知，物就不存在。一個物體若從未為人心所知，不是它本體不存在，是在人的知識中不存在，它對於人就等於不存在。一切物體既因人心而存在，人心便連繫一切，成一整體。但這整體不僅是知識方面的整體。在本體生命方面，也是一整體。王陽明在「大學問篇」中說明『一體

之仁』，即一體的生命，萬物的生命，互相連繫，互相依賴，互相靠助。人的生命，須靠動物植物和礦物相維持；人爲生活，須要飲食，須要藥物，就是須要動植礦各種物體。假使動植礦的物體，和人的生命不相連繫，則不但對人的生命沒有益處，更會生害。

清初王船山採取張載的『氣』；氣成萬物。然不以太虛之氣爲不分陰陽之氣，氣之本體就原已分爲陰陽，在太虛中，陰陽之氣處於太和狀態，不顯出陰陽。太和一起變化，陰陽乃顯；因此，王船山主張「乾坤並建」。陰陽變化有變化之理，變化之理爲物性或人性，來自天命。陰陽變化繼續不停，既成一物，在物體以內仍繼續變化，但物體的性由同一天命所降，性乃不變異，物體在體內繼續的變化，仍是同一物體。物性並不是一成就定，再不變化，「性日生而命日降」，說出「生命」的意義。

戴震講氣化，講生生。

化也；人物之生本乎是。」（孟子字義疏 卷中）漢朝學者以人之生，禀有天地之元氣，又有由父母而來之本身之氣。戴震主張人有「本受之氣」，又有「資養之氣」。「而其本受之氣，與所資以養者之氣則不同。所資以養者之氣雖由外而入，大致以本受之氣召之。五行有生克，本受之氣，及所以資以養者之氣，必相遇而不相逆，斯外內爲一。其分於天地之氣化以生，本相遇而不相逆也。」（同上）在生化的氣運

「凡有生即不隔於天地之氣化。陰陽五行之運而不已，天地之氣

中，有條理次序，物乃有上下，下種物以養上種物，天地萬物都爲養人。「易曰：『一陰一

陽之謂道，繼之者，善也；成之者，性也。』一陰一陽，蓋言天地之化不已，道也。一陰一

陽，其生生乎？其生生而條理乎？以是見天地之順，故曰：一陰一陽之謂道。生生，仁也；

未有生而不條理者也。」（原善 上）

（民國初年，熊十力以佛教的思想，滲入儒家的理學，然而他的

生生思想祇有易經內一點外形，實際內容仍是佛教的思想。他講本體有四種意義：「一，本

體是萬理之原，萬德之端，萬化之始。二，本體即無對即有對，即有對即無對。三，本體是

無始無終。四，本體顯爲無窮無盡的大用，應說是變易的。然大用流行，畢竟不曾改易其本

體固有生生，健動，乃至種種德性，應該說是不變易的，……須知，實體是完完全全的變成

萬有不齊的大用，即大用流行之外，無有實體，譬如大海水全成爲衆漚，即象漚外無大海

水，體用不二亦猶是」（體用篇 頁八）這個本體，實際就是佛教的眞如。本體的變化，是一

翕一闢，兩者都是一種動勢，不是易經所說陽動陰合。翕和闢，沒有先後，都是才起即滅，

時時都是故滅新生的。翕動以聚成物，然不是形相的物，而是一個動圈，動圈又是虛又是

實，非虛非實。動圈因虛而爲一，因凝而爲多；但一和多，刹那生滅相續，其體卽是眞如妙

性。熊十力認爲這是「大哉易也！斯其至矣。」（體用篇 頁二三八）

近年方東美教授盡力提倡中國哲學，他說：「中國哲學的中心是集中在生命，任何思想的系統，是生命精神的發洩。」（方東美演講集 頁七九）儒家哲學以易經爲基礎，易經講變易的生生，變易爲生命的創造力，整個宇宙爲一生命的洪流，長流不息，而又是中正和諧。人生之道繼承宇宙生生之道，趨向於超越宇宙的生活，使精神昇華。然而精神昇華乃是向人心內的昇華，爲內在的超越。人心乃能欣賞宇宙之美，「原天地之美而達萬物之理，以藝術的情操發展哲學的智慧，成就哲學思想體系。」（原始儒家道家哲學 頁一四）「蓋生命本身盡涵萬物一切存在，貫乎大道，一體相聯。於其化育成性之過程中，原其始，則根乎性體本初，……要其終，則達乎性體後得，經歷化育步驟，天地實現之。」（中國哲學之精神及其發展 上冊 頁一四）

九）人得生命之全，人的創造潛能力乃能配天。

八、結 論

簡單扼要地逃說了中國生命哲學的發展，從尙書開始，易經予以成熟，整個中國儒家的哲學思想，以「仁者生也」，予以連貫，成一大系。

在目前講儒家思想，甚至中國哲學的現代化，由儒家生命哲學去發展，很能融會當代社

會遽烈變化的時勢，又能適應新科學的意義。我現從這方面求儒家思想的現代化。但是中國生命哲學祇有思想的大綱，沒有深入的分析。生活本是活動的，不能加入分析，祇能予以體會。然而體會後，應加以解釋，西方哲學對於宇宙之變化所有的觀念和分析，很可以幫助我們解釋中國生命哲學的意義。

六　上天的信仰

——上天隱爲基礎

中國哲學思想給我們的一個印象，是不談宗教，祇以人爲中心，討論人的生活之道。現代研究中國哲學的人，大多數認爲中國哲學不僅對宗教採獨立態度，而且從荀子和法家以後，還拋棄了書經、詩經的上天信仰，轉而以人性天理作人生的基礎，中國哲學乃是不信宗教的哲學。

若說中國哲學不談宗教，這是很顯明的事；若說中國儒家哲學拋棄了上天信仰，成爲無宗教信仰的哲學，則是一椿學術上的錯誤，更是實際生活上的一椿大錯誤。我曾寫了一篇研究報告，肯定孔子的宗教信仰，現在我更要說上天的信仰，爲中國傳統哲學的一種精神，爲研究這個問題，我分爲五點去說明：天命，天理，天地好生之德，祭祀，賞罰。

一、天 命

首先講天命的古書，是書經，書經講天命從兩方面講：第一從皇帝受上天的命，治理人民；第二從上天命人行善，遵守上天的規律。

堯、舜和夏、商、周三代的人民，信仰上天，這是學者公認的事實。同時也相信人民受上天的亨毒，上天派遣皇帝代天行道。治國的君王，應該奉有上天的命。堯王將天下讓給舜王，舜王將天下讓給禹王，禹王授給了自己的兒子，孟子解釋這都是上天之命。

「萬章曰：堯以天下與舜，有諸？孟子曰：否！天子不能以天下與人。然則舜有天下也，孰與之？曰：天與之。天與之者，諄諄然命之乎？曰：否！天不言，以行與事示之而已矣。曰：以行與事示之者如之何？……曰：使之主祭而百神享之，是天受之；使之主事而事治，百姓安之，是民受之也。天與之，人與之，故曰：天子不能以天下與人。……泰誓曰：天視自我民視，天聽自我民聽，此之謂也。

萬章問曰：人有言至於禹而德衰，不傳於賢而傳於子，有諸？孟子曰：否！不然也！天與賢則與賢，天與子則與子。……其子之賢不肖，皆天也，非人之所能為也。莫之為而為者，天也；莫之致而至者，命也。」（萬章上）

孟子的解釋很清楚，萬章接納了孟子的話，表示他也相信孟子的宗教信仰。但是孟子的解釋，還是間接的解釋，書經則有多次直接說明皇帝的治國，是因上天之命。書經的「湯誓」和「牧誓」，就是這種文據。

「非台小子，敢行稱亂！有夏多罪，天命殛之。……夏氏有罪，予畏上帝，不敢不正。」（湯誓）

「今商王受，惟婦言是用，昏弃厥肆祀，弗答；昏弃厥遺王父母弟，不迪。……今予發，惟恭行天之罰。」（牧誓）

「周書」的其他篇裏，有很多地方提到周室因上天之命而得王位。

「予惟小子，不敢替上帝命，天休於寧王，興我小邦周，寧王惟卜用，克綏受茲命，今天其相民。矧亦惟卜用。嗚呼？天明畏，弼我丕丕基。」（大誥）

「惟時怙，冒聞於上帝，帝休。天乃大命文王，殪戎殷，誕受天命。」（康誥）

帝王受上天的命而爲王的思想，，在歷代的帝王心目中，是「天經地義」的原則。戰國時候鄒衍提倡五德終始說，以五行的氣運，代替孟子所說的民意，以顯示天命，於是皇帝下詔，常開端用「奉天承運」的詞句，表示自己奉行，天命承順氣運而爲王。就連袁世凱稱帝下詔，也套用這個大帽子。明末王夫之爲中國的歷史哲學家，他在宋論上說：

「宋興統一天下，民用寧，政用七，文教用興，蓋於是而益以知天命矣！帝王之受命，其上以德，商周是已。其次以功，漢唐是已。『詩曰：鑒觀四方，求民之莫。』德足以綏萬邦，功足以戡大亂。皆莫民者也。得莫民之主而授之，授之而民以莫，天之事畢矣。乃若宋，非鑒觀於下，見可授而授之者也……嗚呼，天之所以曲佑下民，終無可付託之中而行其權，於授命之後天自諶也，非人之所得而豫諶也，而天之命之也亦勞矣。」（宋論　卷一　頁一）

帝王所受之命，爲皇天上帝之命，皇天授命帝王，代爲治民，皇帝乃稱天子。皇天治民之道，應遵照天命而行。這項天命的倫理道德規律。〈書經說有「皋陶謨」和「洪範」兩篇，記載這項天命。

「天敍有典，勑我五典五惇哉。天秩有禮，自我五禮有庸哉，同寅協恭和衷哉。天命有德，五服五章哉，天討有罪，五刑五用哉。政事懋哉！懋哉！天聰明，自我民聰明，天明畏，自我民明威。達於上下，敬哉有土。」(皋陶謨)

治國的倫理規律，典章制度，刑賞法律，都依照上天所敍定。皇帝按照上天的規律制度治國，人民必定喜愛；若不然，人民必定厭惡；人民的意思，就代表上天的喜怒；因爲人民的意思，反映皇帝是否按天命治國。

「王乃言曰：鳴呼，箕子，惟天陰騭下民，相協厥居，我不知其彝倫攸敍。

箕子乃言曰：我聞在昔，鯀陻洪水，汩陳其五行；帝乃震怒，不畀洪範九疇，彝倫攸斁。鯀則殛死，禹乃嗣興，天乃錫禹洪範九疇，彝倫攸敍。」(洪範)

這篇箕子的話，明明說出禹治國的各種規律，來自上天；沒有說明上天怎樣錫賜禹「九

疇」，不能引用「河出圖・洛出書」的神話，然而儒家常以聖人能通天意，能夠從自然界的

現象窺見天道，如同易經所說。禮記以聖人製禮，也是依照天理而製禮。因此，倫理規律和

法律的原則都源出上天之命。

中國的歷史哲學和政治哲學，都以天命為根基。天命即上天之命。孔子孟子又講每個人

也奉有天命，教訓每個人應該知道天命，應該敬畏天命。

公孫丑 下

「子畏於匡，曰：文王既沒，文不在茲乎？天之將喪斯文也，後死者不得與於

斯文也。天之未喪斯文也，匡人其如予何！」(子罕)

「行或使之，止或尼之，行止，非人所能也。吾之不遇魯侯，天也，臧氏之

子，焉能使予不遇哉！」(孟子 梁惠王 下)

「夫天，未欲平治天下也，如欲平治天下，當今之世，舍我其誰也。」(孟子

公孫丑 下)

孔子、孟子都自認負有傳承堯、舜、文王之道，以平治天下；但都不能達到目的，則又

是自己的『命』該如此。這種每個人的命，是「莫之致而至者，命也。」（五子 萬章 上）普

通以「貧貴壽夭」為每人所有的命，人沒有力量可以抵抗。孔子所以教訓門生應該知命。

既知自己的命，便應順命，孟子稱順命為正命。

「子曰：不知命，無以為君子也」（堯曰）

「孟子曰：莫非命也！順受其正。是故知命者，不立乎巖牆之下。盡其道而死者，正命也；桎梏死者，非正命也。」（盡心 上）

命，在中國哲學裏，為一相當重要的問題，在民眾的生活中，更是一個切身的問題，普通諺語說：「人窮則呼天」，人在命最苦的時候，則或者向天呼號，或者向天抗議，口中喊「老天爺」或「天老爺」，在他們的心目中，命是上天所規定的。在哲學方面，孔孟肯定「命」是上天所定，孔子所以說：「君子有三畏！畏天命，畏大人，畏聖人之言。小人不知天命而不畏也，狎大人，侮聖人之言。」（季氏）朱熹註解「天命」為天所賦的正理，實則

「天命」乃上天賦給每個人的命。後代儒家則以爲『命』祇是自然而成的現象，命相家可以由人的相貌掌紋看出人的命運，或由出生的年月日也可以推出人的命運，王充也曾主張由相看命。命相術已經是技術問題，不在哲學思想內，由相或生干而能看命，理由在於陰陽五行之氣結成人的相和生干，這種結構支配人的生命。不用說這種命相說完全是唯物的思想，但即使接受這種唯物思想，爲何每個人有這樣結構的命相，仍舊是不能解決的問題。

宋朝理學家，以命和天命之性或理，意義相同，則是講中庸所說的「天命之謂性」，而不是講「貧富壽夭」的『命』，雖說朱熹以人的才，來自所禀的氣，說是天生；然而才，不是貧富壽夭的命。正當的解釋，仍是孔、孟所說『由上天所定』。

二、天　理

中庸說「天命之謂性」，不能直接說是孔子的主張，但是子思的思想，不會和孔子的思想相衝突。在孔子的思想裏，『天命』應該是上天之命。

宋明理學家，解釋這句話時，朱熹說：「命，猶命令也。性，即理也。天以陰陽五行，化生萬物，氣以成形，而理亦賦焉，猶命令也。於是人物之生，因各得其所賦之理，以爲健

順五常之德，所謂性也。」理學家常性為理，理為自然之理，由生而來，如同告子所說：

「生之謂性」。因此，在理字上加個天字，稱為天理，即天生之理。

宋朝理學家，如二程和朱熹，以天、命、理、性、心的意義都相同，祇是觀點不同。

「天者，理也，神者，妙萬物而為言者也。帝者，以主宰事而名。」（二程全書

遺書　十一　明道語錄一　頁一）

「理，性也，命也，三者未嘗有異。窮理則盡性，盡性則知天命矣。天命，

猶天道也，以其用而言之，則謂之命。命者，造化之謂也。」（二程全書　遺書二

十一下　伊川語錄七下　頁一）

「性便是心之所有之理，心便是理之所會之心。」（朱子語類　卷五）

「性只是理，萬理之總名。此理亦只是天地間公共之理，禀得來便為我所有。

天之所命，如朝廷指揮差除人去做官，性如官職，官便有職事。」（朱子語類　卷

一七）

天理即是人的性，性由天命而有，程頤以天命為天道，命為造化。人生來有性，為人之

理，生來即是天然，人自然而有性理。所謂天命，解為自想。然而儒家研究和道家不同，所說自然和道家的自然仍舊不一樣。道家的自家，乃是當然。儒家的自然，上面加個『天』字，稱為天命，既是有天字，又稱天命，天在古經書指着上天，便不能以天然就作為當然，朱熹乃說「天之所命」。就使把天理解為生來之理，或自然之理，天就是天然。這並沒有追究到問題的根底，天生的，生來的，天然的，研究怎然來的？若說就是自然生的，那儒家和道家有什麼分別？程明道說是造化，造化等於命，造化由上天所定。因此天理在根底上仍舊是上天所定之理，易經講天道地道人道，也是歸根到上天。

朱熹對於理的主張，以理和氣分先後。人之理，成人之性，人人相同；人之氣，成人之形，因氣有清濁，每人之氣便不相同，問題就來了，既然人人之理相同，為什麼每個人的氣有清濁不相同？而這個氣，限制了每個人之理，使每人的氣質之性有善惡，使每人的才有高下：這就祇好說是「造化」，說是命該如此。又要歸到上天所定。祇是理學不願明白說出來，卻說是「天然」。

三、天地好生之德

〈易經〉一本書，講天地的變易，常用「天」這個名詞。許多學者解釋易〈經〉，常以「天地」為上天下地，即有形的世界；再不然則說天地代表「自然界」，即是「自然」。但是易〈經〉也常用的詞句，「天地之德」，「天地之情」，「天地之心」。

「夫大人者，與天地合其德。」（乾卦　文言）

「復（卦）其見天地之心。」（復卦　彖曰）

朱熹註說天地生物之心。

「天地感而萬物化生，聖人感人心而天下和平，觀其所感，而天地萬物之情可見矣。」（咸卦　彖曰）

「觀其所恒，而天地萬物之情可見矣」（恒卦　彖曰）

「大壯利貞，大者正也。正大，而天地之情可見矣」（大壯卦　彖曰）

「男女正，天地之大義也。」（家人卦　彖曰）

「利有攸往，順天命也，觀其所聚，而天地萬物之情可見矣。」（萃卦　彖曰）

「天地之大德曰生。」（繫辭下 第一章）

「於是始作八卦，以通神明之德，以類萬物之情。」（繫辭下 第二章）

理學家爲解釋上面的文據，對於天地之德，天地之心，天地之情，都以爲是「借喻」，借人之生活情況，比喻自然界的現象，究其實祇是一個理字，說明天地之理。但是在骨子裏，儒家和道家的分別，是儒家相信上天爲造物者，道家則不信有神，一切都是盲目的自然。所以老子說：「天地不仁，以萬物爲芻狗。」（道德經）儒家易經則說天地的大德曰生，朱熹又說天地以生物爲心，生就是仁，在天曰生，天地便有仁心而化生萬物。從這一點去解釋天地之德，天地之心，天地之情，便不能單單地說是天地自然之理。道家在天地以後，有氣，在氣以後，有道；道是盲目自然，不是神靈，沒有心，沒有情。儒家在天地以後，有氣，有太極；太極雖可說是氣之本體，但是氣不是像「道」自生自有，而是有上天造物者。上天，則是神靈，有心有情。儒家的天地，指着自然界的天地，但有時則代表上天。在講天地之德，天地之心，天地之情，就是代表上天。天地有好生之德，或天地以生物爲心，是代表上天有好生之德和生物之心。

儒家以全宇宙爲生命，易經說「生生之謂易。」（繫辭上 第五章）畫家繪畫無論畫什麼，

都要有生氣，花草蟲魚要有生氣，山水風景也要有生氣。詩人作文作詩，常以自己的生命融合在宇宙萬物的生命裏，花草蟲魚要有生氣，山水風景也要有生氣。詩人作文作詩，常以自己的生命融合在宇宙萬物的生命裏，杜甫說：「感時花濺淚，恨別鳥驚心。」（春望）李白說：「浮雲遊子意，落日故人情。」（送友人）這不僅是借喻的寫法，而是當時親身的體受。萬物不僅有生命，而且能使人「感物傷情」。萬物便不是塊塊呆板的物質，儒家認為有一道生命的洪流，暢通在萬物中。生命來自造物者，造物者上天便有好生之心和好生之德。上天的好生之心和好生之德，由天地而顯出。天地乃能代表上天，乃能說「天地之大德曰生」，乃能說「天地以生物為心，人物得天地之心為心，故仁。」上天的信仰，包涵在這些話裏面，否則儒家好生之德，由天地而顯出。天地乃能代表上天，乃能說「天地之大德曰生」，乃能說「天地以生物為心，人物得天地之心為心，故仁。」上天的信仰，包涵在這些話裏面，否則儒家又何必以『仁』為整體思想的中心？若是沒有上天的『仁』，祇說自然的天地有好生的仁德，則祇是「借喻」的言詞，儒家又何必非常重視「法天」，那就不如老子所說的「自然」更明白了！

聖人法天，和天地的生生大德相合，參天地的化育。雖然中庸書中描寫聖人的精神狀態，用自然界天地的現象作此配，「博厚配地，高明配天，悠久無疆。」（第二十六章）「溥博如天，淵泉如淵。」（第三十一章）「大哉聖人之道，洋洋乎發育萬物，峻極於天。」（第二十七章）這些話都要用孟子所說自己有浩然之氣，充塞宇宙去解釋，才有意義；不然，僅僅說聖人的精神像天的高和地的厚，莊子的至人則比聖人大的多了，儒家的聖人有天高地厚的精

神，是像天地常能化生萬物，愛心無窮。中庸第二十六章就說：「如此者，不見而章，不動

而變，無爲而成。天地之道，可一言而盡也，其爲物不貳，則其生物不測。天地之道，博

也，厚也，高也，明也，悠也，久也。」天地的這些自然現象，乃是表現所蘊藏的化生萬物

的神妙力量；這種神妙力量不是物質的天地所能有，而是來自造物者上天。因此，天地之

德，代表上天之德，天地之心，代表上天之心。

四、祭　祀

中華民族的歷史，根據史書，是和祭天開始的。書經的第一篇「堯典」說：

　　「正月上日，受終於文祖。……肆類於上帝，禋於六宗，望於山川，徧於羣

　　神。」

舜皇繼承堯皇的帝位，就特別祭祀上帝，又祭了日月星、泰山、河、海之宗，再又祭一

切的神靈。祭祀上帝稱爲郊祭。禮記「郊特牲篇」說：

「郊之祭也。近長日之至也，大報天而主日也。祭於南郊，就陽位也。埽地而祭，於其質也。器用陶匏，以象天地之性也。於郊，故謂之郊。」

郊祀，祭皇天上帝，由皇帝主祭，「天子祭天地」（禮記　王制）從堯舜直到清朝，沒有變更，而且爲宮廷的最隆重典禮。古代還有登泰山祭天的大典，秦始皇和漢武帝都舉行過。當時的思想，以天下泰平，國運興隆，皇帝纔可以祭天，許多皇帝便都不敢舉行。

漢朝盛行五行的思想，乃有五帝的信仰，郊祀大典乃祭五帝。漢文帝在渭陽建造五帝廟，以郊見渭陽五帝，漢朝儒者迭以上書說明五帝祀不當，上帝祇有一帝。後來宋神宗罷五帝祀，郊祀祇祭皇天上帝。

郊祭典禮從古到清末，沒有廢除過；郊祀明明顯示上天的信仰，也表示皇帝奉承天命以治國。儒家從來沒有否認過，而且非常重視這種大典。

郊祀祇有皇帝可以舉行，且不能派官代祭，民間便不曾有祭天的典禮。官吏可以祭治轄內名山大川和守衞神靈，百姓則祇能祭祖。

祭祖和祭天有關，周代天子祭天，以祖及后稷配享，漢唐和後代的帝王也承襲了這種制度。上天爲宇宙的根源，皇帝奉上天之命，平治天下，乃祭祀上天，祖先爲人類生命的根

源，皇帝祭天便以祖先配享，百姓在家中，常供奉一牌位，寫着「天地君親師」；天地代表

上天，和君親師對於生命都有恩惠。

周代祭祖，所用詩歌，也表現祭祖和上天的關係。

「文王在上，於昭於天。周雖舊邦，其命維新。有周不顯，帝命不時。文王陟

降，在帝左右。……」（大雅　文王）

祭祀祖先，為孝道的職務，「事死如事生，」「生事之以禮，死葬之以禮，祭之以禮。」

（為政）雖然孔子不談死後的事，詩經「大雅」明明說文王死後，魂在上帝左右。假使祖先死

後，魂和魄都消失了，和漢朝王充所說的一樣，那麼祭祖有什麼意義？就是和朱熹所說魂氣

歸天，散在天地之氣中，祭祖的誠心可以和元氣中的祖先之氣起感應，門生們還是問朱熹這

種種感應究竟有不有，即使有，又有什麼意義？朱熹也不能答覆。（朱子語類　卷三）因此，祭

祖，如不信祖先的魂尚在，祭祀就沒有意義。朱熹也不敢否定祖先魂不在，更不敢否認「大

雅」所說文王在上帝左右；祇好說聖人所稟的氣和平常人不同，故能和上天相結合。不相信

上天的存在，就不能相信祖先的魂可以存在。

中國歷代祭祀天神地祇，遭遇乾旱淫水的時候，官吏行祭求晴求雨。神靈掌管人類的禍福，易經常以鬼神掌管吉凶，卜卦即是向鬼神詢問吉凶，春秋戰國問卜的風氣很盛，孔子乃教弟子「敬鬼神而遠之」，不要凡事都去找鬼神。鬼神掌管吉凶，是代上天行賞罰。孔子所以說上天按善惡行賞罰，不必要去求神問卦。因此，祭祀鬼神也和上天的信仰有關。沒有上帝，也就沒有鬼神。既然祭祀鬼神，便相信有上帝。

五、賞　罰

「善有善報，惡有惡報」，是中國民間共同的信仰。雖然這種信仰，和佛教的因果報應有關；因為佛教相信輪迴，業報相連，前生的善惡行爲，來生必定有報應。但是中華民族在最古的時代，已經有了「上天操賞罰」的信仰。書經說明皇帝行善，得享上天的福祐，皇帝行惡，就受上天的責罰。書經的「周書」裏，有許多篇提到殷朝因罪受上天所棄，周朝文武因德而受上天眷顧。「商書」裏也說：

「惟上帝不常，作善，降之百祥；作不善，降之百殃。」（伊訓）

「伊訓」雖說爲僞文尚書，但天的賞罰，在詩經已經爲一般人很普遍的信仰，而且一家成爲賞罰的對象。「小雅天保」篇說：「天保定爾，亦孔之固……如月之恆，如日之升，如南山之壽，不騫不崩，如松柏之茂，無不爾或承。」「南山」章說：「樂只君子，退不黃耈，樂只君子，保艾爾後。」「信南山」章說：「中田有廬，疆場有瓜，是剝是菹，獻之皇祖，曾孫壽考，受天之祜。」

孔子講解易經，以禍福由人自招，善事有賞，惡事有罰，人勉力爲善，自有善報，把易經的卜卦加以倫理的解釋，「十翼」便充滿倫理道德的思想，代表孔子的主張。「易之興也，其於中古乎！作易者，其有憂患乎！是故履，德之基也；謙，德之柄也；復，德之本也；恆，德之固也。」（繫辭下　第七章）「變動以利言，吉凶以情遷。是故愛惡相攻而吉凶生，遠近相取而悔吝生，情僞相感而利害生。凡易之情近而不相得，則凶或害之，悔且吝。」

漢朝則盛行天人感應說，人事的善惡，引起自然界的反應，善事生祥瑞，惡事生災異。漢朝學者說宇宙的氣有善惡，和人事的善惡，發生感應，這種感應預告上天的賞罰。漢朝遇有日食月食地震等災異，皇帝便下詔罪己，求天息怒免罰。宋明學者雖反對天人感應說，卻不反對皇帝下詔罪己，因爲，這是一種可以警告皇帝的方法。儒家學者堅信善惡的賞罰，每當自己遭受禍難迫害時，自覺清白無罪，便心中安定，堅守不屈，不信自己受天罰。孟子就

以「仰不愧於天，俯不怍於人。」為君子人生三種快樂之一。善惡的賞罰，建立在上天的信仰上。然而在人世裏，正義並不是完正伸張，惡人得福，善人得禍的現象很多。儒家乃說自身不得善惡的報應，子孫必得到報應。「積善之家，必有餘慶。」也鼓勵人向善。

儒家哲學不像西洋傳統哲學，明明講皇天上帝的信仰，然而在骨子裏則隱藏這種信仰，而且作為全部思想的基礎。儒家講人生之道。以同天地合其德，贊天地的化育，為最高目的，以親親仁民愛物作生活的規範，這種生活必要假定有化生萬物的造物主，造物主以生物為心，有生生的大德。造物主的大德由天地的變易而表現，而且貫通在萬物的生命裏；人心乃有仁，以仁而和宇宙萬物相通。整個宇宙是一個生命的宇宙，又是一個仁愛的宇宙，所能如同張載所說：「民吾同胞，物吾與也。」（西銘）也能和孟子所說集義而成「浩然之氣」，充塞宇宙。

七　知　天　命

——不知命無以爲君子

一、概論命的重要

『命』，在歷代中國人的心目中，是一個重大的困擾，可怕，又拋棄不了，願不願意，只好接受。既然在人的生活裏，佔着這麼重要的份量，儒家講人生之道，便不能不講，也不能不關心。儒家對於『命』，便有重要的說明。

在普通的「命」字裏，儒家看到三種命：天命，使命，命運。天命又有三種：上天選擇皇帝的天命，上天制定倫理規律的天命，制定人性的天命，使命則是上天給一個人的特殊任務。如孟子所說：天將降大任於斯人。對於這幾種命，在講上天的信仰時，我已經講過了，在這裏要講的只是命運的命。

墨子非命，在「公孟篇」篇指責儒家主張有命，足以亡國：「儒家之道，足以喪天下者，四政焉，⋯⋯又以命爲有，貧富，壽夭，治亂，安危，有極矣，不可損益也。爲上者行

之，必不聽政矣；爲下者行之，必不從事矣。此足以喪天下也。」

漢朝白虎通「壽命篇」說…：「命者，何謂也？人之壽也，天命以使生者也。命有三科以

記驗：有壽命以保度，有遭命以遇暴，有隨命以應行。壽命者，上命也。若言文王受命唯中

身，享國五十年。隨命者，隨行爲命。若言怠棄三正，天用勦絕其命矣。又欲使民，務各立

義，無滔天，滔天則司命主過，用言以弊之。遭命者，逢世殘賊，若上逢亂君，下必災變暴

至，夭絕人命。」王充論衡「命氣篇」也說：「三傳同說命有三：一曰正命，二曰隨命，三

曰遭命」。

所謂三命，只是命運的三種方式，三命的根本乃是一個根源。在古書裏，命的思想很

早：

書經「顧命篇」…：「文王受命唯中身，厥享國五十年。」

書經「逸言篇」…：「殷王中宗，嚴恭寅畏天命，享國七十有五年，……自時厥後，亦罔

或克壽，或十年，或七八年，或五六年。」

左傳文公十三年…：「文公卜遷於繹，史曰：利於民，不利於君。邾之曰：苟利於民，孤

之利也。……左右曰：命可長也，君何弗爲？邾子曰：命在養民，死之短長，時也。民苟利

矣，遷，吉莫如之。遂遷於繹。五月，邾文公卒。君子曰：知命。」

卜卦的習俗，源遠很古，現存的龜甲，爲卜卦的用具，都是商朝的遺物。卜卦和命運有

關係，卽爲知道命運的吉凶。

孔子在論語裏，好幾次說到命，有時說天命，有時說命運：

「吾五十而知天命。」（爲政）

「君子有三畏：畏天命，畏大人，畏聖人之言」（季氏）

「道之將行也歟，命也！道之將廢也歟，命也！」（憲問）

「伯牛有疾，子問之，自牖執其手，曰：亡之，命矣夫！斯人也，而有斯疾也！斯人也，而有斯疾也！」（雍也）

「死生有命，富貴在天。」（顏淵）

「不知命，無以爲君子。」（堯曰）

「子畏於匡，曰：文王旣沒，文不在茲乎？天之將喪斯文也，後死者不得與於斯文也；天之未喪斯文也，匡人其如予何？」（子罕）

孟子在書中所說的命，則關於命運，但也講性命。

「天壽不貳，修身以俟之，所以立命也，知命者不立巖牆之下，盡其道而死者，正命也；桎梏死者，非正命也。」（盡心　上）

「行或使之，止或尼之，非人所能也。吾之不遇魯侯，天也！臧氏之子，焉能使予不遇哉！」（梁惠王　下）

「求則得之，舍則失之，是求有益於得也。求在我者也，求之有道，得之有命，是求無益於得也，求在外者也。」（盡心　上）

「口之於味也，目之於色也，耳之於聲也，鼻之於臭也，四肢之於安佚也，性也，有命焉，君子不謂性也。仁之於父子也，義之於君臣也，禮之於賓主也，智之於賢者也，聖人之於天道也，命也，有性焉，君子不謂命也。」（盡心　下）

中庸說：「君子居易以俟命，小人行險以徼幸。」（第十四章）

易傳說：「樂天知命，故不憂。」（繫辭上，第四章）

「是有君子將有為也，將有行也，問焉而以言其受命也，如嚮，無有遠近幽深，遂知來物。」（第十章）

「窮理盡性以至於命。」（說卦傳）

這些都是漢以前的文據，雖然易傳的著作時代，或者在漢初，易傳的思想在基本上是孔子的思想。這些文據講的是個人的命。屬於命的事故，第一是壽命，人壽的長短，屬於命。第二，事業的成敗由於個人自己的行動和外面環境的關係而定，然而最後還是歸於命。第三，禍福的來源，來自善惡的賞罰，然而最後也歸於命。

孟子和易傳所講的性命，性為成物之理，為同類的物所共有：命則是每人所有天生的質和才。感官能看，心能知，這是天生的才，人人都有，所以孟子也稱為命，但是君子不以為命。感官的能和心的能，每人所有的，高低不同，有人智慧高，有人智慧低，這就是每人的命和性不同。

因此，命的範圍，包括貧富、窮達、壽夭、才質。這些事故，人沒有能力予以改變，而且也不能反抗。命的實現，超乎通常的人事程序，以至於無法理解。許多時，事故的近程原因，可以理解，最後的原因，仍出乎人理解和意料之外。

孔子和孟子都很注意『命』，他們對於天命，當然特別注意，孔子五十而知天命，作君子的人一定要知天命，但對自己的命運，也要注意。

唐君毅說春秋時代的命，是「命隨德定，涵預定的意義。三代的命，則『涵大命後於人德之義。』」（中國哲學原論　上冊原命　上）但是，命，本身就是預定。至於賞罰，隨善惡而定，

然而定的預定者，在先已經知道人所行善惡，就按照善惡預定賞罰，只能說賞罰隨善惡，決定賞罰的命，則在善惡實現以前，否則，只是鬼神操賞罰，而不是預定賞罰，鬼神不是命運的預定者，只是命運的執行者。

二、命的原因

賞罰的命，隨着善惡而定，但是誰定賞罰？定賞罰者在人行善行惡以前，就決定了賞罰的命，決定者究竟是誰？

在經書裏面，凡是「命」，或天命，或天意，或命運，都是上天（皇天上帝）所定；命的來源，來自上天。孔子聲明匡人可不可以害他，完全要看上天若何決定，孟子也說他沒有遇到魯侯，乃是上天所決定。

〈詩經「小雅，節南山」章說：「昊天不傭，降此鞠訩；昊天不惠，降此大戾。……不弔昊天，亂靡有定。」「正月」章說：「視天夢夢，既克有定，靡人弗勝，有皇上帝，伊誰云增？」「兩無正」章說：「浩浩昊天，不駿其德，降喪饑饉，斬伐四國，弗慮弗圖。舍彼有罪，既優其辜，若此無罪，淪胥以鋪！」「小旻」章說：「昊天疾威，敷於下土，謀猶回

遹，何日所沮！」「小宛」章說：「天命不又，中原有菽，農民採之。」「小弁」章說：「民莫

不穀，我獨於罹。何辜於天？我罪伊何？」「巧言」章說：「悠悠昊天，曰父母且。無罪無辜，

亂如此憮！昊天不憮，予愼無辜。」「巷伯」章說：「蒼天！蒼天！視彼驕人，矜此勞人。」

詩經刺人憂時的詩章，都以災禍由上天所定；而且抱怨自己沒有作惡，受到傷害，上天

不明不智！

漢朝學者偏重講論「氣」，講氣數，講感應，以一切由氣所成。氣分陰陽五行，陰陽五

行在宇宙間運行，繼續變易，由變易而成物。陰陽五行在變易中結成了人性，也結成了人的

身體。所結成的人性，爲人生活的規律，所結成的身體，爲生活的形式，在生活的形式中，

有的人貧富壽夭，即是人的命運。人的命運，由氣運所成。王充很明白地提出這種主張：

「凡人受命，在父母施氣之時，已得吉凶矣。夫性與命異，或性善而命凶，或

性惡而命吉。操行善惡者，性也；禍福吉凶者，命也。」(論衡 卷二 命義篇)

「壽夭之命，以氣多少為主性也。」(論衡 卷一 氣壽篇)

「人稟元氣，於天各受壽夭之命，以立長短之形，……用氣為性，性成命定。體氣

與形骸相抱，生死與期節相須。形不可變化，命不可減加。」(論衡 卷二 無形篇)

王充又將壽夭和貧富分開去講，以壽夭屬於性，貧富屬於命。性所受氣堅強，則壽長；性受氣弱，則壽短。至於貧富之命，卻又滲入天上星辰的氣。中國人從上古以來就相信鬼神操吉凶禍福。鬼神也由氣所成，鬼神在天爲星辰的鬼神，星辰的氣運行到地上，在人成父母之氣而成胎時，鬼神之氣夾在天地之氣中，和父母之氣結成人胎，人成了鬼也就受了鬼神之氣，得鬼神的氣正，有福像，得鬼神的氣不正，有禍像。王充說：

「死生者無象在天，以性爲主，稟得堅彊之性，則氣渥厚，而體堅彊，堅彊則壽命長，壽命長則不夭死。稟性軟弱者，氣少泊而性羸窳，羸窳則壽短，壽短則蚤命，故言有命，命則性也。至於富貴所稟，猶性所稟之氣，得眾星之精，眾星在天，天有其象，得富貴象則富貴，得貧賤象則貧賤，故曰在天。」（解釋死生有命，富貴在天的成語）（論衡 卷二 命義篇）

在這裏，性和命，鬼神之氣，父母之氣，混在一起，雖在一個人的氣裏。命由氣的結合，再加上天上星辰的精氣而成。這種思想到了宋朝，分析更清楚了。宋朝理學家不以氣爲性，性是理，理或包在氣中，或和氣分開，然而理不是氣。命不是理，命是氣的結合形式，

這種形式稱為氣數。氣或清或濁，變化為五行，變化時結成各種形式，每種結合的形式是偶

然而成，沒有理由可以解釋。性也是由陰陽之氣的變化而結成，然而是按照天命而結合的。

所以說：「天命之謂性」。命的結合，只是一種氣數，氣數是氣的強弱精粗，得強者為強，

得弱者為弱，得精者為精，得粗者為粗。朱熹答覆門生關於聖人品質的話，就是這種思想：

「人性雖同，其氣不能無偏重。有得木氣重者，則惻隱之心多，而羞惡、辭

遜，是非之心，為其所塞而不發。有得金氣重者，則羞惡之心常多，而惻隱、

辭遜，是非之心，為其所塞而不發。水火亦然。唯陰陽合德，五性全備，然後

中正而為聖人。」（朱子語類　卷四）

「問：如此則天地生聖賢，不只是偶然，不是有意否？曰：天地那裏說我特地

要生個聖賢來，也只是氣數到那裏，洽相湊着，所以生出聖賢。及至生出，則

若天有意焉耳。」（朱子語類　卷四）

朱熹雖只講到聖賢有天生的中正品質，天生也就是命，聖人的命就來自氣數。朱熹對於

這種命，可以稱為氣質之性，氣質之性仍舊來自天命，由天命而得有氣的偏或正。這種命，

還是性命的命，至於「天命之謂性」所有天、命、性、和理，二程和朱熹都以爲同一意義，

只是觀點則不相同。至於人遭遇的命和壽夭的命，宋、明理學家則不明白加以解釋，只注重

在孔、孟所講的正命和順命心理，朱熹注孟子：

「孟子曰：盡其心者，知其性也，知其性，則知天，存其心，養其性，所以事天也。夭壽不貳，修身以俟之，所以立命也。」「盡心章（上）」

朱熹注說：「夭壽，命之短長者。知天之至，修身以俟死，則事天以終身也。立命，謂令其天之所付，不以人爲害之。程子曰：心也，性也，天也，一理也。自理而言，謂之天；自稟受而言，謂之性；自有諸人而言，謂之心。張子曰：由太極有天之名，由氣化有道之名，合虛與氣有性之名，合性與知覺有心之名。愚謂盡心知性而知天，所以造其理也；存心養性以事天，所以履其事也。不知其理，固不能履其事；然徒造其理而不履其事，則亦無以有諸已矣。天而不以夭壽貳其心，智之盡也；事天而能修身以俟死，仁之至也。智有不盡，固不知所以爲仁，然智而不仁，則亦將流蕩不法，而不足以爲智矣。」

「孟子曰：莫非命也，順受其正。」

朱熹注說：「人物之生，吉凶禍福皆天所命，然惟莫不至而至者，乃為正命〞故君子修身以俟之，所以順受乎此也。」

唐君毅也說：「諸儒（宋儒）多將性命之命與其他之命，分別而論。朱子雖不重命與遇別，而以命攝遇，亦不同於魏晉之列子及郭象之卽遇言命之說。」（中國哲學原論　第十八章　頁五八三）

朱熹在孟子的注釋裏，以人生有吉凶禍福之命，都是天所命。這個天字，不可勉強作為天理天道的天，或自然之天，和上一段盡心知性以事天的天字所有解釋不同。

因此，中國哲學在歷代都以命運定於上天，人不能改變。就如王充所說的氣數，或和朱熹所說的氣數，也需要追到上天的命。否則，不能答覆為什麼有這樣的氣運或氣數呢？只用朱熹所說：「洽相湊着」，等於沒有答覆。

三、立命或順命

中國人從最古時代就關心命運，故宮博物院所藏甲骨文，都是刻在龜骨上，用為卜卦，卜卦在於求知吉凶，所求知的當是一時的遭遇，然合命運相關。到了戰國，卜卦的事越來越

多，幾乎每樁稍爲重要的事就要先卜卦。《左傳》記載卜卦的卦辭，爲研究《易經》的人算是一椿好資料，漢朝繼承了《戰國》的風氣，迷信的心理更濃厚。

莊子書中，講命的處所不少；郭象注莊子，以命爲必要的遭遇，凡事都有命。

後來，中國人常相信國家有國運，朝代有命運，每家和每人也都有命。看相算命的術士，各鄉鎭都有。

儒家敎人對於命，要有自立的精神，並不像墨子所說儒家對於命，採消極的態度，儒家對於命，最明顯的話，在中庸第十四章：

「君子素其位而行，不願乎其外。素富貴，行乎富貴。素貧賤，行乎貧賤。素夷狄，行乎夷狄。素患難，行乎患難。君子無入而不自得焉。在上位，不陵下；在下位，不援上。正己而不求於人，則無怨。上不怨天，下不尤人，故君子居易以俟命，小人行險以徼幸。」

朱熹注說：「素，猶見在也。言君子但因見在所居之位，而爲其所當爲，無慕乎其外之心也。」這種思想和孔子的正名思想相同，在什麼位置上，作這位應該做的事。「爲其所當

為」，就是儒家生活之道。不管自己命運怎樣，對於自己該做的，盡力去做。俗話說「謀事

在人，成事在天。」

「君子居易以俟命」，君子以平常的心理，盡自己的職務，接受命運的安排，「居易」

居在平易的心理中，不怨天，不尤人。「俟命」，等候命運的來臨，不要求命運以外的事，

不像小人想以各種方法，僥幸取得命運以外的福利。

「孟子曰：莫非命也，順受其正。是故知命者，不立乎巖牆之下。盡其道而死

者，正命也。桎梏死者，非正命也。」（盡心　上）

「順受其正」，稱為正命，事情該是怎樣來，就怎樣來，自己卻不要無故去冒險，自己

去尋不好的遭遇。明知牆要倒了，故意站在牆下，牆下被壓死，那不是命的安排，而是自己

尋死；死是非命的死，不是正命的死。

「孟子曰：求則得之，舍則失之，是求有益於得也，求在我者也。求之有道，得之

有命，是求無益於得也，求在外者也。」（盡心　上）

在這一段話裏，孟子分別了性命之命和命運之命。性命之命所指的對象，在我以內，如

仁義禮智之端，如才能嗜好。對於這些事物，雖在我以內，我仍舊要去求，去實踐，就是修

身，修身有求則有得，不修身，則天生的善端和才質就會失掉。對於這些事物，是求益於得

也，求在我者也。至於命運的命所指的對象，則是富貴，這些事物是在我以外，我追求時，

有該遵守的規律，而且得到得不到，要看命怎樣，我便不必要去追求。孔子也說過：「如不

可求，從吾所好。」（述而）

孔子和孟子，都抱着「窮則獨善其身，達則兼善天下。」的目標，週遊列國，拜會各國

諸侯，然而沒有被諸侯見用，他們都「不怨天，不尤人。」退而修詩書，教訓門生。建立了

儒家立命和安命的模範。自己行事，常「盡其在我」，而且一切遵守禮法。

史記司馬遷在「項羽本紀」中，記載項羽在烏江渡口笑曰：「天之亡我，我何渡爲！」

司馬遷評論說：「自矜功伐，奪其私智，而不師古。謂霸王之業，欲以力征，經營天下五

年，卒亡其國，身死東城，尚不覺悟，而不自責，過矣！乃引天云我，非用兵之罪也，豈不

謬哉！」司馬遷以項羽的所謂天命，不是正命，乃是非命，自行不義，自取滅亡。李陵答蘇

武書中說：「子歸受榮，我留受辱，命也如何！……嗟乎！子卿——夫復何言？相去萬里，人

絕路殊，生爲別世之人，死爲異域之鬼，長與足下，生死辭矣！幸謝故人勉事聖君。」李陵

接受命運的痛苦，但不認有罪，招來苦命，抱怨漢朝皇王不義不恕。在李陵可以說是立命。

司馬遷因救李陵而被判宮刑，在「報任少卿書」中，雖滿腹悲怨，然能自立：「所以引辱苟

活，幽於糞土之中而不辭者，恨私心有所不盡，鄙陋沒世，而文采不表於後世也。」他後來

竟能修歷史，作史記，揚名後世！這也是立命。韓愈「祭十二郎文」說：「一在天之涯，一

在地之角，生而影不與吾影相依，死而魂不與吾魂相接，吾實為之，其又何尤！彼蒼者天，

曷有其極！自今以往，吾其無意於人世矣！」韓愈怨天，悲傷自己的遭遇，然而他以後還是

積極地生活，這是一種順命。

清曾國藩遣弟國荃圍攻金陵，久攻不破，他寫信給弟弟，勸不要急，須畏天命也知自己

的命：「事事落人後着，不必追悔，不必怨人，此等處總須守定畏天知命四字。金陵之克，

亦本朝之大勛，千古之大名，全憑天意主張，言盡關乎人力，天於大名，吝之惜之，千磨百

折，艱難拂亂而後予之，老氏所謂『不敢為天下先』者，即不敢居第一等大名之意。弟前歲

初進金陵，全廈信多危悚儆戎之辭，亦深知大名之不可強求。今少荃二年以來屢立奇功，蕭

清金蘇，吾兄弟名望雖減，尚不致身敗名裂，便是家門之福。老師雖久而朝廷無貶辭，大局

無他虞，即是吾兄弟之幸。只可畏天知命。不可怨天尤人。所以養身卻病在此，所以持盈

保泰亦在此。千囑萬囑，無應迫而致疾也。」（同治三年四月二十日　致沅弟書）曾國藩的「畏天知

命」四字，可以代表歷代儒家的人生觀。

八　王道正直

——中庸之道

人生之道之人生爲心物合一的人生，物爲物質，有量有限制，心爲精神，神妙莫測。有量有限制的動，常消耗物質，必須有節制；神妙莫測的動，必須有規律。中庸乃說：「喜怒哀樂之未發，謂之中，發而皆中節謂之合。中也者，天下之大本也；和也者，天下之達道也；致中和、天地位焉，萬物育焉。」〈第一章〉人的情感，是心物合一的標準活動，情動則心動，同時身體的顏色和聲音也立刻動。

中國哲學講人生之道，是講人的倫理生活之道，講生活的善惡。生活的表現，由情感而表現，善惡便在情感的表現上。：因爲生活的善惡由人自己負責，人自己負責的行爲由心主宰，心一指定一項行爲的目的，便有行爲的意向，有了意向心就動，心動必有情，情動乃有善惡。情有善惡，首先是意向的善惡，意向的善惡屬於心，〈大學〉所以講修身在於正心，正心就是使行爲的意向正。真正屬於情的善惡，則在於「發而皆中節」。所謂中節，一是心的動

要中節，不過於急或過於緩；一是情的動要中節，不過於濃或過於淡。因此講『中和』，便有三方面的問題：一是心正的問題，一是心動的問題，一是情動的問題。

在大學的傳章裏，有解釋正心，「所謂修身在正其心者，身有所忿懥，則不得其正；有所恐懼，則不得其正；有所好樂，則不得其正；有所憂患，則不得其正。心不在焉，視而不見，聽而不聞，食而不知其味。此謂修身在正其心」。（第七章）在四書集句裏，程子伊川說身有的身當作心。

忿懥、恐懼、好樂、憂患，皆是心之用，也是情。若是心動就不正，那就只有不動才得其正，如同《禮記》的「樂記篇」說：「人生而靜，天之性也。感於物而動，性之欲也。」宋朝理學家中便有人主張未發之中，爲人的本性，所以爲修身只好靜坐。然而這種主張既是探納佛敎的坐禪，而且廢除了儒家所主張「君子自強不息」的積極精神。大學的正心一章所說，要從心動和情動兩方面去說，不要從心本體方面去說。在心的本體方面，心正是心選擇意向時要符合倫理規律，意向不符倫理規律，就是惡，心就不正。朱熹講修身之道，主張「主敬」，「主敬」爲主於一，主於一在身內，則是心主於天理，而定意向，心便可得其正，並不是心靜而不動才得其正。

普通講中，或講中正，都是講心之動和情之動而中節，心之動和情之動，常是互相結

合。朱熹以「心統性情」，又以「情爲心之動」。在理論上心動和情動是兩種事，互有分別；在實際上，心動和情動合而爲一。因此，講中和，講中正，講中，便常講情之動。而且不是講未發之中，而是講發而皆中節之和、未發之中，只是一種天然狀態；已發之和，才是人心的努力，也就是中庸所說「誠之者，人之道也。」

一、古代的思想

『中』，中華民族的傳統思想，從最早古書尚書裏已經表現出來。尚書洪範有一篇，篇中講皇帝的行事原則，稱爲皇極，皇極乃是中道。

「無偏無陂，遵王之義；無有好作，遵王之道；無有作惡，遵王之路。無偏無黨，王道蕩蕩；無黨無偏，王道平平；無反無側，王道正直。會其有極，歸其有極。」（洪範）

極是原則、模範，一國的臣民，要以皇帝的行事原則，卽王道，作行事的模範。方東美

解釋「皇極」為太極，他說：「皇極或大中之象徵意符，自樂觀之，含下列四義：㈠九疇洪

範，如箕子所陳，不啻一部神聖之「天啓錄」，饒有宗教意涵。二、大中對實在建立一大哲

學規準與價值準衡。三、此種實在及價值與中國古代文化相混合，遂特顯其道德規範之義，

表現於中國生活之各層面。四、合宗教、哲學與倫理各層面而綜觀之，「大中」藉旁通交

感，正是政治智慧之通體流露，完整表現。」（方東美 中國哲學之精神及其發展 孫智燊譯 成均出版社

上冊 頁七五）中國上古帝王藉宗教的力量，宣佈道德的規律。在宣佈的道德中皇極即是最高

的規律。即是至極，即是至高，即是屋脊，即是大中。因此王道不偏不黨，平平直直，為至

高的準則。

洪範九疇的第六疇為三德：「三德：一曰正直，二曰剛克，三曰柔克。平康正直，彊弗

友剛克，燮友柔克。沈潛剛克，高明柔克。」在倫理道德上，都要遵守中道，「平康正直」，

不能過剛，不能過柔，過剛則以柔克，過柔則以剛克，使道德居乎中？這種思想在「皋陶謨」

的九德也表現明白：「皋陶曰：寬而栗，柔而立，愿而恭，亂而敬，擾而毅，直而溫，簡而

廉，剛而塞，彊而義；彰厥有常，吉哉」。後來論語中講孔子的品德，就說：「子溫而厲，威

而不猛，恭而安。」（述而）中國上古時代，已經認定道德的規範在於得其中，不過也不及。

易經講宇宙的變易，宇宙的整體和每個事物的單體都繼續變易，變易由陰陽兩原素而

成，陰陽變易的原則爲中正。易經以卦象徵宇宙的變易，卦由陰陽兩爻合成。基本八卦，各卦有三爻，重卦的六十四卦，各卦有六爻。六爻的第二爻和第五爻爲中爻，卦中陰陽兩爻的地位，以第二爻爲陰爻的正位，第五爻爲陽爻的正當地位。若一卦的第五爻爲陽爻第二爻爲陰爻，這一卦稱爲中正卦，爲吉卦。一卦的爻位，代表時和位（空間），爻變是在空間和時間裏變，每一爻在變時有它的時和位，爻的正當時間和空間就是中正。宇宙間陰陽之變便要守中正，守中正是好。所謂中正，是陰陽在各自的正當時間和空間。陰陽的變化繼續不停，中正的位置便不是呆板的，而是隨時隨地而定時，定的原則不變。因此古來解釋易經的人說易有三易：變易，簡易，不易。中正的原則常是一定，原則的運用則隨時地而定。把這種原則，應用到人生倫理上，孔子倡言『中庸』。

孔子說：「中庸其至矣乎！民鮮能久矣。」（中庸 第三章）中庸講解孔子的中庸，「仲尼曰：君子中庸，小人反中庸。君子之中庸也，君子而時中，小人之中庸也，小人而無忌憚。」（第二章）朱熹註解說：「蓋中庸無定體，隨時而在，是乃平常之理也。君子知其在我，故能戒謹不覩，恐懼不聞，而無時不中。」

中庸無定體，但不能無定理，就如易應有不易之理。孟子曾說：「執中無權，猶執一也。所惡執一者，爲其賊道也，舉一而廢百也。」（盡心 上）權爲稱物輕重的標準，物的輕重

不同，為決定輕重，必定須有「權」。執中，若沒有中的定理，則是呆板的執一，執着呆板的一為中，乃是破壞了中。

為天理，孝敬父母而得其中，則須適合時地的環境。

偽今文尚書的大禹謨，有很流行的四句話：「人心惟危，道心惟微，惟精惟一，允執厥中。」這四句中的人心和道心，成了宋明理學家的重要觀念：惟一和執中，則在孔、孟時已經運用。

中庸另有一種中，卽是中立不倚。「故君子和而不流，強哉矯！中立而不依，強者矯！國有道，不變塞焉，強哉矯！至死不變，強者矯！」這是擇善固執，固執自己的道，固執自己的原則，寧死不屈。也就是孟子所說「富貴不能淫，貧賤不能移，威武不能屈，所謂大丈夫。」（滕文公 下）「腳踏兩邊船」，雖站在中央，卻不是中，因為失掉中之理。「隨風轉舵」，雖合符時地，也不是中，也是失去了中之理。因此孔子所說「君子而時中」，君子守中庸，隨時隨地使之中理而應用於時地，洽得其當，在時中保守了中道。中庸是在日常的事上，都能合情合理，洽得其當，不過也不不及。

到了漢朝中葉，陰陽五行之說盛行，講易經的學者創卦氣說，以六十四卦，配合一年的四季，十二月，廿四節氣，七十二候，三百六十四日。卦氣的時中，在於陰陽之氣在各季節

孔子以『中』的定理為『禮』，實則的『天理』。例如孝敬父母

（142）· 142 ·

時日裏的運行，董仲舒說：「陽之行始於北方之中而止於南方之中，陰之行始於南方之中止

於北方之中，陰陽之道不同，至於盛蔽而皆止於中，其所始也，皆必於中，中者，天地之太極

也。」（春秋繁露　循天之道）漢儒又以卦配四方中央，又以五行之土配中央。中字有中央的意

思。所謂始於中，盛於中，是說陰陽會合於中央，由中央參向一方出發，又各由一方，回到

中央，所謂「天地之大極」，是說天地最中的一點，中又是最高的一點，再不能過點，漢儒

又以中為心，禮記和史記的「樂記」和「樂書」都說『情動於中』。中為心，淮南子和揚雄

法言的中，注為心，這一點也是常識方面以心居人身的中央，乃以『中』代表『心』，道常

又都說「中心」，指着中央。漢朝儒家又以五行配人生的事物：五帝、五德、五音、五色、

五臟。五德為仁義禮智信，孟子曾講仁義禮智四德，漢儒加上信以配土，土不是一方而是中

央，配土的信也不是一德，而是一切善德的條件，信為誠實，一切德都要是實德而合於人性

天理，中便是誠。

二、理學家的思想

『誠』字，在理學家的思想中，佔着相當重要的位置。最初的理學家周敦頤的通書講

『誠』，最後的理學家王夫之在所著書中常講誠實。誠的起源在於《中庸》，中庸一書，前面講『中庸』，後面講『誠』，率性之道貫穿前後兩面。但《中庸》的至誠雖是盡性，書中卻有對誠的神秘描述，「誠者，自成也，而道，自道也。誠者，物之終始，不誠無物。……誠者，非自成己而已也，所以成物也。成己，仁也，成物，知也，性之德也，合外內之道也，故時措之宜也。」（第二十五章）這一章的意義，本是講人性之德。誠為率性，是誠於性，物乃為實物，為信。性不實必不能有物，不誠所以無物。物在「存在」上，須是誠，在變易行動上也須是誠，仁和知使人在行動上能誠，能有「時措之宜」，就是能有中。

但是有些學人，卻以誠為物之本體本性，而且以誠為絕對的實體，因為「誠者，物之所以自誠。」是物自己成全自己之道，本是一個自有自成的絕對實體，有些學人卻以這種解釋太淺，要把誠看作絕對實體。同樣便也把周敦頤《通書》的『誠』，也解釋為絕體實體，這種絕對實體，乃是易。我曾經寫了一篇文章加以改正，說明不能把誠和太極、和易、和中，解釋為同一的絕對實體，「通書既以『誠』為太極或乾元的德能，為太極或乾元的動，通書就說明『誠』的幾種特性，這些特性乃是《易經》所說乾元變易的特點。」（羅光 論周濂溪通書的誠 中國哲

始，不誠無物。」朱熹本來就解釋了，「言誠者，物之終

宋、明理學家對於『誠』和『中』所討論的問題，不是本體論的絕對實體問題，而是人

性的本體問題。中庸說：「喜怒哀樂之未發謂之中，發而皆中節謂之和。中也者，天下之大

本也；和也者，天下之達道也。」（第一章）既說是天下之大本，中，便應該是本體。喜怒哀

樂之未發，指着七情之本體，七情之本體乃是性，中便是性。呂大臨說：「人受天地之中以

生，良心所發，莫非道也。」（宋元學案 呂范諸儒學案 頁五十八）又說「中卽性也。」（同上 頁五

十五）中既是性，性的本體為未發，為靜。誠為率性、為盡性。楊時，呂大臨，李延年乃主

張靜坐，以保持本然虛靜之性。禮記的「樂記」曾說：「人生而靜」，周敦頤的《太極圖說》

「靜極而動，動極而靜」，都似乎主張人性本來是靜，由靜而動，靜在先，動在後。程頤答

呂大臨對於中的問題，說明中是未發時的氣象，不是本體。朱熹接納程頤的主張，以未發為

性，已發為中，後來和張栻討論，發覺不對，乃改為未發已發都是指着心，不是說未發之

中或靜為人的本性。人為求中，不在靜坐，而是在心動時，能夠中於節，卽是情要中節，喜

怒哀樂等七情要不過也不不及。

呂大臨說：「人得天地之中以生。」天地之中指着什麼呢？他卻沒有說明。這種思想和

漢朝儒者的思想有關係，漢易儒者以天地為一氣，一氣分陰陽，繼續在宇宙間變化，繼續在

天地間週流，陰陽的結合，常隨時隨地合於中道，天地的本性便常是中。這種中在漢儒的思

想裏爲氣的中，即變易之中，並不是說氣的本體爲中，而是氣的用爲中。魏晉南北朝的道家和道教，都以氣代表道，宇宙萬物的本體既是道，便也是氣，氣常是中，中就成爲宇宙萬物的本體。道家和道教又主張靜，靜和中相合爲一，宇宙萬物的本體便也是靜。但是這種中和靜，嚴格地說只是氣之用，不是氣之體；不過，中國哲學常以體用爲一，便以中爲體了。

三、道、佛的中

老子曾經主張中爲空，「多言數窮，不如守中。」（道德經 第五章）「鑿戶牖以爲用，當其無，有室之用」。戶牖要中空，才「有室之用」，無爲中，中爲空，〈莊子講「環中」，「齊物論」說：「彼是莫待其偶，謂之道樞，樞始得其環中，應無窮。」王弼注說：「環中空矣。」

佛教大乘講中諦，大乘圓教講三諦圓融，三諦爲有、空、中。有是實有，空爲虛無，中爲不有不空，亦有亦空，萬法爲眞如的性起，爲本體表現，實際不有，爲空，然爲其如一所起又不是空，因此不有不空，亦有亦空。

四、中的意義

中為體，中為用，研究這個中字，有什麼意義？「喜怒哀樂之未發謂之中」，中或者是體，或者是氣象，都是形容詞，究竟形容什麼呢？說本體為中，或說本體之氣象為中。第一，表示是〈中庸〉所說的「明德」，天地的本體，或人性的本體是善的，是明亮的善德。西洋聖多瑪斯以善為說天然之性或天地之性，未來是善的。然而這個善，究竟有什麼意思？西洋聖多瑪斯以善為正當的次序，人性善卽是人性在本體方面有正當的次序，各分子的結構，各得其當，這就是本體的中。正當的結構必定有結構之理，「喜怒哀樂之未發」的中，為喜怒哀樂之理，理在性內，為心的體。王陽明曾以良知顯示心之理，呂大臨說：「人受天地之中以生，良心所發，莫非道也。」良心為良知，良心表現人性的中道，清初王夫之便以「喜怒哀樂之未發」的中，或以中為本，合則稱為中節。因此，無論以中為本，或以中為用，都要把體用合起來，才有中的意義。以中為本，靜而不動，隱而不顯，中的「洽得其當」的意義，顯不出來，只是本體的性的特點，要喜怒哀樂動而中節合理，才顯出中的倫理意義，情動時不偏，卽不過也不不及，中的意義幾在『和』，李延年等人主張靜坐，以守性之本，是把倫理之中和本體之

中混在一起，倫理之中不能變成本體之中，喜怒哀樂之情既然動，只能使它合節，不能使它不動，不動就沒有情了。要把未發和已發合起來，即是把體和用合起來，才有中的意義。李延年等人，在這一點上沒有弄清楚，那是因為他們受了佛教的影響。佛教以一切為虛為假，人心也是虛假之心，只有真如是真心真性。人用靜坐以明心見性，從虛心中見到真性，斷絕心內心外一切行動，和真性相結合。佛教的靜坐，乃是坐禪，斷絕一切，廢棄一切。儒家不主張七情是虛假，所以不能以靜坐廢除情欲求中，而是在情欲之動以求中。

以中為用，在情欲之動以求中，也不能廢除中之體，即是中之性理。情欲動時須中節，中節的節在於合於性理，情欲就沒有節，又怎麼可以中節？那將是狂亂，是李卓吾的疏狂。朱熹以未發為心，已發為情，情動時合於心中之理則為中，實際是中和，也是王陽明的致良知。

『中』的問題和性善性惡的問題，困擾中國兩千年的哲學家，根由在於混合了本體的善惡和倫理的善惡，為倫理的善惡找尋本體上的根由。好比現代犯罪學尋找犯罪者的生理和心理上的可能根由，不過，若是有，犯罪者已不是正常的人，正常的人是心靈能作主宰的人，善惡的根由，在心靈作主宰，是個具體的活的根由，不是本體的抽象形上的根由。

五、中庸的精神

『中庸』的思想不是抽象的觀念，而是生活的準則，中華民族從「洪範」的皇極時代和

「大禹謨」的寫作時代，已經習慣在「允執厥中」的原則下生活，造成了民族生命和民族文

化的『中庸』精神，使中華民族具有自己民族的特色，也使中華民族能夠在五千年裏常是

「周雖舊邦，其命維新」。

孔子『述而不作』，接納了堯、舜文武的『中庸精神』，教訓弟子，在論語裏，指出中

庸精神在各方面的表現。

1. 善 德

一種善德，常得其中；若是過或不及，便不成善德了。「子曰：鄉愿，德之賊也。」

（陽貨）朱熹注說：「鄉愿，鄉人之愿者也。蓋其同流合污，以媚於世，故在鄉人之中，獨以

愿稱。夫子以其似德非德，而反亂乎德，故以爲德之賊而深惡之。」鄉莊不誠實卻裝作誠

實，是不及。同樣「色厲而內荏，譬諸小人，其猶穿窬之盜也與。」（陽貨）。外面莊重有

感，心內則柔弱恐懼，好似一個賊常怕被人看透。

「葉公語孔子曰：『吾黨有直躬者，其父攘羊，而子證之。』」（子路）這是葉公所說的直太過於直了，孔子不以為直。

「葉公語孔子曰：『吾黨之直者異於是，父為子隱，子為父隱，直在其中矣。』」孔子曰：

孟子也曾說：「閹然媚於世也者，是鄉愿也。」（盡心　下）「生斯世也，為斯世也，善斯世矣。」（盡心　下）這是鄉愿者的態度，孟子罵他是求媚於世。

不過和不及，在作事的態度上便不中庸，在作事的時候和人方面，也要得其宜。「子曰：可與言而不與之言，失人；不可與言而與之言，失言；知者不失人亦不失言」（衛靈公）知者能守「時宜」和「人宜」。「孔子曰：侍於君子，有三愆：言未及之而言，謂之躁；言及之而不言，謂之隱；未見顏色而言，謂之瞽。」（季氏）或躁、或隱、或瞽，都是沒有取得「時宜」。話該說的時候，要說；不該說的時候就不要說；應該怎樣說，就怎樣說。天主教聖經智慧書說：「一切的事都有自己的時候」。

假使不能夠做到中的境地，孔子和孟子都願意寧可是過，而不是不及。「子曰：不得中行而與之，必也狂狷乎！狂者進取，狷者有所不為。」（子路）「孟子曰：孔子不得中道而與之，必也狂狷乎。……孔子豈不欲中道者，不可必得，故思其次也。」（盡心章　下）朱熹注

說：「狂者，志極高而行不掩，狷者，知未及而守有餘。蓋聖人本欲得中道之人而教之，然既不可得，而徒得謹厚之人，則未必能自拓拔而有為也，故不若得此狂狷之人，猶可因其志節而激厲裁抑之，以進於道，非與其終於此而已矣。」這是儒家自強不息的精神，寧願過，不願不及。

2. 人 格

善德在人的生活裏，造成人的人格。

孔子的人格，顯示出中道的精神：「子溫而厲，威而不猛，恭而安。」（述而）孟子所以說：「自有生民以來，未有盛於孔子也。」（公孫丑 上）君子的人怎樣？孔子因為「伯夷隘，柳下惠不恭，隘與不恭，君子不由也。」（公孫丑 上）君子的人怎樣？孔子說：「君子貞而不諒。」（衛靈公）一個好人一定要忠貞，但卻不能固執不悟。所以孔子說他自己不喜歡固己：「微生畝謂孔子曰：丘何為是栖栖者與！無乃為佞乎？孔子曰：『非敢為佞也，疾固也。』」（憲問）「子絕四：毋意，毋必，毋固，毋我。」（子罕）孔子說士人若是說：「言必信，行必果，硜硜然小人哉，抑可以為次矣！」（子路）只是下一等的士。孟子也曾說過：「大人者，言不必信，行不必果，惟義所在。」（離婁 下）守信守約，是個好人，然而也要看時地的合理要求，否則，固執不合義理！

但若義之所在，則必定要固守，中庸所講的強者和勇者，就在於守正不阿。「故君子和而不流，彊哉矯！中立而不倚，彊哉矯！國有道，不變塞焉，強哉矯！國無道，至死不變，強哉矯！」（第十章）歷代儒家的大學者，爲官做人，多能表現這個人格。

而且還要表現以身殉道的精神，「子曰：志士仁人，無求生以害仁，有殺身以成仁。」（衛靈公）孟子有魚和熊掌的比喻，以象徵義和生命，魚比不上熊掌，生命比不上義，便要捨生取義。（告子 上）孔子說：「朝聞道，夕死可也。」（里仁）這種精神似乎不合於中，然而因爲中是合理合義，固守着義，便是中道。所以俗語說「忠臣不事二君，貞女不事二夫。」

3. 社會道德

『中庸』在社會的習慣上，造成了中華民族的民族性，好處壞處都有。

安分守己：爲中庸精神的表現。孔子曾說：「不在其位，不謀其政。」（泰伯）「曾子曰：君子思不出其位。」（憲問）易經艮卦象曰：「兼山艮，君子此思不出其位。」每人盡好自己的責任，責任以外的事則不要多問。

不走偏激，中華民族深惡偏激的政策和制度，常呼爲暴政，暴政必亡，桀紂固然不克保身，秦始皇也不能久保帝位，黃巢、李自成、洪秀全，雖爲保民而起義，然變爲殘民的暴

行，終不能成事。

好和平：農村人民都愛相安無事；若發生戰事，田園就荒蕪。中華民族也因愛『中庸』，在社會上不喜好鬥爭，不喜好爭訟，每事則就紳士們仲裁。喜歡調協，國家政策對外對內也不輕易宣戰，常以柔順敎化去感化蠻夷和藩國。

留餘地：對人對事，不要做得過甚，總要留點餘地給人，也給自己。有錢的人，不要享盡榮華富貴，有勢的人，不要顯盡自己的勢力。滿招損，謙受益，也是中庸精神。

貴重人情：人們彼此交往，重在人情。發生爭執，追求補償權利時，法律禁止行動或命令行動時，重情不重法，中國社會人情味重。

這些都是好處，也是美德。然而人含有墮性，不振作就會向下；中庸的習慣，便在中華民族的習性裏，養成了一些缺點。

缺乏公德心！因爲思不出其位，便不管別人的事，也不管大家的事。「各掃自己門前雪，不管別人屋上霜。」農村的人，很少管國家的事。「窮則獨善其身，達到兼善天下。」天下國家的事，由官吏去管。

不守法：大家以合情爲合理，守法便不好。旣不重法，大家便不關心法律，更不喜歡事事守法。

做事敷衍，不澈底：厭惡偏激，便適可而止；適可變成各求自安，很少貫徹到底了。

在學術方面，陶淵明的話「讀書不求甚解」，代表一般讀書人的心理，中國哲學的方法，本來不是西洋哲學的客觀分析法，而是主觀體驗，無所謂追究到底。只有漢朝和清朝的經學家，則是埋頭研究學術的人。雖說古來讀書人，都稱爲士，也不少實際上埋頭讀書，這些人讀書不是現在所謂研究學術，而是欣賞古人的文章，隨着也研究義理，自以爲能夠貫通，就夠了，不是追求到底，貫徹義理。中國古代所以不能發展自然科學，就是不習慣運用這種研究法。

『中庸』的思想，在儒家哲學上爲一特點。『中庸』思想養成民族習慣和精神，成爲中華民族的特點，更是中國哲學的特點。

九　仁：人心；義：人路

——利義之分

『中』的精神從書經開始，易經「十翼」加以發展，中庸標出為儒家的主要精神，塑造了中華民族的民族性；但是在學理方面，在道德方面，儒家則更注重『仁義』，孔子尤其注重仁德，標為一切的善德的總綱；這一點和儒家的哲學基本思想有關。

易經以宇宙整體和萬物都不停在變易，變易即是生生，生生便是『仁』。『仁』乃是宇宙的變易本體，萬物的本體也是『仁』，中庸和孟子就說：「人者，仁也，」，『中』則是變易的原則，也是變易的自然傾向，被認為變易的本性，因而，就有人以『中』為宇宙本體，或人的本體，實則只是生命的自然傾向。生命的後天原則乃是義，而孟子的人生哲學只是：「仁，人心也；義，人路也。」（告子　上）整體的孟子政治哲學也是仁政哲學，仁政哲學就是仁義哲學。

孟子說：人皆有所不忍，達之於其所忍，仁也。人皆有所不為，達之於其所

為，義也。」(盡心 下)

「孟子曰：人之所不學而能者，其良能也；所不慮而知者，其良知也。孩提之

童，無不知愛其親者，及其長也，無不知敬兄長也。親親仁也，敬長義也。無

他，達之天下也。」(盡心 上)

「為人臣者，懷仁義以事其君；為人子者，懷仁義以事其父；為人弟者，懷

仁義以事其兄；是君臣父子兄弟去利懷仁義以相接也，然而不王者，未之有

也。何必曰利。」(告子 下)

「舜明於庶物，察於人倫，由仁義行，非行仁義也。」(離婁 上)

「孟子曰：仁之實，事親是也。義之實，從兄是也。智之實，知斯二者弗去是

也。禮之實，節文斯二者是也。樂之實，樂斯二者，樂則生矣，生則惡可已

也，惡可已，則不知足之蹈之，手之舞之。」(離婁 上)

「丑見王之敬子 (孟子) 也，未見所以敬王也。曰：惡！是何言也！齊人無以仁

義與王言者，豈以仁義為不美也，其心曰：是何足以與言仁義也云爾。則不敬

莫大乎是！我非堯舜之道，不敢以諫於王前，故齊人莫如我敬王也。景子曰：

否，非此之謂也。〈禮〉曰：父召無諾，君命召，不俟駕。固將朝也，聞王命而遂

不果，宜與夫禮，若不相似然！曰：豈謂是與！曾子曰：晉楚之富，不可及

也，彼以其富，我以吾仁，彼以其爵，我以吾義，吾何慊乎哉！……故將大有

為之君，必有所不召之臣，欲有謀焉則就之，其尊德樂道，不如是，不足與有

為也。」（公孫丑　下）

「孟子見梁惠王，王曰：叟不遠千里而來，亦將有以利吾國乎？孟子對曰：王

何必言利，亦有仁義而已矣！」（梁惠王　上）

孔子講仁也講義，但沒有專講仁義；孟子講仁義禮智，但以仁義包涵禮智，創『仁義』

一個名詞，把仁義聯在一起，以仁爲人心，義爲人路，又說：「仁也者，人也；合而言之，

道也。」（盡心　下）所謂合而言之，應該有個義字，合仁與義，乃是人生之道。

一、仁的精神

1.　仁的理論

易傳「繫辭下」第一章，說明「天地之大德曰生，聖人之大寶曰位，何以守位？曰仁。」

易經講『生』，宇宙常在變易，變易是生化萬物，所以「繫辭上」第五章說「生生之爲易」，生化生物就是宇宙的變易。宇宙內的變易，由陰陽的變化而成，「一陰一陽之謂道，繼之者善也，成之者性也。」（繫辭上　第五章）陰陽的變化繼續不停，在宇宙間不停，在已成的物裏生生命稱爲仁，因爲仁，指着生命。植物的生命，會在果實的仁裏，如桃仁，杏仁。又如人子麻木不仁，人手就沒有生命。

朱熹接納易傳的思想，以仁爲生，在天曰生，在人曰仁。易傳說天地的大德曰生，朱熹說天地有好生之德，由德往前推，朱熹說天地以生物爲心。再從人方面研究，朱熹說人得天地之心以爲心，人心便是仁，因爲人心由天地之心而來，天地之心愛物而化生生命，人的心也就愛生命，也就是仁。這樣朱熹解釋了孟子所說的「仁，人心也。」也解釋了「仁也者，人也。」

易經「乾卦」的卦辭說：「乾，元亨利貞。」象辭說：「大哉乾元，萬物資始，乃統天。」乾以元爲代表，乾爲生化的根源，亨利貞則爲生化的過程：因此，元統亨利貞。「乾卦」的文言：以元亨利貞配仁禮義智，仁爲元，爲「善之長也」。孔子乃以仁包涵一切善

德，以仁人爲聖人；宋明理學家以仁爲德綱，統攝一切德行。現代講中國哲學的人，便以孔子所說的「吾道一以貫之」一就是仁。孔子在論語裏面，答覆弟子們對於仁的問題，隨人而異，表明他心中所有仁的觀念，有各種善德的意義。後代儒家沒有不特別看重仁的，朱熹有「仁說」，王陽明有「一體之仁」，清末譚嗣同作仁說。

仁在理論上，代表生命。朱熹認爲是「愛之理」。生命即是存在；一切萬有都生性愛自己的存在，對自己的愛，爲愛的起點，所以說『愛人如己』。人和人的關係，以及人和物的關係，常是「存在」關係，因此常是「仁」的關係，仁便可以包括一切善德；因爲善德都是關係的規範。

2. 仁的精神

仁在人的生活裏，發爲仁愛的精神，仁既爲「愛之理」，仁和愛就連合在一起，仁愛也就成爲一個名詞。

仁愛的精神，爲孟子所說推己及人，「老吾老，以及人之老，幼吾幼，以及人之幼。……故推恩足以保四海，不推恩不足以保妻子。古之人所以大過人者，無他焉，善推其所爲而已矣。」（梁惠王 上）孔子曰：「己所不欲，勿施於人。」（顏淵 衞靈公）

推恩由近及遠，首先是愛父母，孟子所以說：「仁之實，事親是也。」事親為孝，孝道在儒家的實際生活上，幾乎代替了仁。後代儒家雖講仁，然講孝則更多；一般的人更只知道孝，不知道仁。

仁的精神表現在同情的心理和善德，孟子說：「人皆有所不忍，達之於所忍，仁也。」

一次孟子見齊宣王，問他是否以羊換牛去行釁鐘禮，齊宣王答說有過一次。因看見人牽牛去殺，牛觳觫可憐，心不忍，乃令放了牛，用羊去代。百姓卻說是愛財，因羊比牛小。孟子曰：「無傷也，是乃仁術也，見牛未見羊也。君子之於禽獸也，見其生，不忍見其死，聞其聲，不忍食其肉，是以君子遠庖廚也。」（梁惠王 上）推這種不忍之心，以到一切的人，則有同情之心，爲孟子所說的仁術。

孟子又說：「老而無妻曰鰥，老而無夫曰寡，老而無子曰獨，幼而無父曰孤；此四者天下之窮民而無告也。文王發施仁政，必先斯四者，〈詩云：哿矣富人，哀此煢獨」。（梁惠王 下）因着同情之心，中國人乃多講情，少講理，有時因情還不講理。這種情，就是同情，不忍看見別人的痛苦，寧願廢棄法規而予以援助。

但同情之心有時也激發勸善之心，孔子說：「愛之能勿勞乎？忠焉能勿誨乎？」勸善為朋友的責任，不忍看着朋乎作惡犯科，以至墮落。孔子又說：「夫仁者，己欲立而立人，己

欲達而達人。」（雍也）同情是以己之心，推人之心；因此，要幫助人行善避惡。

仁的精神還有恕，恕字是如心，本是以己之心，推人之心。自己不喜歡人的責備或計

仇，對於別人也少責備也不計仇恨，容易寬恕別人的過錯。孔子說：「君子躬自厚而薄責於

人。」（衛靈公）「子曰：忠恕違道不遠，施諸己而不願，亦勿施於人。」（中庸 第十三章）「子

貢問曰：有一言而可以終身行之者乎？子曰：其恕乎！己所不欲，勿施於人。」（衛靈公）唐

朝韓愈說：「古之君子，其責人也重以國，其待人也輕以約。」（辯解）有仁心的人，對於在

下的人，尤其能夠忍耐和寬恕。

大學說：「所惡於上，毋以使下；所惡於下，毋以事上；所惡於前，毋以先後；所惡於

後，毋以從前；所惡於右，毋以交於左；所惡於左，毋以交於右；此之謂絜矩之道。」詩云：

樂只君子，民之父母。民之所好好之，民之所惡惡之，此之謂民之父母。」（第十章）這種心

理，乃是恕的心理；這種精神，乃是仁的精神。

「仁」的精神，也表現在濟貧的慈愛心情，鰥寡孤獨的人，固然要特別照顧，普通的貧

苦人，遭難的人，還有殘障的人，也要予以慈愛的心。孟子說：「惻隱之心，仁之端也。」

（公孫丑 上）孔子是「食於喪者之側，未嘗飽也」，子於是日哭，則不歌。」（述而）「見齊衰

者，雖狎必變。見冕者與瞽者，雖褻，必以貌。」（鄉黨）這種慈愛的心，發於同情的心，因

同情別人的苦難，便予以援手，減少別人的痛苦。

『仁』的精神還顯露在厚道的善德。忠孝為君子的特徵，事事處處，忠於事忠於人，常往好處待人。既不存心害人也不刻薄對人，不要為已甚，不故意和人過不去，做事常留點餘地。過於精明打算，一點不想吃虧，一點不讓人，則是小人的態度。

這是忠厚的態度，對事對人，不要常追究已往的過錯，人若能自新，乃可喜可讚。

「子聞之曰：成事不說，遂事不諫，既往不咎。」（八佾）

「子曰：管仲之器小哉！」（八佾）

朱熹註說：「器小，言其不如聖賢大學之道，故局量褊淺，規模卑狹，終不能脩身正德，以政主於王道。」這是從國家大事方面說，在日常生活下，小器的人氣呈偏狹，不能容人，常有傷於忠厚。

「子曰：居上不愛，為禮不敬，臨老不衰，吾何以觀之哉。」（八佾）這種人不忠厚，心

不正。

「子曰：巧言令色足恭，左丘明恥之，丘亦恥之。」（公冶長）

「子曰：巧言令色，鮮矣仁。」（陽貨）

花言巧語，假裝面色，禮貌謙恭，只是小人的行徑，不合於忠厚，孔子引以為恥。「子曰：巧言亂德，小不忍，則亂大謀。」（衛靈公）

「子絕四：毋意，毋必，毋固，毋我。」（子罕）一個人太固執，事事以自我為標準，這種人不能是忠厚的人，孔子所以自己戒絕這種習氣。「孟子曰：仲尼不為已甚者。」（離婁下）

孟子為人，則不如孔子的忠厚，因為生性剛強，自視很高，後人常批評他沒有聖人的氣概。又如宋朝二程兄弟，程顥生性溫良，居心淵厚，門生受教覺得「如坐春風」。程頤則生性拘緊，修身嚴利，缺乏忠厚長者之風。

中國人尤其尊重厚道的長者

二、義的精神

1. 義的理論

『義』，從養從我，義以養我。義，是每個人培養自己人格的方法，是每個人生活的道路。所以孟子說：「義，人路也。」（告子 上）

義的意義則是宜，宜是適宜，一椿事為我是適宜的，便是義，漢朝董仲舒說：「春秋之所以治人與我也。所以治人與我者，仁與義也。以仁安人，以義正我。故仁之為言，人也；義之為言，我也。……義者，謂宜在我者。宜在我者而後可以稱義。故言義者，合我與宜，以為一言，以之操之。」（春秋繁露 仁義法）

『宜』，以什麼為標準？孔子以禮為標準。禮，為聖人按照天理為人所定的規律。人生的規律，原本是天道天理，但是一般人不都懂得天理，雖然天理在人的良心，但是良心的天理只是大原則，普通的規範則由聖人去定。中庸說：「雖有其位，苟無其德，不敢作禮樂焉。雖有其德，苟無其位，亦不敢作禮樂焉。」（第二十八章）制禮的人，應該是聖王，有聖人的德，才能明知天理：有帝王的地位，才能為國人定規律。聖王制了禮，一般人都按禮去

做，便能做宜於自己的事。孔子所以說「非禮勿視，非禮勿聽，非禮勿言，非禮勿動。」

（顏淵）

一個人生出來就在社會裏，首先在家庭，後來在社會，和別人發生關係。這種關係分爲五類，稱爲五倫：君臣，父子，兄弟，夫婦，朋友。「天下之達道五，所以行之者三。曰：君臣也，父子也，昆弟也，朋友之交也；五者，天下之達道也。知仁勇三者，天下之達德也。」（中庸　第二十章）孔子以知仁勇去行五倫的關係，然綜合來說則只一個義字，每一倫的關係有該做的事。

「何謂人義？父慈子孝，兄良弟恭，夫義婦聽，長惠幼順，君仁臣忠。十者謂之人義。」（禮記　禮運）十義卽是按照禮的規律，每一倫該做的事，所以稱爲人義。

孔子對於社會道德所提出的主張，是『正名』。正名爲每一個人在社會上必佔一個地位，這個地位有個名稱，例如父親、兒子、丈夫、妻子、校長、教師、學生、主任等等。每一名稱，帶有自己的權利義務，卽是這個名份該做和可做的事。孔子的『正名』，是要求每一個人佔着一個地位而有一個名稱，就該做這個名稱所該做的事。是父親，做父親該做的事；是兒子，做兒子該做的事；是敎師，做敎師該做的事。同時，不要做不是這個地位的事，所以「不在其位，不謀其政。」

義，便是盡責，便是責任感。儒家要求在政府做官，對朝廷負責的人，要有臨危授命的

精神，即是「殺身成仁，捨生取義。」

對於責任，西洋倫理學要求澈底，主張義沒有中道，欠人一萬元的債，不能說只還五千

元，應該是一元也不能少。西洋的義是對人的責任，以外面客觀的事實作標準，中國的義是

對我的責任；對我的責任，可以有中道。兒子養父母的責任，一方面看父母的需要，一方面

看兒子的能力；養父母的責任，要以兒子的能力為標準，要合於兒子的能力，而且要以中道

去評核兒子的能力。

在中國也曾發生仁內義外的問題，「告子曰：食色性也。仁，內也，非外也；義，外

也，非內也。孟子曰：何以謂仁內義外也？……曰：吾弟則愛之，秦人之弟則不愛也，是以

我為悅者也，故謂之內。長楚人之長，亦長吾之長，是以長為悅者也，故謂之外也。曰：耆

秦人之炙，無以異於耆吾炙，夫物則有然者也，然則耆炙亦有外與？孟季子問公都子曰：何

以義內也？曰：行吾敬，故謂之內也。鄉人長於伯兄一歲，則誰敬？曰：敬兄。酌則誰先？

曰：先酌鄉人，所敬在此，所長在彼，果在外，非由內也。公都子不能答，以告孟子。孟子

曰：敬叔父乎？敬弟乎？彼將曰敬叔父。曰：弟為尸，則誰敬？彼將曰敬弟。子曰：惡在

其敬叔父也？彼將曰：在位故也。子亦曰：在位故也。庸敬在兄，斯須之敬在鄉人。季子聞

精神的趣事。

不義而富且貴，於我如浮雲。」（述而）在論語和孟子兩書裏，有幾樁顯示這種

亦在其中矣。

子曰：飯疏食，飲水，曲肱而枕之，樂

以其道得之，不去也。」（里仁）所說的道就是義。「子曰：富與貴，是人之所欲也，不義。「子曰：富與貴，是人之所欲也，不以其道得之，不處也。貧與賤，是人之所惡也，不之士，吾亦爲之；如不可求，從吾所好。」（述而）所說可求或不可求，就是合於義或不合於

子之於天下也，無適也，無莫也，義與之比。」（里仁）孔子自己說：「富而可求也，雖執鞭或士的生活原則，也是君子和小人的區別標準。「君子喻於義，小人喻於利。」（里仁）「君

儒家對於義的實踐，特別注重在金錢和職位方面。「見得思義。」（子張 季氏）乃是君子

2. 義的精神

時制宜。

的標在外面客體。孟子則認爲愛和敬都出於自心，愛和敬的標準都可以有內外，因爲都要因告子和公都子，以仁爲愛，義爲敬，愛以自己爲出發點，義以外人爲出發點，卽是說義

然則飲食亦在外也？」（告子 上）公都子曰：冬日則飲湯，夏日則飲水，

之曰：敬叔父則敬，敬弟則敬，果在外，非由內也。

「陽貨欲見孔子，孔子不見，歸孔子豚，孔子時其亡也，而往拜之，遇諸塗。」（陽貨）

陽貨因孔子不去見他，便送禮物，但卻不當面交，等孔子不在家時，才去送。按禮，孔子該去謝，便可見了。孔子也等陽貨不在家，去謝，不巧，兩人在路上遇見了。朱熹注說：「陽貨之欲見孔子，雖其善意，然不過欲使助己為亂耳，故孔子不見者，義也。其往拜者，禮也。必時其亡而往者，欲其稱也。遇於塗而不避者，不終絕也。隨問而對者，理之直也。對而不辯者，言之孫而亦無所詘也。」

「陳臻問曰：前日於齊，齊王餽兼金一百而不受；於宋，餽七十鎰而受；於薛，餽五十鎰而受。則前日之不受，是，則今日之受，非也。今日之受，是，則前日之不受，非也。夫子必居一於此矣。孟子曰：皆是也。當在宋也，予將有遠行，行者必以贐，辭曰餽贐，予何為不受。當在薛也，予有戒心，辭曰聞戒，故為兵餽之，予何為不受。若於齊，則未有處也，無處而餽之，是貨之也，焉有君子而可以貨取乎！」（公孫丑 下）孟子守義的態度很明顯。

沒有正當的理由，不接受餽送，否則是收不義之財。

『義』的精神，也就表現在廉潔上。歷代的貪官污吏非常多，宦官和奸邪當權，更是賣官鬻爵，但是儒家作官的教條則是廉潔不貪財。因此歷代清官也不少。歷史上有牛僧儒不收賄賂，彭玉麐剛介絕俗。僧儒因不受中書令韓弘的兒子韓公武所送錢千萬，唐穆宗便升他作

宰相。彭玉麐屢辭高官，後署兩都總督，兼兵部尚書。他在漕運總督任內，經管千千萬萬的稅金，絲毫不取，去世後，諡曰剛直。

三、仁義的精神

孟子倡仁義，一身有仁義相合的精神，他見君王，必談仁政，仁政是愛民。他修身處

義的精神，在中國歷史上還有另一種表現，即是正義感，在朝廷上為御史諫官，在民間為俠義之士。御史諫官乃中國朝廷的一種特有制度；設立御史諫官，仗義直言，勸告皇帝。歷代因而得罪皇帝，開罪權貴，因而被謫官甚至遭殺戮者，代代都有，遇着好皇帝，得因直言而得寵者也不少。吳國的張昭，常常諫責孫權，孫權幾幾乎殺了他，但仍然尊敬他。魏徵被唐太宗重用，常直言不諱。這種制度，流傳到現今，孫中山先生的五院制度中有監察院，就是這種制度的餘音。俠義之士，歷代社會都有，古代小說中多有這種俠士。他們仗義打抱不平，為弱者伸寃，刺殺豪富惡官，中庸第十章有孔子和子路論強者的話，孔子說北方的強者：「衽金革，死而不厭。」普通又以「燕趙多慷慨悲歌之士。」北方古代多豪俠，充滿正義感。

世，事事守義，只生性剛強，頗有倨傲的色彩。孟子說自己四十不動心，不隨着遭遇使心不

安；因為他集義以養成浩然之氣。浩然之氣，「至大至剛」，以直養而無害，則塞於天地之

間。其為氣也，配義與道，無是餒也，是集義所生者，非義襲而取之也，行有不慊於心，則

餒矣。」(公孫丑 上) 浩然之氣是胸襟廣濶，志氣高遠，一切事都按照義理，不貪財，不貪

位，只求「仰不愧於天，俯不怍於人。」(盡心 上) 心中乃有樂趣。

對於人君，他抱着自重的態度，自己懷着仁義的善德，自己具有仁政的智識，自己乃人

君的老師，決不自卑去求爵位。「天下有達尊三：爵一，齒一，德一。朝廷莫如爵，鄉黨莫

如齒，輔世長民莫如德，惡得有其一，以慢其二哉。故將大有為之君，必有所不召之臣，欲

有謀焉，則就之，其尊德樂道不如是，不足與有為也。」(公孫丑 下)

但是孟子愛國愛民的心，卻又認為上天給了以堯舜之道去救民的使命，

他便週遊列國，以求施行仁政的機會，「孟子去齊，尹士語人曰：不識王之不可以為湯武，

則是不明也；識其不可，然且至，則是干澤也；千里而見王，不遇故去，三宿而後去晝，是

何濡滯也，士則玆不悅。高子以告。曰：夫尹士惡知予哉！千里而見王，是予所欲也；不遇

故去，豈予所欲哉！予不得已也！予三宿而出晝，於予心猶以為速，王庶幾改之；王如改

諸，則必反予。夫出晝而王不予追也，予然後浩然有歸志。予雖然，豈舍王哉！王由足用為

善，王如用予，則豈徒齊民安，天下之民舉安，王庶幾改之，予日望之。予豈若是小丈夫然哉。諫於其君而不受則怒，悻悻然見於其面，去則窮日之力而後宿哉！尹士聞之曰：士誠小人也！」（公孫丑　下）但是這種態度和他要求人君來見他的態度，並不相合，似乎行動沒有一定的原則，孟子自己說：「大人者，言不必信，行不必果，惟義所在。」（離婁　下）義是宜，行事要看時地人的環境，以求合情合理。

孟子又說：「說大人則藐之，勿視其巍巍然。堂高數仞，榱題數尺，我得志弗爲也。食前方丈，侍妾數百人，我得志弗爲也。般樂飲酒，驅騁田獵，後車千乘，我得志弗爲也。在彼者皆我所不爲也。在我者皆古之制也，吾何畏彼哉。」（盡心　下）人生的價值觀，孟子以倫理道德爲重，不以金錢勢利爲高。這就是孔子所說：「士志於道，而恥惡衣惡食者，未足與議也。」（里仁）

「景春曰：公孫衍，張儀，豈不誠大丈夫哉！一怒而諸侯懼，安居而天下熄！孟子曰：是焉得爲大丈夫乎！……居天下之廣居，立天下之正信，行天下之大道，得志與民由之，不得志獨行其道，富貴不能淫，貧賤不能移，威武不能屈，此之謂大丈夫。」（滕文公　下）

心頭懷有這種義氣，可以傲視諸侯，卻又對人對物，懷着仁心。「孟子曰：民爲貴，社稷次之，君爲輕。」（盡心　上）他又說：「親親而仁民，仁民而愛物。」（盡心　上）終於達到

與天地合德的仁，「孟子曰：萬物皆備於我矣！反身而誠，善莫大焉！強恕而行，求仁莫近

焉！」（盡心 下）

十 修身為本

——修德

一、修身的重要

『放浪形骸』，標榜道家的生活態度：「敬以直內，義以方外」，則代表儒家的修身之道。

孔子講求學為求知人生之道，如同大學所說：「大學之道，在明明德」。人生之道不僅在於知，最重要的還是在於行。孔子稱讚顏回為他三千弟子中的唯一好學者，就是因為能力行所學。「子曰：吾與回言終日，不違，如愚，退而省其私，亦足以發，回也不愚。」（為政）「哀公問弟子孰為好學？孔子對曰：有顏回者，好學，不遷怒，不貳過，不幸短命死矣！今也則亡，未聞好學者也。」（雍也）「子曰：古者言之不出，恥躬之不逮也。」（里仁）「子曰：君子欲訥於言而敏於行。」（里仁）這些文據都表示孔子以行為去修身，作為求學的目標。

修身的目標，則又在於「學以致仕」。致仕就是作官從政，孔子以政為正，從政先要正

身，「季康子問政於孔子，孔子對曰：『政者，正也，子帥以正，孰敢不正？』」（顏淵）「子

曰：其身正，不令而行；其身不正，雖令不從。」（子罕）

大學係以修身為從政的基本。「身修而後家齊，家齊而後國治，國治而後天下平。自天

子以至於庶人，壹是皆以修身為本。其本亂而末治者，否矣！其所厚者薄，而其所薄者厚，

未之有也。」（第一章）這不是推理的邏輯，而是事實的必要歷程，但，這也是儒家哲學的特

點，西洋的哲學，目標在於求知，精求分析，深入研究，處處講理論；就是在倫理學方面，

也祇講倫理道德的理論和規律，不談修身的方法和步驟。儒家在《大學一篇裏，提出修身的步

驟：「欲修其身者，先正其心；欲正其心者，先誠其意；欲誠其意者，先致其知，致知在格

物。」（第一章）大學的修身步驟成了儒家的傳統，歷代的學者教授門徒時，都遵守不誤。大

學又指出修身的心理程序：「知止而後有定，定而後能靜，靜而後能安，安而後能慮，慮而

後能得，物有本末，事有終始，知所先後，則近道矣。」（第一章）

朱熹說：「或問：大學一書卽是聖人治天下根本？曰：此譬如人起屋，是畫一個大地盤

在這裏，理會得這個了，他日若有材料，卻依此起將去，只此一個道理。」

「大學一書如行程相似，自某處到某處幾里，識得行程，須便行始得，若只讀得空殼

子，亦無益也。」

「大學如一部行程曆，皆有節次。今人讀了，須是行去。今日行到何處，明日行到何處，方可漸到那田地。」（朱子語類　卷第十四）

在論語和孟子兩本書裏，又有孔子和孟子所指出的修身方法，孔子的修身方法是：

「非禮勿視，非禮勿聽，非禮勿言，非禮勿動。」（顏淵）

「子曰：吾十五而志於學，三十而立，四十而不惑，五十而知天命，六十而耳順，七十而從心所欲，不踰距。」（為政）

「子曰：君子不重則不威，學則不固，主忠信，無友不如己者，過則勿憚改。」（學而）

孟子則說：

「孟子曰：養心莫善於寡欲；其為人也寡欲，雖有不存焉者寡矣；其為人也多欲，雖有存焉者寡矣。」（盡心　下）

「敢問夫子之不動心，與告子之不動心，可得聞與？」告子曰：「不得於言，勿求於心；不得於心，勿求於氣。」不得於心，勿求於氣，可。不得於言，勿求於心，不可。夫志，氣之帥也；氣，體之充也。夫志至焉，氣次焉，故曰：持其志，毋暴其氣。」（公孫丑 上）

「必有事焉而勿正，心勿忘，勿助長也，……天下之不助苗長者，寡矣！以為無益而舍之者，不耘苗者也；助之長者，揠苗者也，非徒無益，而又害之。」
（公孫丑 上）

「孟子曰：仁，人心也；義，人路也。舍其路而弗由，放其心而不知求，哀哉！人有雞犬放，則知求之，有放心而不知求，學問之道無他，求其放心而已矣。」（告子 上）

孔子和孟子所講的修身方法，宋朝理學家接納了，又加以發揮，在他們的語錄中處處教導門生。但是他們的修身學已加添了佛教禪學的方法，又加上對中庸的情欲已發和未發的主張，顯出多元化的方法了。

道家不講修身，祇講養生：因為主張自然，以修身為人為，理應廢棄。佛教講修身，因

宗教信仰而主張絕慾，為絕慾乃有絕慾的修身論。

印度哲學和宗教信仰相關連，便也有修身論。西洋哲學講知而不講行，西洋的宗教則很注重修身，天主教在西洋乃有很久的傳統修身學，較比儒家的修身學更廣，更精密；所有修身的著作，也更多，更有系統，因此，不能說西洋沒有修身學。

二、修身的原則

1. 率　性

道家的生活原則為「自然」，一切任從人之天性，如同天地間的草木禽獸。凡是人為的，無論倫理規律或是克慾守禮，都會傷害人的本性，使人喪失天良，道家所以祇講養生，不講修為。養生按照自然的傾向，每物祇養自己的生命，不顧別的物的生命，但造物者在宇宙全體的關係裏，規定了萬物生命相關的自然律，萬物自然互相關連，不相毀滅。人則有心，心能知能主宰，享有自由。中庸所以說：「誠者，天之道也，誠之者，人之道也。」（第二十章）沒有理性的物，天然誠於自己的性，率性而動，人因有自由，人則在生活上，要自己願意而且力行以誠於自己的人性，中庸的注釋學所以說「擇善而固執之」，先要選擇，

然後要固執；這就是「修爲」。

儒家修爲的總原則，在於「率性之謂道」。一切萬物，都按照自己的性而存在，人的生命也須要按照人性才能夠生活。《大學說：「大學之道，在明明德」，明明德就是率性，《中庸》又稱「誠」，「誠」也就是率性。宋明理學家特別看重「誠」，以「誠」爲修爲的基本原則，漢朝儒家按照五行講五常：仁義禮智信，以仁義禮智爲四達德，信則是每一德的必須有的條件，信就是誠，誠於自己的性，也就是率性。漢儒又以五常配四方和中央，木配東，火配南，金配西，水配北，土配中央；木爲仁，火爲義，金爲禮，水爲智，土爲信。中央爲四方的基點和中心。《中庸》的『中』，又和誠和信相配合，中又成爲「率性」。理學家如朱熹和王船山，又以『信』爲實，反對道家和佛教的『虛』，以性爲實理，這一切引伸的意義，更表示儒家修身原則「率性」在歷代儒家思想中的重要地位。

而且還有學者以「誠」、「中」、「易」，作爲天地的本體，也作爲人性的本體，則有所偏。

2. 中　和

儒家的修身學，整體說來在於情感生活的節制。人爲理性動物，知識爲主；在日常生活

上，則是情感爲重，雖然普通一般人的日常生活，不是不思不想，然而因習慣而動，不必思索的情況非常多；何況因情感的好惡而動的機會也不少。朱熹以情爲心之動，人的每樁行動都由心發動，否則祇是生理生活，人的行動中便常有情，行動的善惡和情感的關係非常重要。中庸便舉出了一項大原則：「喜怒哀樂之未發，謂之中，發而皆中節，謂之和。中也者，天下之大本也；和也者，天下之達道也，致中和，天地位焉，萬物育焉。」（第一章）

「發而皆中節」，爲儒家修身的第二項大原則。節爲倫理規律。情感動時，能夠合於倫理規律，便是善；不合於倫理規律，便是惡。

宋、明理學家把這項原則，作爲修身的方法，乃發生「未發和已發」的爭執。呂大臨以中爲人性本體，中爲未發，未發爲靜，靜爲不動。朱熹不讚成專心靜坐，主張未發爲性，已發爲心。後來他和張南軒反覆辯論，改爲已發都歸於心，未發是心，已發爲心之動，爲情。呂大臨便追隨楊時主靜，後來李延平更專門靜坐，以求心的安定。

「中節」從內容去看，即是中庸，即是易經的中正。中正和中庸，爲不偏不依，不過也不不，合於時，合於位。中庸的意義，雖較比中節更廣更深，但若把中節的內容放寬，從情感到思想，以及一切行動，中節是合於理，合於規律，則中節可以和中庸，在內容上相等。中正爲易經講宇宙變易的一項大原則，中庸則是孔子講人生之道的一項大原則；因此

「發而皆中節」成爲修身的原則，如同《中庸》所說「和也者，天下之達道也。」孟子曾說：

「仁，人心也；義，人路也。」(告子 上)義，是宜；宜，是中節；中節，也就含有義的意思，《中庸》稱爲和。和、宜、義、中庸、中正，互相貫通，作爲人生的達道。

3. 守　禮

『中庸』，是合於規矩，好比音樂的聲音合於音符。規矩在那裏呢？人生的規矩在於天理，天理首先表現宇宙變易的天道地道，天道地道是宇宙變易的天理。人爲宇宙萬物的最優秀的份子，應該在生活裏表現出天地之道，以成人生活的人道。人道反映天理，以天理爲標準。

聖人受天命作君王，治理人民。聖王因心靈清明，洞悉天理，制定禮規，作人民生活的規矩。

「子曰……雖有其位，苟無其德，不敢作禮樂焉。雖有其德，苟無其位；亦不敢作禮樂焉。」(中庸 第二十八章)

「子曰……非禮勿視，非禮勿聽，非禮勿言，非禮勿動。」(顏淵)

中庸雖講天命之謂性，以天理在人性，宋、明理學家一心講性理，然而在實際上，儒家修身的原則常是在守禮。王陽明雖講良知，仍舊教門生克制情慾，後來王學流於疏放，才遠離了禮。清朝學者主張實學，反對王學的空疏，力求回到守禮的原則。

【孔子曰：夫禮，先王以承天之道，以治人之情，故失之者死，得之者生。⋯⋯是故夫禮，必本於天，殽於地，列於鬼神，達於喪祭射御冠昏朝聘。是故聖人以禮示之，故天下國家可得而正也。⋯⋯故禮義也者，人之大端也，所以講信修睦，而固人之肌膚之會，筋骸之束也，所以養生送死，事鬼神之大端也，所以達天道，順人情之大竇也。⋯⋯故治國不以禮，猶無耜而耕也；為禮不本於義，猶耕而弗種也；為義而不講之以學，猶種而弗耨也；講之以學而不合之以仁，猶耨而弗穫也；合之以仁，而不安之以樂，猶穫而弗食也；安之以樂，而不達之以順，猶食而弗肥也。四體既正，膚革充盈，人之肥也。父子篤，兄弟睦，夫婦和，家之肥也。大臣法，小臣廉，官職相序，君臣相正，國之肥也。天子以德為車，以樂為御，諸侯以禮相與，大夫以法相序，士以信相考，百姓以睦相守，天下之肥也，是謂大順。大順者，所以養生送死，事鬼神之常

也。」（禮記 禮運）

禮運篇的這幾段話，很明顯地說出儒家重禮的思想。所說的禮，不祇是禮儀的禮節，而是包括倫理的規律，禮節的本身，為倫理的外表，遵守禮節就是遵守倫理規律。例如家禮中所有兒女事奉父母的禮節，表示孝道，遵守這些禮節，就是行孝。在禮節以外，還有禮的規律，例如孔子在論語中庸和大學各書中所講的倫理訓詞，在後代也有「禮」的價值和身份，因而公羊派稱孔子為「素王」，為沒有登基為王的聖王，他的話便是聖王所制的禮。

民國初年，反對孔子，呼喊打倒孔家店的人，以為儒家把『禮』作成了宗教教義，造成了一種「禮敎」。女子的貞操就是禮敎所製造的。禮節既不合於時，便應廢除，廢除了禮節，連帶也廢除了儒家的倫理，由此可見，儒家的禮，象徵倫理規律，守禮，便是遵守倫理規律，也是修身的原則。

三、修身的方法

孟子說，人有小體，有大體：小體為耳目之官，大體為心思之官：「養其小者為小人，

養其大者爲大人。」（告子 上）心思之官，代表人之所以爲人；人的修身工夫，必定是在大體上。心思之官，荀子說有兩種功用：能知，能主宰。人的修養，從青年到老年常存修養理智的知識和意志的自由。儒家的修身以心爲對象，意志爲主宰。西洋哲學上以人有理智和意志，理智爲知，意志爲主宰。人的修養，中庸所以說：「故君子尊德性而道問學，致廣大而盡精微，極高明而道中庸，溫故以知新，敦厚以崇禮。」（第二十七章）

「尊德性而道問學」，成爲儒家修身的兩大目標，尊德性，爲修德，爲培養人格，屬於心的主宰。道問學，爲求知，求學，屬於心的知，兩者不可分離，也不可偏重，一爲知，一爲行，知而能行，行以成全知。到了宋明理學家卻有尊德性和道問學的爭執，陸象山指責朱熹偏重求知而疏於修德，陸自己和明朝王陽明則偏重修德而疏於求知，末流乃流於李卓吾的疏狂。孔子本來就主張求學以修德，大學典型地標出修身在正心誠意，誠意則在於致知格物。

1. 致 知

「子曰：蓋有不知而作之者，我無是也，多聞擇其善者而從之，多見而識之，知之次也。」（述而）

朱熹注說：「不知而作，不知其理而妄作也，孔子自言未嘗妄作，蓋亦謙辭，然亦可見

其所不知也。識，記也，所從不可不擇，記則善惡皆當存之，以供參考。如此者，雖未能實

如其理，亦可，此次於知之者也。」可見孔子對於行為，必要知道清楚，然後才做。他從來

不「不知而作之」，而且還要多聞多見，以便擇善而行。他自己說：

「我非生而知之者，好古敏以求之也。」（述而）

「吾十五而志於學。」（爲政）

「其爲人也，發憤忘食，樂以忘憂，不知老之將至。」（述而）

「子曰：默而識之，學而不厭，誨人不倦。」（述而）

這些話都表示孔子終生努力求學以致知，「十室之邑，必有忠信如丘者，不如丘之好學

也。」（公冶長）孔子求學的方法，不僅是讀書，而是要思考，學和思兩者並行，他說：「吾

嘗終日不食，終夜不寢，以思，無益，不如學也。」又說：「學而不思則罔，思而

不學則殆。」（爲政）

中庸對於求知的方法和步驟，有確實的說明：「博學之，審問之，愼思之，明辨之，篤

行之，……人一能之，己百之；人十能之，己千之，果能此道矣，雖愚必明，雖柔必強。」（第二十章）同一章又指出：「思事親，不可以不知人；思知人，不可以不知天。」

但是到了宋朝，陸象山對於求知的方法，提出了疑問，也說出了他的主張。朱熹曾註釋大學，對於致知在格物一句，他說：

「左傳之五章，蓋釋格物致知之義，而今亡矣。閒嘗竊取程子之意以補之，曰：所謂致知在格物者，言欲致吾之知！在即物而窮其理也。蓋人心之靈，莫不有知，而天下之物，莫不有理，惟於理有未窮，故其知有不盡也，是以大學始敎，必使學者即凡天下之物，莫不因其已知之理而益窮之，以求致乎其極。至於用力之久，而一旦豁然貫通焉，則眾物之表裏精粗無不到，而吾心之全體大用無不明矣。此謂物格，此謂知之至也。」

陸象山反對朱熹的即物窮理，他認為理在人心，心外無理，而且即物窮理，煩瑣無窮，沒有意義。明朝王陽明更認為人心為良心，良心為天理，致知乃是致良心之知於事物，使事物正對良心，便是格物。

王陽明的知行合一說，擬結合尊德性和道問學為一；然而他偏重在

尊德性，以尊德性就是道問學，且又認爲他合陸象山的主張，爲繼承孟子的心學。孟子的心學，在於培養心中所有天生四種善端，即仁義禮智的善端，善端爲性，爲不學而知的良知和不學而能的良能。善端的發展，常受情欲的阻塞，孟子乃說「養心莫善於寡欲。」但是孟子也主張仁義禮智四達德，智則爲辨別是非的善德，辨別是非必須有知識。孟子祇說善端爲天生的良知良能，自然可以發生，證明人性是善，但是怎樣去發揚善端，使能成爲善德，孟子並沒有說人不必求知。他說不要揠苗助長，但也不要棄而不養；養善端必要知道養之道。

中庸本來說得很清楚：「博學之，……篤行之。」學以修身，知則行；知而不行，沒有修身，不是實知；行而不知，則是盲行，盲目而行，不是人之行。

至於朱熹說物各有理，陸象山說心外無理，兩人雖說的理都指着天理，也指着是非之理。是非之理在人心，即人的良知或良心，不必學。但是是非之理的對象爲外面事物，使是非之理應用於一椿事物，須要合於時位，得到中庸，則必要認識清楚這椿事物，例如臧氏之子批評孟子後書逾前書，就是不清楚知道後書和前書的時位。朱熹說物各有理，當就這種事理去說，不是說着事物的物理，即現在所說的科學知識，王陽明卻從這方面去懂朱熹的理，一日格一竹，明日格一竹，幾幾乎使自己神精分裂也沒有求到竹子的物理。朱熹所說的理，乃是人怎樣使用竹子，不成壞事。不過朱熹自己的解釋，根據自己的理氣論，說到：「萬物

之表裏精粗無不到」，似乎說的是物的物理，引起許多枝節。

2. 正 心

心能主宰，人用心主宰自己的行動？行動常有情，為使情動合於節，就要正心，心不能偏，要居於中，然後才可以主宰心的動。

西洋哲學以心的主宰可以有偏，原因有兩種：一種是知識不全或不清，第二是情慾的激動，情慾可以激動心，使不按理智的指示，又可以杜塞理智使看事不清。為使理智的知識能全能清，中庸就說：「博學之，審問之，慎思之，明辨之」。對於情慾的激動使心不正，儒家便有許多的修身方法。

中庸和大學首先舉至誠和慎獨：

「人之視己，如見其肺肝然，則何益矣，此謂誠於中，形於外，故君子必慎其獨也。」（大學　第六章）

「是故君子戒慎乎其所不睹，恐懼其所不聞，莫見乎隱，莫顯乎微，故君子慎其獨也。」（中庸　第一章）

「誠者，天之道也；誠之者，人之道也。」（中庸 第二十章）

修身要正心，正心使心常對着人心天理，從愼獨着手，常能「上不愧於天，下不怍於人」。（孟子 盡心）普通說：「問心無愧」。

宋明理學家對於愼獨，先有二程弟子的守靜，後有朱熹的主敬，最後有王陽明的四句教。

守靜的修身法，由周敦頤提出，主張無欲而靜。周敬頤追求顏回貧而樂的心境，認爲顏回有精神上的抱負，「天地間有至貴至愛可求，而異乎彼者，見其大而忘其小焉爾。見其大則心泰，心泰則無不足，無不足則富貴貧賤處之一也，處之一，則能化而齊，故顏子亞聖。」（通書 第二十三）顏回無欲故心能安定，安定則滿足而樂。

「聖可學乎？曰：可。曰：有要乎？曰：有。請聞焉。曰：一爲要。一者，無欲也，無欲則靜虛動直。靜虛則明，明則通，動直則公，公則溥，明通公溥，庶矣乎。」（通書 第二十）

周敦頤的主靜，是無欲的心境，為中庸所說的情欲未發的心境，並不是主張靜坐。這種心境雖是受佛教禪宗的影響，還不違背孔孟的思想。

程顥生性開朗，樂天知命，最愛孟子不揠苗助長的道理，教訓門生常有孔子『吾與是也』的精神，偏於靜，以求精神的快樂。

程門弟子呂大臨專門尋求中庸所說的情欲未發和已發的道理，認為未發之中為性的本體，未發是靜，性的本體便是靜，率性既是人生之道，靜便是周敦頤所說的人極。

陽明崇拜程顥的優遊無貪的精神，主張靜坐以求無欲，李延年遂專心靜坐，遠離孔孟的修身學，接近了禪學。

主敬的修身法，由程頤發起，朱熹極力加以發揮。程頤主敬，怕立靜的思想偏於佛，朱熹發揮主敬，極力檢正李延年靜坐的偏方。

修身主敬，承接孔子所說：「君子不重則不威，學則不固。」（學而）「升車必正立，執綏，車中不內顧，不疾言，不親指。」（鄉黨）主敬以承接孔子的精神。

朱熹說明敬有內敬，有外敬。外敬在於端重，守禮不妄動，內敬在於收心，主於一。

「問敬……曰：不用解說，只整齊嚴肅便是。」（朱子語類　卷十二）

「持敬之說，不必多言，但熟味整齊嚴肅，嚴威儼恪，動容貌，整思慮，正衣冠，尊瞻視，此等數語，而功加焉，則所謂直內，所謂主一，自然不費安排，而身心肅然，表裏如一矣。」（朱子語類　卷十二）

「敬以直內，義以方外」，乃是朱熹的標語，內心的主一，須要有外面的整齊嚴肅，外面行動不亂，心乃能收，實行孟子的收心。收心使心歸於一，專注在當前的事上，如同大學解釋正心說：「心不在焉，視而不見，聽而不聞，食而不知其味。此所謂修身在正心。」

（第七章）　朱熹說：

「敬，莫把做一件事情看，只是收拾自家精神，專一在此。」（朱子語類　卷十二）

「心須常定有所主，做一事未了，不要做別事。心廣大如天地，虛明如日月，要閒，心却不閒，隨物走了。不要閒，心却閒。有所主！」（朱子語類　卷十二）

心主於一，還有第二層意義，卽是主於天理，心評判是非，一定要以天理為主。天理本在人心，人心自然知道天理，然而卻有些時，心不按天理評判，那是受私慾的掩蔽。克制情

慾，便使心光明，這種工作，是中庸所說「發而皆中節」，不是一時一日的工夫，是一生的工夫。

王陽明講致良知，就是這種工夫。他立出四句敎：

「無善無惡心之體，

有善有惡意之動，

知善知惡是良知，

爲善去惡是格物。」（傳習錄　下）

爲善去惡便是去情慾，人不格物去慾，乃是對於良知不眞切，心不眞誠。

「先生問在坐之友，比來工夫如何？

一友擧虛明意思。

先生曰：此是說光景。

一友敍今昔異同。

先生曰：此是說效驗。

二友憫然請是。

先生曰：吾輩今日用功，只是要為善之心真切，此心真切，見善卽遷，見惡卽改，方是真切工夫，如此，則人欲日消，天理日明，若只管求光景，聽效驗，却是助長外弛病痛，不是工夫。」（傳習錄 上）

王學末流，忘記了這段工夫，流於疏狂。清朝學者反歸孔孟的實學，篤實習行修身，修身以進德，以達求學目標。

十一　君子之道

──標準人格

講英國人的精神，大家說是紳士的精神；講中世紀歐洲人的精神，大家說是騎士的精神。這些講法都有可靠的根據，也能指出這些國家人民的特性。

講日本人的精神，大家說是武士的精神。

中國人的精神是怎樣？魯迅說是阿Q的精神，阿Q被魯迅憤激的醜化了，凸顯出來的是負面的不知振作的淪落鬼。從積極方面去研究，應該是君子的精神。

君子，是孔子所造成的人格，鑄成了中華民族的民族性，在詩經的篇什裏，另外是在「國風」裏，多有「君子」的稱呼，但是按照屈萬里的解釋，「詩經中之君子，多指有官爵者言，婦人稱其夫亦用之與後世指品德高尚之人言異。」（現代國民基本叢書第一類　詩經）

封建制度爲中國政治上的一種制度，在社會上則沒有像在歐洲造成一種貴族階級。中國

被封的官爵，除皇族外不是世襲的，而且除周易漢易所封的皇族外，也沒有封城，中國社會因此沒有社會固定的階級，士農工商只是職業的分類，帶有身份的社會地位，但隨時可以更換職業。中國社會只有在倫理身價方面，分成了君子和小人的身份。

孔子在《論語》一本書裏，很明顯地標出這兩種身份，常把君子和小人對比。

「君子周而不比，小人比而不周。」（為政）

「君子喻於義，小人喻於利。」（里仁）

「君子懷德，小人懷土，君子懷刑，小人懷惠。」（里仁）

「君子和而不同，小人同而不和。」（子路）

「君子泰而不驕，小人驕而不泰。」（子路）

「君子上達，小人下達。」（泰伯）

「君子求諸己，小人求諸人。」（衞靈公）

「君子不可小知，而可大受也；小人不可大受，而可小知也。」（衞靈公）

「君子中庸，小人反中庸。」（中庸 第二章）

在對比以外，孔子積極講君子修身處世之道，大學和中庸都有孔子論君子的話，另外在易經六十四卦的「象曰」，幾乎每一卦都說到君子，而且是正式由君子的精神表示每一卦的意義，也可以說是孔子把易經講宇宙變化的原則運用到人生的倫理上，使易經倫理化，將吉凶的觀念由善惡的觀念去代替。當然我並不肯定「象曰」是孔子自己作的，但是我認為「象曰」的思想和四書裏的「君子」相貫通，弟子所傳為孔子的思想。中庸的思想較比論語更系統，也更具有原則性。

一、君子之道

因此，孔子常講君子之道。

「子曰：聖人，吾不得而見之矣，得見君子者斯可矣！」（述而）孔子修身的目標，在希望人成聖人，但是這個目標很高，也可以說過於高，普通達不到，可以達到的，在成君子。

「君子之道費而隱，夫婦之愚可以與知焉，及其至也雖聖人亦有所不知焉。夫婦之不肖可以能行焉，及其至也，雖聖人亦有所不能焉，天地之大也，人猶有

所憾。故君子語大，天地莫能載焉，語小，天下莫能破焉。……君子之道，造

端乎夫婦，及其至也，察乎天地。」（中庸 第十二章）

「君子之道四，丘未能一焉；所求乎子以事父，未能也；所求乎臣以事君，未

能也；所求乎弟以事兄，未能也；所求乎朋友先施之，未能也。」（中庸 第十

三章）

「君子素其位而行，不願乎其外。……正己而不求於人，則無怨。上不怨天，

下不尤人。故君子居易以俟命，小人行險以徼幸。」（中庸 第十四章）

「故君子不可以不修身；思修身，不可以不事親；思事親，不可以不知人；思

知人，不可以不知天。天下之達道五，所以行之者三，曰君臣也，父子也，夫

婦也，昆弟也，朋友之交也；五者，天下之達道也。知仁勇三者，天下之達德

也。」（中庸 第二十章）

「故君子誠之為貴。」（中庸 第二十五章）

「誠之者，人之道也。……誠之者，擇善而固執之者也。」（中庸 第二十章）

「故君子尊德性而道問學，致廣大而盡精微，極高明而道中庸，溫故而知新，

敦厚以崇禮。」（中庸 第二十七章）

上面所引的是中庸書裏關於「君子之道」的話；在易經「象曰」裏所有關於「君子之道」則不多，卻有很多關於君子的特性的話。在孟子書裏，論君子的話不算少，也有關於「君子之道」的話：

「夫君子所過者化，所存者神，上下與天地同流。」（盡心　上）

「君子所性，雖大行不加，雖窮居不損焉，分定故也。君子所性，仁義禮智根於心。」（盡心　上）

「君子之於物也，愛之而弗仁；於民也，仁之而弗親；親親而仁民，仁民而愛物。」（盡心　上）

君子之道，最基本上在於知仁勇三德，「子曰：君子之道者三，我無能焉：仁者不憂，智者不惑，勇者不懼。」（憲問）知仁勇三德，孔子稱爲三達德，他在中庸說：「君子也，父子也，夫婦也，兄弟也，朋友之交也，五者。天下之達道也，知仁勇三者，天下之達德也。」（第二十章）達德是用爲實踐五達道的關係，卽是五倫的關係，也就是一個人在生活裏的基本關係。

在基本關係之上，君子之道要「尊德性而道問學」，尊德性則「敦厚以崇禮」，道問學

則「不可以不知人，……不可以不知天。」知天則要知命，「不知命無以爲君子。」（堯曰）

再向上進，「君子所性，雖大行不加，雖窮居不損焉。」（盡心 上）在修身方面，「君

子有諸己而後求諸人，無諸己而後非諸人。」（大學 第九章）在齊家方面，「君子不出家而成

教於國，孝者所以事君也。 弟者所以事長也，慈者所以使衆也。」（大學 第九章）在治國方

面，「君子有絜矩之道也，……詩云樂只君子，民之父母，民之所好好之，民之所惡惡之，此

之謂民之父母。」（大學 第十章）

君子能夠爲民之父母，則「所過者化，所存者神，上下與天地同流。」（盡心 上）「親親

而仁民，仁民而愛物。」（盡心 上）「君子以厚德載物。」（坤卦 象曰）「自昭明德。」（晉卦

象曰）乃能如中庸所說：動則爲天下的規範，行則爲天下的法制，言則爲天下的原則，天下

的人都望着他，都喜歡追隨他。（中庸 第二十九章）

二、君子的特性

君子在儒家的思想中，乃一位品德高尙的人；但是君子並不是聖人或仁人，也不是賢

者，又不是成人（憲問），因此在儒家的思想裏，沒有完全實現君子之道的人，然而有君子的幾種特性，也就稱爲君子。

1. 君子的第一種特性──『義』

孔子很強調這一點。君子和小人的分別，在於「義」，君子好義，小人不好義而好利。

好利本是人的天生傾向，利是有益，人本性就追求有益於自己的事物。但是利益是有層次的，孟子曾舉熊掌和魚的譬喻作例。利益的層次以所受益者作標準，孟子曾指出人有大體和小體，大體爲心靈，小體爲肢體，養大體者爲大人，養小體者爲小人。（告子 上）義，養大體；利，養小體，君子便好義。

「君子喻於義，小人喻於利。」（里仁）

「子路曰：君子尚勇乎？子曰：君子義以爲上。」（陽貨）

「君子謀道不謀食，……君子憂道不憂貧。」（衞靈公）

「君子之於天下也，無適也，無莫也，義與之比。」（里仁）

君子對於錢財和名位，常以義為標準，「見得思義」（憲問 論成人）孔子曾經說：「富與貴，是人之所欲也，不以其道得之，不處也。貧與賤，是人之所惡也，不以其道得之，不去也。」（里仁）「富而可求也，雖執鞭之士，吾亦為之；如不可求，從吾所好。」（雍也）孔子並不反對求利，但必須按義去求，合於義則取，不合於義，就不取。孟子常這樣行動，「陳臻問曰：『前日於齊，王餽兼金一百而不受，於宋，餽七十鎰而受，於薛，餽五十鎰而受，前日之不受，是，則今日之受，非也。今日之受，是，則前日之不受，非也，夫子必居一於此矣！』孟子曰：『皆是！當在宋時，余將有遠行，行者必以贐，辭曰餽贐，予何為不受？當在薛也，予有戒心，辭曰聞戒，故為兵餽。予何為不受？若於齊，則未有處也，無處而餽之，是貨之也，焉有君子而可以貨取乎！』」（公孫丑下）貨，是用錢收買，君子怎麼可以用錢收買呢？

2. 君子的第二種特性——『莊重』

「子曰：君子不重則不威，學則不固，主忠信，無友不如己者。」（學而）

「曾子曰：君子所貴乎道者三，動容貌，斯遠暴慢矣。正顏色，斯近信矣。出

辭氣，斯遠鄙倍矣。」（泰伯）

「君子有九思：視思明，聽思聰，色思溫，貌思恭，言思忠，事思敬，疑思

問，忿思難，見得思義。」（季氏）

暴慢、鄙俗，為中國人所最看不起的事，君子則應受人尊敬，在行動和說話上，必定要

莊重，而且要守禮。「子曰：巧言令色，鮮矣仁！」（學而）君子所以對於視聽言行，都要注

重端重，孔子自己便常保持這種態度。論語的「鄉黨章」記述了孔子的這種端重的態度。「孔

子於鄉黨，恂恂如也，似不能言，其在宗廟、朝廷，便便言，唯謹爾。朝，與下大夫言，侃

侃如也，與上大夫言，誾誾如也。…升車必正立，執綏。車中不內顧，不疾言，不親指。」

後世的儒者，所謂小人之儒，偏重在外面的端重，拘守成規。民國以來，反對孔子的人，便

鄙視譏笑這種所謂「禮教」。

宋朝朱熹主張「守敬」，分外教和內教，外教為「端重」，內教為「主一」，外教的端

重是使內心不亂，能夠「主之」，不是死守端重。

3. 君子的第三種特性——「中庸」

了義。

　端重，若不守中庸，便變成虛架子，刻板的八股生活。守義，若沒有中庸，則結果失去

「仲尼曰：君子中庸，小人反中庸。君子之中庸也，君子而時中；小人之中庸

也，小人而無忌憚也。」（中庸　第二章）

「子曰：君子不器。」（爲政）

「子曰：君子貞而不諒」（衛靈公）

「孟子曰：大人者，言不必信，行不必果，惟義所在。」（離婁　下）

「子貢問曰：何如斯可謂之士矣？……敢問其次？曰：言必信，行必果，硜硜

然小人哉！抑亦可以爲次矣。」（子路）

　孔子最注重時中，在易經的卦爻辭裏，屢次說「時之義大矣哉」。另外說君子守中庸而

時中。孟子也說所說的忠信，要以義爲標準，義的實踐須要合於時，合於地，即是合於時

位，不能死守原則，不知變通；但是變通也不能隨意，務必『惟義所在。』『君子貞而不

諒』，忠於所言，忠於所行，但不是死守不合義的言和行。「子路曰：「桓公殺公子糾，召

忽死之，管仲不死，曰：未仁乎？子曰：桓公九合諸侯，不以兵車，管仲之力也，如其仁！

如其仁！子貢曰：管仲非仁者歟？桓公殺公子糾，不能死，又相之。子曰：管仲相桓公，霸

諸侯，一匡天下，民到于今受其賜，微管仲，吾其被髮左衽矣！豈若匹夫匹婦之為諒也，自經

於溝瀆而莫之知也。」（憲問）孔子不喜歡「諒」，喜歡變通而合於義。

4. 君子的第四種特性——『敦厚愛人』

通常一個人忠厚不害人，大家就稱佩他是君子，或敬重他年長為忠厚長者。君子為人常

存心厚道，「成人之美，不成人之惡。」（顏淵）

「曾子曰：可以託六尺之孤，可以寄百里之命，臨大節而不可奪也，君子人

與！君子人也！」（泰伯）

「子曰：君子周而不比。」（為政）

「子曰：君子易事而難說也。」（子路）

「君子以容民畜眾。」（師卦　象曰）

「君子以赦過宥罪」（解卦　象曰）

君子為人先求諸自己，然後求諸人，「躬自厚而薄責於人。」存心正直，不害人以利己，「隱惡揚善。」但是敦厚不是鄉愿，不能不辨是非。君子敦厚也不是不知是非，孔子曾說：「君子可逝也，不可陷也；君子可欺也，不可罔也。」（雍也）這段話，孔子用來答覆宰我，宰我問，若人說有人掉在井裏，仁者是不是跳入井裏去救。孔子答覆說君子為人，可以叫他去做救人之事，但是不能被人套進陷阱裏。君子為人，可以欺騙他去救井中的人，但不能說他會愚蠢不想就跳入井裏，君子為人，有知仁勇，當然有知識。

而且君子知天知命，「正己而不求於人，則無怨。上不怨天，下不尤人。」故君子居易以俟命，小人行險以徼幸。」（中庸　第十四章）君子常能安貧樂道，常能知足，孔子曾經說：「飯疏食飲水，曲肱而枕之，樂亦在其中矣，不義而富且貴，於我如浮雲。」（述而）孟子講君子有三樂：「父母俱存，兄弟無故，一樂也；仰不愧於天，俯不怍於人，二樂也；得天下英才而教育之，三樂也，君子有三樂，而王天下不與焉。」（盡心　上）為天下的帝王，不算在君子生活的快樂裏，君子的快樂，為精神的快樂。貧富壽夭，君子知道由於命，不會去強求，「居易以俟命」，孟子說：「莫非命也，順受其正，」（盡心　上）並不是說，一生消極，事事不努力，而是事事按義理去做，所有結果，安心接受。孟子說：「求則得之，舍則失之，是求有益於得也，求在我者也。求之有道，得之有命，求無益於得者也，求在外者

也。」（盡心　上）仁義禮智為人心所有，求則得，捨則失，君子便努力去求。富貴名利在人以外，可以按道理去求，得不得則由命，君子「居易以俟命」，安心接受命運，既不妄求，便不害人以利己。別人富貴，自己貧賤，不妒忌，不自賤。孟子說：「說大人，則藐之，勿視其巍巍然，……在彼者，皆我所不為也，在我者皆古之制也，吾何畏彼哉。」（盡心　下）高堂大唐，燕樂田獵，孟子說自己不要這些事，自己所要的，是古聖賢的仁義道德。大人靠身外的物件，君人靠內心的品格，君子決不自卑自賤，拿品格去買富貴，若有富貴，也要以富貴去養自己的品格，所以「君子敦厚守禮」。

三、君子之風

君子的精神，在中華民族的歷史裏，為一股活潑的精神，造成社會上的風氣。

左傳記述介之推不求封爵，晉文公頒賞官爵給同他逃亡的人，介之推是逃亡人中的有功者，卻不要晉文公的爵祿，他說：「獻公之子九人，唯君在矣，…天未絕晉，必將有主。主晉祀者，非君而誰？天實置之，而二三子以為己力，不亦誣乎？竊人之財，猶謂之盜，況貪天之功，以為己力乎？下義其罪，上賞其奸，上下相蒙，難與處矣。」（僖公　二十四年）

國語書中有「叔向賀貧」一篇，叔向賀宣子貧窮可以有福：「今吾子有欒武子之貧，吾

以為能其德矣。是以賀。若不憂德之不建，而患貧之不足，將弔不暇，何賀之有？」(晉語)

戰國策書中有「唐雎說信陵君」一篇，信陵君破秦軍，救了趙國，趙王親自出迎，唐雎

勸信陵君勿以自己有恩於趙，驕氣陵人。唐雎對信陵君說：「人之憎我也，不可不知也；吾

憎人也，不可得而知也；人之有德於我也，不可忘也；吾有德於人也，不可不忘也。今君殺

晉鄙，救邯鄲，破秦人，存趙國，此大德也。今趙王自郊迎，卒然見趙王，臣願君之忘之

也。

馬援有「戒兄子嚴敦書」，信上說：「吾欲汝曹聞人過失，如聞父母之名，耳可得聞，

口不可得言也。好議論人長短，要是非正法，此吾所大惡也，寧死，不願子孫有此行也。汝

曹知吾惡之甚矣，所以復言者，施給結離，申父母誡，欲使汝曹不忘之耳。 龍伯高，敦厚謹

慎，口無擇言，謙約節儉，廉公有威，吾甚愛之重之，願汝曹效之。」

韓愈的「進學解」，雖不滿意自己不受朝廷重視，然而有君子之風，自以為是，「今先

生學雖勤而不繇其統，言雖多而不要其中，文雖奇而不濟於用，行雖修而不顯於眾，猶且月

費俸錢，歲糜廩粟，子不知耕，婦不知織，乘馬從徒，安坐而食。……投閒置散，乃分之

宜。若夫商財賄之有亡，計班資之案庫，忘己量之所稱，指前人之瑕疵，是所謂詰匠氏之不

以代為楹，而譬醫師以昌陽引年，欲進其豨苓也！」

范仲淹的「岳陽樓記」有他遺留後世的名言：「先天下之憂而憂，後天下之樂而樂。」

杜甫遭遇風雨，住屋屋頂的芳草被風吹落地上，柯董抱着芳草走了，他作詩咏懷，深深感嘆說：「安得廣廈千萬間，大庇天下寒士俱歡顏，風雨不動安如山。」（茅屋為秋風所破歌）

歐陽修的「朋黨論」，分別君子和小人：「臣聞朋黨之說，自古有之，惟幸人君辨其君子小人而已。大凡君子與君子，以同道為朋；小人與小人，以同利為朋；此自然之理也。……君子則不然，所守者道義，其行者忠信，所惜者名節，以之修身，則同道而相益，以之事國，則同心而共濟，終始如一，此君子之朋也。」

蘇軾著「刑賞忠厚之至論」說：「先王知天下之善不勝賞，而爵祿不足以勸也；知天下之惡不勝刑，而刀鋸不足以裁也。是故疑則舉之歸之於仁，以君子長者之道待天下，使天下相率而歸於君子長者之道，故曰：忠厚之至也。」

王守仁作「象祠記」說：「君子之愛若人也，推及於其屋之烏，而況於聖人之弟哉。……使知人之不善，雖若象焉，猶可以改。而君子之修德，及其至也，雖若象之不仁，猶可以化之也。」

清曾國藩位居高官，致書家中兒子和弟弟，督責修身，立志做君子，成聖賢。

「古來言凶德致敗者約有二端：曰長傲，曰多言。……余生平頗病執拗，德之傲也；不甚多言，而筆下亦略近乎囂訟。靜中默省僭尤，我之處處獲戾，其源不外此二者。溫弟性格略與余相似，而發言尤為尖刻。凡傲之凌物，不必定以言語加入，有以神氣凌之者矣，有以面貌凌之者矣。溫弟之神氣稍有英發之姿，面色間有蠻狠之象，最易凌人。凡中心不可有所恃，心有所恃則達於面貌。……弟等亦無過人之處，皆不可恃。只宜抑然自下，一味言忠信，行篤敬，庶幾可以遮護舊習，整頓新氣，否則，人皆厭薄之矣，沅弟持躬涉世，差為妥洽。溫弟則談笑譏諷，要強充老手，猶不免有舊習，不可不猛省！不可不痛改！」（致沅弟 咸豐八年三月初六日）

「余檢左、沈二公之以怨報德，此中誠不能無芥蒂，然老年篤畏天命，力求克去福心忮心。爾輩少年，尤不宜妄生氣，於二公但不通問問而已，此外着不得絲毫意見。切記切記。爾稟氣太清，清則易柔，惟志趣高堅，則可變柔為剛；清則易刻，惟襟懷闊遠，則可化刻為厚。余字汝曰劼剛，恐其稍涉柔弱也。教汝讀書須具大量，看陸詩以導闊適之抱，恐其稍涉刻薄也。爾天性淡於榮利，再從此二事用功，則終身受用不盡矣。」（同治六年三月二十八日 諭紀澤）

「鹿內：戰後已經三十六年，日本戰敗當時；中國對日採取過日本人絕不能也

不可以忘記的措施。當時在中國大陸有日本的軍人和僑民等二百幾十萬人，那

時貴國已相當疲勞困憊，但却動員一切輸送工具，把所有的日本人送回日本去

了。……最後一點是：中華民國對日本放棄了戰爭賠償的要求，這個金額當是

天文數字，日本如果負擔這個賠償，日本的經濟復興與恐怕大有問題……」（鹿內

信隆民國七十年訪問蔣經國總統談話大要　見中央日報民七八年十月卅一日第十七版）蔣經國答鹿

內說：「如果要以一個字來解釋蔣介石總統的精神的話，那就是『仁』，就是

仁愛。

剛才所提到遣送日本人時，我正在東北，蔣介石總統指示我，要特別

給婦女、小孩方便，給予他們吃的和穿的，並且在各方面儘量照顧。我對蔣介

石總統的「仁」，有很深的體會。他說「戰爭已經結束，不要有怨恨。」（同上）

我引了上面幾段文據，爲顯示中華民族歷代都有君子之風，以忠厚仁愛爲懷。雖然歷代

有過戰爭，有過暴政，有過大亂，社會上也有過不少的小人，但是社會習尚是君子之風，大

家都尊重守義守禮，忠厚仁愛的君子，在今天的多元社會，工商業互相戰爭的社會裏，中華

民族仍應表現自己的特性，是一個有君子精神的民族。中國古代商人的特性，在於守信，在

於童叟無欺。今日商業界有假冒，有挖角，有大吃小，有不守約互相傾軋，以致引起國際糾
紛，喪失國家信與愛，又有逃稅，有捲款潛逃出國，使國內金融不安。大家都說人心不古，
實際不是人心不古，而是社會環境變了，古傳的美德失去了素來的軌道，頓時停止，社會
出現了「唯利是圖」的現象。目前急切需要訂立各項工商業的職業道德標準，那種利益為合
法，那種利益為不合法，同時又須要進行道德教育，由社會教育和學校教育同行推進，激發
人們的良知，又激發人們的羞恥心。然後，提出君子人格以繼續中華民族的傳統精神。

十二　求學為士，為聖人

——求學的志向

荀子說：「求學，其義在始乎為士，終乎為聖人。」（勸學篇）朱熹也說：「古之學者，始乎為士，終乎為聖人。」（文集卷七十四　策向首條）儒家以求學為作人的途徑，孔子自己終生喜歡求學，求學的目標則有兩點：最低的目標在於作士人，最終的目標在於作聖人。社會上有士農工商四種人，人人都要作君子。君子為一般人的標準人格，士人又要有自己的特點，士的特點構成士的人格。聖人則又是一般人的最高目標，人人都要作聖人，人人也可以作聖人。

一、士的人格

1.士的人格概論

儒家求學，目的在於學做人之道以修身，然而做人之道包含着助人為善，孔子曾經說：

「夫仁者，己欲立而立人，己欲達而達人。」（顏淵）助人為善的途徑在於治國平天下，求學在為修身，修身在為治國平天下，治國平天下則要做官，做官乃成為求學的遠程目標，做官的人稱為士。所以荀子和朱熹都說求學，第一在為士。

四書的大學說：「古之欲明明德於天下者，先治其國；欲治其國者，先齊其家；欲齊其家者，先修其身……身脩而後家齊，家齊而後國治，國治而後天下平。」（第一章）做官以治國平天下，治國平天下是「明明德於天下」，即是使人民按照人性做人，人性本善，為光明善德，然有情慾掩蔽人性，引人作惡，須要寡慾，做官的人便要教民寡慾。為能教民寡慾，自己先要寡慾，孔子乃說辦政治就是正人，為正人，先要正己，因此先修身而後治國。

求學為做官，乃是仁道。仁為天地好生之德，人得天地之心為心，人心便是仁，既是仁便要好生。人的生命為心靈的生命，人心生來有仁義禮智之端，人的生命便在於培養仁義禮智四端。做官以教民為善，就是培養人民的心靈生命，就是仁道，儒家乃以做官為發揚仁道。孟子所以說：「窮則獨善其身，達則兼善天下，」（盡心上）既要教民為善以發揚仁道，自己應該先培養了仁義禮智四端，有了高尚的人格。

論語和孟子兩冊書裏，講論士的人格，次數不像講論君子人格的多，但也說得相當明

白。

「子貢問曰：何如斯可謂之士矣？子曰：行己有恥，使於四方，不辱君命，可謂士矣。曰敢問其次？曰：宗族稱孝焉，鄉黨稱弟焉。曰敢問其次？曰：言必信，行必果，硜硜焉小人哉，抑可以為次矣。」（子貢）

「子路問曰：何如斯可謂之士矣？子曰：切切，偲偲，怡怡如也，可謂之士矣。朋友切切偲偲，兄弟怡怡。」（子路）

「士志於道，而恥惡衣惡食者，未足與議也。」（里仁）

「志士仁人，無求生以害仁，有殺身以成仁。」（衞靈公）

「曾子曰：士不可以不弘毅，任重而道遠，仁以為己任。」（泰伯）

「孟子曰：有天爵者，有人爵者。仁義忠信，樂善不倦，此天爵也。公卿大夫，此人爵也。古之人，修其天爵，而人爵從之。今之人，修其天爵以要人爵，既得人爵而棄其天爵，則惑之甚者也，終必亦忘而已矣。」（告子上）

「故士窮不失義，達不離道。窮不失義，故士得己焉。達不離道，故民不失望焉。古之人，得志，澤加於民；不得志，修身見於世。窮則獨善其身，達則兼

善天下。」（盡心　上）

2.　士立志

從上面幾段文據裏，我們可以簡單地勾劃出士的人格。士，在求學的階段，年青，不足稱爲君子，然必須具有士的特點。成年以後，趕考，榜上有名，升了官職，便應該有士人又有君子的人格；沒有考中，仍然要有士的人格。

士的人格，第一，有高遠的志向，士的志向雖是爲做官，做官卻只是方法或途徑，士的志向在於「求道」，求做人之道，求敎民做人之道。孔子、孟子曾週游列國尋找做官的機會，爲能「行道」。要能「行道」，先該求道。孔子便說：「君子謀道不謀食，……君子憂道不憂貧。」（衞靈公）求學爲士的人，便要是求道的人。孔子說：

「士志於道而恥惡衣惡食者，未足與議也。」（里仁）

歷代有名的學者，常敎訓自己的子弟，立定高遠的志向，按照聖賢的遺訓，修身以培養

德行，然後許身報國。

朱熹敎導門生說：「為學之道無他，只是要理會得目前許多道理，世間事無大無小，皆有道理，如中庸所謂『率性之謂道』，也只是這個道理。」（朱子語類　一百一八）

又說：「人在官，固當理應官事，然做得官好，只是使人道是一好官人。須講學立大本，則有源流。若只要人道是好官人，今日做得一件，明日又做一件，卻窮乃。」（朱子語類　第一百十八卷）

曾國藩曾敎弟弟國荃說：「至於倔強二字，卻不可少。功業文章，皆須有此二字貫注其中，否則柔庶不能成一事，孟子所謂至剛，孔子所謂貞固，皆從倔強二字做出。吾兄弟皆稟母德最多，其好處亦正在倔強。若能去忿慾以養修，存倔強以勵志，則進無疆矣。」（同治二年正月二十日致沅弟）

3. 士負責盡職

修身和做官，都要有源流，有大本，有志氣，才能培養士的人格。

士的人格，第二在於負責。「使於四方，勿負君命。」在任做官，必要負起職務上的責任。

孔子的政治哲學，主張正名，正名卽是負責，「君禮，臣忠。」君待臣以禮，臣事君以

忠。忠於職務，所以「城存則存，城亡則亡。」與城共死生。「忠臣不事二君」，以身殉

國，明朝之時，史可法不屈殉國，顧亭林、王船山絕不在清朝作官。

4. 士守義

士的人格，第三在於守義。義爲君子的特點，士在做官時，也要是有守義的操行。

「子曰：衣敝縕袍，與衣狐貉者立而不恥者；其由也與！不忮不求，何用不

臧。」（子罕）

孔子稱讚子路的操行，能憂道不憂貧。孟子則更表示他對於做官的態度，絕對不求金錢

享受，只求行道福民。

「孟子曰：說大人，則藐之，勿視其巍巍然。堂高數仞，榱題數尺，我得志弗

爲也。食前方丈，侍妾數百人，我得志弗爲也。般樂飲酒，驅騁田獵，後車

千乘，我得志弗爲也。在彼者皆我所不爲也，在我者皆古之制也，吾何畏彼

哉。」（盡心　下）

「古之制」即堯、舜之道，孔、孟以堯舜治國之道，為仁義之道，專心要用堯舜之道來治國，自己認為這是上天給的使命。儒家做官的人，也都應該有這種志向。

假使國王不能用，社會又亂，便應該隱居不出。若做官而被迫違反堯舜之道，則寧可犧牲性性命。「志士仁人，無求生以害仁，有殺身以成仁。」（衛靈公）

「子張曰：士見危受命，見得思義，祭思敬，喪思哀，其可已矣。」（子張）

歷代剛強不屈，為義而死的人，在歷史上所記載的真不少！最著名的有楊漣和左光斗，為明末宦官魏忠賢所害。

守義的精神，為做官的人，另外表現在廉節上。歷代貪官污吏的士人，不可勝數。但是儒家的持身原則，乃是廉潔自守，兩袖清風。具有這種風度的士人，歷代也不少。孔子自己就說過：

「飯疏食，飲水，曲肱而枕之，樂亦在其中矣。不義而富且貴，於我如浮雲。」（述而

這種廉潔的精神，表現在日常的生活上是勤是儉。勤儉爲中華民族傳統的美德，也是農業民族的特徵。行商的人，衣着常表現浮華奢侈，作官的人則更生活糜爛。儒家的士人禀承孔子的精神，又保持祖傳的美德，便勉力守勤守儉。曾國藩在家書裏，常囑咐家中子弟要勤要儉。他說「余身體平安，合署內外俱好。惟儉字日減一日。余兄弟無論在官在家，只要人以儉字相勖。」（同治三年正月初四 致澄弟）又說：「今家中境地漸漸寬裕，儉與諸昆弟切不可忘卻先世之艱難，有福不可享盡，有勢不可使盡。勤字工夫，第一貴早起，第二貴有恆。儉字工夫，第一莫着華麗禮服，第二莫多用僕婢雇工。凡將相無種，聖賢豪傑亦無種，只要人肯立志，都可以做得到的。侄等處最順之境，當最貴之年，明年又從最賢之師，但須立定志向，何事不可成？何人不可作？願吾侄早勉之也。」（同治二年十二月十四日 論紀瑞侄）

5. 士有仁心

士的人格，第四在有仁心。仁愛爲儒家的中心善德，士人則「仁以爲己任，不亦重乎！」

士既做官，治理人民，「愛民之心」便不能不有。尤其做地方官的人，「愛民如子」，稱爲

「父母之官」。做朝廷高官的人，輔佐皇帝為人民謀幸福。孟子常以「仁政」，作政治標準，勸君主施行仁政。孟子謂齊宣之曰：『王之臣，有託其妻子於其友而之楚遊者，比其反也，則凍餒其妻子，則如之何？王曰：棄之！曰：士師不能治士，則如之何？王曰：已之！曰：四境之內不治，則如之何？王顧左右而言他。』（梁惠王　下）四境是國家，國家由上天託給君主，君主不能治國，必被上天所棄，就像人拋棄不信的朋友，人君罷黜不忠的士官。做官的人，受君王的託付，治理人民，須要以仁心愛民。

「子路問政，子曰：先之，勞之。請益，曰：無倦。」（子路）

「子貢問政，子曰：足食，足兵，民信之矣。子貢曰：必不得已而去，於斯三者何先？曰：去兵！子貢曰：必不得已而去，於斯二者何先？曰：去食！自古皆有死，民無信不立。」（顏淵）

養民、教民，為朝廷的職務，士在朝廷供職便分擔這種職務，這種職務即為仁心的表現，范仲淹所以說：「先天下之憂而憂，後天下之樂而樂。」（岳陽樓記）

儒家和道家的不同點，道家主張消極無為，逃避一切公職，決不為官，祇求隱居，安享

清福。儒家則積極參與政治，力求爲人民服務。如不能達到目的，那時才「獨善其身」。孔子的原則是：「篤信好學，守死善道。危邦不入，亂邦不居。天下有道，則見；天下無道，則隱。邦有道，貧且賤，恥也。邦無道，富且貴，恥也。」（泰伯）

二、聖 人

1. 概論聖人的尊高

孔子說：「述而不作，信而好古，竊比我於老彭。」（述而）朱熹注說：「孔子刪詩書，定禮樂，贊周易，脩春秋，皆傳先王之舊，而未嘗有所作也，故其自言如此，蓋不惟不敢當作者之聖，而亦不敢自附於古之賢人，蓋其德愈盛而心愈下，不自知其辭之謙也。然當此之時，作者略備。夫子蓋集羣聖之大成而折衷之，其事雖述，其功則信於作矣，此又不可不知也。」

「子曰：甚矣吾衰也！久矣吾不復夢見周公。」（述而）朱熹注說：「孔子盛時，志欲行周公之道，故夢寐之間，如或見之，至其老而不能行也，則無復是心，而亦無復是夢矣。故因此而自嘆其衰之甚也。」

從上面兩條文據中，可以看到孔子對古代聖人的嚮慕。他一生想行文、武、周公之道，沒有得到行道的機會，退而教訓學生，就以堯舜文武周公之道，教訓學生，自說是述而不作。他自己又說：

「若聖與仁，則吾豈敢！抑為之不厭，誨人不倦，則可謂云爾已矣！公西華曰：正唯弟子所不能學也。」（述而）

孔子勉力學為聖人，達到聖人的境界：「吾十五而志於學，三十而立，四十而不惑，五十而知天命，六十而耳順，七十而從心所欲，不逾矩。」（為政）「七十而從心所欲，不逾矩」，已是聖人的境界，後世人乃尊孔子為聖人。

儒家尊重聖人，因為聖人的道德高尚，所有言行，作為人的模範。

「孟子曰：聖人，百世之師也。伯夷柳下惠是也。故聞伯夷之風者，頑夫廉，懦夫有立志。聞柳下惠之風者，薄夫敦，鄙夫寬，奮乎百世之上。百世之下，聞者莫不興起也。非聖人而能若是乎？而況於親炙之者乎。」（盡心　下）

「孟子曰伯夷，聖之清者也。伊尹，聖之任者也。柳下惠，聖之和者也。孔子，聖之時者也。孔子之謂集大成。集大成也者，金聲而玉振之也。金聲也者，始條理也；玉振之也者，終條理也。始條理者，智之事也；終條理也者，聖之事也。智，譬則巧也；聖，譬則力也。由射於百步之外也，其至，爾力也；其中，非爾力也。」（萬章　下）

「聖人，人倫之至也。」（離婁）

荀子也說：「聖人者，道之極也。」（禮論）

孟子尊重孔子爲聖人中集大成的聖人，兼有別的聖人的特點，孔子的大成，在於能夠合於『時中』。「可以速而速，可以久而久，可以處而處，可以仕而仕，孔子也。」（萬章　下）

孟子自稱私淑孔子，在他的書中曾說：「由孔子而來至於今，百有餘歲，去聖人之世，若此其未遠也！近聖人之居，然而無有乎爾，則亦無有乎爾！」（盡心　下）自愧沒有能夠傳孔子之道，又嘆沒有別人傳孔子之道。

儒家在歷代，籠罩在聖人的仰慕中，一切以聖人爲師，一切以聖人爲規範，又以爲聖人高不可攀，聖人的功績不再出現，便常嘆息堯舜卽唐虞之世不能再現，後世最多祇能有小康

之世。邵雍作皇極經世一書，用六十四卦配比宇宙的運轉，便把堯舜的時代放在極盛的時代，以後世世往下。中國歷代文人作家，都常說「世衰道微！」更說「一代不如一代」，因為去聖人之世越遠越衰。祇有王船山作史論，反對這種思想。

儒家為脩身治國，都以聖人為法。韓愈的原道篇建立了道統的思想，道統就是聖人的傳說：「斯吾所謂道也，難向所謂老與佛之道也，堯以是傳之舜，舜以是傳之湯，湯以是傳之文武周公，文武周公傳之孔子，孔子傳之孟軻，軻之死，不得其傳焉。」儒家所謂聖人，就是堯舜禹湯文武周公孔子，孔子以後沒有聖人，孟子祇稱為亞聖。因此，儒家所尊重的是聖人，「孔子曰：君子有三畏：畏天命，畏大人，畏聖人之言。」（季氏）

荀子主張性惡，因為人需要聖人的教訓，假使人的性善，便不要聖人的教訓可以行善了，但是聖人之教不可廢，人性便是惡。「今人無師法則偏險而不正，無禮義則悖亂而不治，古者聖王以人之性惡，以為偏險而不正，悖亂而不治，是以為之起禮義，制法度以矯飾人之情性而正之，以擾化人之情性而導之也，使皆出於治合於道者也。」（性惡篇）

2. 聖人的品德

中庸第二十章有幾句最重要的話，成為後代儒家的理論原則：「誠者，天之道也；誠之

而善。

者，人之道也。誠者不勉而中，不思而得，從容中道，聖人也。誠之者，擇善而固執之者也。博學之，審問之，愼思之，明辨之，篤行之。」朱熹注說：「聖人之德，渾然天理，眞實無妄，不待思勉而從容中道，則亦天之道也。」其他的人，都要擇善固執，博學，審問，愼思，明辨，篤行，聖人的品德，在於心沒有私慾的掩蔽，天理昭明，自然合於天道。

聖人沒有私慾，能夠明見天理。人性的明德昭明顯出，聖人看得清楚。聖人沒有私慾，行動不會偏於惡，自然合於天道天理，卽是「喜怒哀樂，發而皆中節」，就也是孔子所說

「從心所欲不逾矩。」

朱熹根據理氣兩元的思想，以聖人所得的氣最清又最完整，因而沒有私慾的困擾，自然

「問誠者，天之道也，誠之者，人之道也。誠是天理之實然。更無纖毫作為。聖人之生，其禀受渾然氣質，清明純粹，全是此理，更不復修為，而自然與天為一。若其餘則須是博學、審問、愼思、明辨、篤行，如此不已。」(朱子語類

卷六十四)

「人性雖同，其氣不能無偏重，有得木氣重者，則惻隱之心常多，而羞惡辭遜

來的。

這種思想和荀子的思想不相合，荀子以人性惡，聖人的性也是惡，聖人的善是自己積下

「凡所貴堯禹君子者，能化性起偽，偽起而生禮義；然則聖人之於禮義，積偽也，亦

將去，所主是忠，發出去無非是去。」（朱子語數　卷四十五）

「學者與聖人之爭，只是這個自然與勉強耳。聖人所行，皆是自然堅牢，學者

有時做得如聖人處，但不堅牢，不會失却。」（朱子語類　卷二十一）

「天只是一氣流行，萬物自生自長，自形自色，豈是逐一粧點得如此！聖人只

是一個大本大原裏發出，視自然明，聽自然聰，色自然溫，貌自然恭。在父子

則為仁，在君臣則為義，從大本大中流出，便成許多道理。只是這個一，便貫

則若天之有意焉耳。」（朱子語類　卷四）

「又問，如此，則天地生聖賢不只是偶然，不是有意否？曰：天地那裏說我特

地要生個聖賢來，也只是氣數到那裏，恰好凑著，所以生出聖賢，及至生出，

人。」（朱子語類　卷四）

非之心為所塞；而不發，水火亦然，唯陰陽合得，五性全備，然後中正而為聖

是非之心，為其所塞而不發。有得金氣重者，則羞惡之心常多，而惻隱辭遜是

陶埏而生之也。」（性惡篇）聖人所以與常人不同，在於能知理而積善，製作禮法以救濟他人。我們不必深入研究荀子性惡論的矛盾，祇就他對於聖人的觀念也有解釋不清的矛盾。荀子的性惡，實際是情慾的惡傾向，而不是性的惡；因為他說性是自然的傾向，不必學習，人的自然傾向是向惡；但是人有能知理的心，有能修改天然傾向的質，這種知理的能和行善的質，應該發於人性，人性便不能天生是惡。聖人的天生性質和凡人一樣，為什麼能夠知理修身而教人？而且荀子非常看重這種聖人的教化。

儒家普遍的思想，以聖人有天生的品質，如同朱熹所說稟受清明的氣，金木水火土五性得到中正境界；然而並不因為這樣，就是天生的聖人，仍舊要謹慎，行善積德。以孔子作例，他終生「為之不厭，誨人不倦。」到了七十歲才可以從心所欲，不違反禮法。因此，儒家在孔子以後，再沒有聖人。

但是另一方面，儒家卻說人人可以成聖人，又勉勵人成聖人，荀子自己就說過求學是為成聖。他在「性惡篇」說過這種道理：

「塗之人可以為禹，曷謂也？曰：凡禹之所以為禹者，以其為仁義法正也。然則仁義法正有可知可能之理，然而塗之人也皆有可以知仁義法正之質，皆有可

以能仁義法正之具，（這就是性惡論的矛盾），然則其可以為禹明矣！……今使塗之人，伏術為學，專心一志，思索孰察，加日縣久積善而不息，則通於神明，參於天地矣。故聖人者，人之所積而致也。

曰：聖可積而致，然而皆不可積，何也？

曰：可以而不可使也。故小人可以為君子，而不肯為君子；君子可以為小人，而不肯為小人。小人君子者，未嘗不可以相為也，然而不相為者，可以而不可使也。故塗之人可以為禹，則然；塗之人能為禹，未必然也。雖不能為禹，無害可以為禹。足可以偏行天下，然而未嘗有能偏行天下者也。」（性惡篇）

「可以而不可使」，楊諒注因為性惡，這更不通，足可以走偏天下的人，那是因為外面的環境，而不是因為足不可以走。塗之人不成禹，不是性惡不能，而是因為自己不努力，別人不能勉強。可是問題仍舊存在，既然人人都可為禹，即是為聖人，為什麼孔子以後，中國就沒有聖人，難道兩千年裏就沒有一個專心修德的人！在孔子的門生中，孔子非常稱讚顏回的好學修身，但是顏回並不被尊為聖人，孔子自己嘆惜說：「聖人，吾不得而見之矣！得見君子者斯可矣。」（述而）

儒家把聖人的品格，尊得太高，凡人都攀不上。孔子的門生，在孔子去世後，對於孔子就有這種心理：「叔孫武叔毀仲尼，子貢曰：無以為也！仲尼，不可毀也。他人之賢者，丘陵也，猶可逾也。仲尼，日月也，無得而逾焉。人雖欲自絕，其何傷於日月乎！多見其不自量也。」（子張）

3. 聖人的人格

聖人的品德既然這麼崇高，聖人品德的表現所成的人格，一定免不了神秘性。儒家本是最重實際的人，但是對於聖人的人格就顯出幾分神秘性。

「大哉聖人之道，洋洋乎發育萬物，峻極於天，優優大哉。」（中庸 第二十七章）

「唯天下至聖，為能聰明睿知，足以有臨也；寬裕溫柔，足以有容也；發強剛毅，足以有執也；齊莊中正，足以有敬也；文理密察，足以有別也；溥博淵泉，而時出之；溥博如天，淵泉如淵，見而民莫不敬，言而民莫不信，行而民莫不說，是以聲名洋溢乎中國，施及蠻貊，……凡有血氣者，莫不尊親，故曰配天。」（中庸 第三十一章）

「仲尼，祖述堯、舜，憲章文、武，上律天時，下襲水土，辟如天地之無不持載，無不覆幬，辟如四時之錯行，如日月之代明。萬物並育而不相害，道並行而不相悖。小德川流，大德敦化，此天地之所以為大也。」（中庸　第三十章）

「夫大人者，與天地合其德，與日月合其明，與四時合其序，與鬼神合其吉凶，先天而天不違，後天而奉天時。天且弗違，而況於人乎。」（易乾卦　文言）

儒家以聖人和天地相配，有天地好生的德，參贊天地以化育萬物。萬物的化育，神秘莫測，易經曾有說明：「易，無思也，無為也，寂然不動，感而遂通天下之故，非天下之至神，其孰能與於此！人易，聖人之所以極深而研幾也；唯深也，故能通天下之志；唯幾也，故能成天下之務；唯神也，故不疾而速，不行而至。子曰：易有聖人之道四焉，此之謂也。」（繫辭上　第十章）

易，卽天地之變易，天地之變易為「生生」，「生生」為生化萬物，生化萬物之變，神妙莫測，「不行而速，不為而成」。聖人的精神和天地相通，聖人的人格也就神秘莫測，和天地一樣高深。孟子曾說自己有「浩然之氣」，充塞天地。他又說：「萬物皆備於我，」（盡心　上）自己能仁民而愛物，然而孟子還不被儒家尊為聖人，聖人的心，較比孟子的心還

要純潔，還要溫和，能夠和天地相通，明見天地變化之道，在行動上和天地的行動相合，聖人的精神，便是天地的精神，「溥博如天，淵泉如淵。」

在宋朝理學家看來，聖人禀受最清之氣，和天地之氣相通，已是天地之氣，一切變易行動完全地而且天然地和天地一樣。易經乾卦乃說大人卽聖王「合天地日月四時鬼神的變易行動相合，也就是至誠的人」中庸所說至誠的人便很神秘。

「至誠之道，可以前知。……禍福將至，善，必先知之……不善，必先知之。故至誠如神。」（中庸 第二十四章）

「故至誠無息，不息則久，久則徵，徵則悠遠，悠遠則博厚，博厚則高明，……博厚配地，高明配天，悠久無疆。如此者，不見而章，不動而變，無為而成。……詩云，維天之命，於穆不已，蓋曰：天之所以為天也，於乎不顯，文王之德之純，蓋曰：文王之所以為文也，純亦不已。」（中庸 第二十六章）

儒家的聖人，不僅和天地合德，而且和上天相接近，心靈純潔，德行也純潔，和純潔的上天乃能接近，有如純潔的玻璃，能夠接受太陽的光，在光中相合為一。

十三　家族道德

——孝

儒家的全部倫理，可以說是家庭倫理，一個人的生活，處在家族範圍以內。從法制方面說：一個人成年，並不分家，一個人結婚，也不分家，父母去世了，家還不拆散。不但女人一生有三從：在家從父，出嫁從夫，夫死從子，一生不出家庭。一個男人，一生屬於父母；父母在堂，應該孝敬；父母死了，仍舊要「事死如事生」，常行祭祀。在生活的實際範圍上，在家裏，當然以家爲範圍；在外面行商、做官，是在國內，國家爲家族的擴展，所以稱爲國家。從道統方面說：孝，包括一切的善德，並不是在理論上，孝可以和仁一樣，包括一切善德，但在價值觀上，一切善德，都能尊親，因爲都可以「揚名顯親」，一切惡事，都可以汚辱父母的名譽而流爲不孝，儒家哲學的精神，有家族哲學的精神。

一、家族的重要

在書經的第一篇「堯典」裏，有稱讚堯王的話：「克明俊德，以親九族；九族旣睦，平章百姓，百姓昭明，協合萬邦。」「皐陶謨」篇首說：「愼厥身脩，思永，惇敍九族邇可遠，存玆」所謂九族，卽是父母妻的親屬，雖然母和妻和自家出嫁的女子，不同爲一家族，然而彼此相連，仍有家族的倫理關係。大學乃說脩身而後齊家，齊家而後治國，治國而後平天下，大學的思想和堯典的思想相同。

歷代所講的五倫，三倫是家族的倫理，兩倫是社會的倫理。禮記的禮運篇舉出五倫的目標，稱爲人義。「何謂人義？父慈，子孝，兄良，弟弟，夫義，婦聽，長惠，幼順，君仁，臣忠，十者，謂之人義。」中華民族的倫理生活，以家族倫理爲基礎。「有子曰：其爲人也孝弟，而好犯上者，鮮矣。不好犯上，而好作亂者，未之有也。君子務本，本立而道生。孝弟也者，其爲仁之本與。」（論語 學而）仁，爲孔子的一貫之道，爲一切善德的綱要，仁的實踐則以孝爲主。「孟子曰：仁之實，事親是也；義之實，從兄是也；智之實，則斯二者弗去是也；禮之實，節文斯二者是也；樂之實，樂斯二者，樂則生矣。生則惡可已也？惡可已則

不知足之蹈之，手之舞之。」（離婁 上）「孟子曰：人之不學而能者，其良能也；所不慮而知者，其良知也。孩提之童，無不知愛其親者，及其長也，無不知敬其兄也。親親，仁也；敬長，義也。無他，達之天下也。」（盡心 上）

孟子以仁義禮智爲四達德，人以四達德歸之於愛親敬長，再又進而以孝弟爲天生的良知良能，可見儒家對於家族倫理的重視，大學說先要脩身，而後才可以齊家，再後可以治國。然而爲脩身的基本善行，則是愛親敬兄，這兩種善行是人在家庭裏的善行，家庭便是脩身的基礎。

易經說卦傳第十章，說明八卦的名號：「乾，天也，故稱乎父；坤，地也，故稱乎母，震一索而得男，故謂之長男；巽一索而得女，故謂之長女；坎再索而得男，故謂之中男；離再索而得女，故謂之中女；艮三索而得男，故謂之少男；兌三索而得女，故謂之少女。」八卦的名號，以家人的名號而以稱呼。

易經序卦傳下說：「有天地，然後有萬物；有萬物，然後有男女；有男女，然後有夫婦；有夫婦，然後有父子；有父子，然後有君臣；有君臣，然後有上下；有上下，然後禮義有所錯。」

易經講宇宙的變易，宇宙的變易爲生生，由生命的化生觀看宇宙萬物，以男女關係爲一

切關係的起點，男女的關係有似天地的關係，代表陽陰，宋朝理學家周敦頤畫太極圖，便是

由太極有陽陰，由陽陰有五行，由五行有男女，由男女有萬物。

本體的關係既是由陽陰男女開始，倫理的關係也由夫婦而父子的關係開始，家庭倫理乃

為倫理的基礎。

漢賈誼新書有三綱六紀篇：「三綱者，何謂也？謂君臣父子兄弟也。六紀者，謂諸父兄

弟族人諸舅師長朋友也。……何謂綱紀？綱者，張也；紀者，理也。大者為綱，小者為紀，

所以張理上下，整齊人道也。人皆懷有五常之性，有親愛之心，是以紀綱萬化，若羅網之有

紀綱，而萬目自張也。」人道的綱紀，在於親屬的關係，治理了這些關係，人性得到合理的

發展。

歷代儒家，莫不看重家訓和家禮，最著的有顏氏家訓，涑水家儀，朱子家禮，還有曾國

藩的家書。

于鎰中說的齊家篇說：「齊家之學，萬化之原。吾心之所體者非止於家也，莫此為厚；

吾身之所教者豈獨家也，莫此為切。」

儒家的傳統倫理便以孝道統貫一切善德，孝經的開端就說：「孝也者，德之本，教之所

由生也。」孟子以人心生來有愛父母之心，其他的倫理道德是推這種愛心以到社會各方。

「老吾老以及人之老，幼吾幼以及人之幼，天下可運於掌。……故推恩足以保四海，不推恩無以保妻子。古之人所以大過人者，無他，善推其所爲而已矣。」（梁惠王 上）古人的生活爲農村的生活，農村以家爲本，由家到族，由族到社會，家族在日常生活中，在倫理生活中，常是生活的起點。

二、婚姻的意義

家族的來源，來自婚姻；婚姻結合男女，男女生育子女，子女再生育子女，生命繼續傳下去。中華民族的古代思想，由易經已經顯示看重生命的意義；生命爲宇宙變易的目的，「生生之謂易」。因此，上天有好生之德，「天地之大德曰生」宋朝朱熹乃說「天地以生物爲心」儒家生活的至善，在「與天地合其德」，以參天地的化育。

儒家對於婚姻，給與高尚的意義。易經的歸妹卦說：

「彖曰：歸妹，天地之大義也。天地不交而萬物不興。歸妹，人之終始也。」

婚姻，以歸妹卦爲象徵；歸妹，則象徵天地相交而化生萬物。易經的泰卦，爲吉祥的卦，象徵春天，「三陽開泰」，作爲春節新年的吉祥圖象。「象曰：泰小往大來，吉亨，則是天地交而萬物通也。」（泰卦）和泰卦相反爲否卦，否卦就「不利君子，象曰：大往小來…則是天地不交，而萬物不通也。」（否卦）易經的姤卦，以一陰遇五陽，陽氣過於剛，不利於婚姻，但就卦的全體意義，仍象徵婚姻，意義仍舊高尚：「象曰：姤，遇也。柔遇剛，天地相遇，品物咸章也。」（姤卦）

人的生命，在家族以內，繼續流傳，家族生命流傳的象徵，乃是祭祖，子孫祭祀父祖，顯示生命沒有斷絕，一個人沒有生兒子，死後還要爲他立嗣子。婚姻的意義，也含有繼續祭祖的意義。

「公（哀公）曰：寡人願有言，然，冕而親迎，不已重乎？孔子愀然作色而對曰：合二姓之好，以繼先聖之後，以爲天地宗廟社稷之主，君何謂已重乎？公曰：寡人固，不固，焉得聞此言也。寡人欲問不得其辭，請少進，孔子曰：天地不合，萬物不生，大昏，萬世之嗣也。君何謂已重乎！孔子遂言曰：內以治宗廟之禮，足以配天地之神明，出以治直言之禮，足以立上下之敬。物恥，足

孔子在這一篇對話裏，很明白地說出：「婚姻的意義，象徵天地的相交，因相交而有子女，子女乃是先人的後，傳先人的生命，婚禮乃是禮儀的基本，由婚禮有家禮，由家禮有祭祀。在這些禮儀中，敬是中心點。君子敬妻、敬子、敬身。由這三點，推行到國家，妻、子、身三者，百姓之象也。」推而五行，「國家順矣」。

以振之：國恥，足以與之，為政先禮，禮其政之本與。

明王之政，必敬其妻子也，有道。妻也者，親之主也，敢不敬與！子也者，親之後也，敢不敬與！君子無不敬也，敬身為大，身也者，親之枝也，敢不敬與！不能敬其身，是傷其親；傷其親，是傷其本；傷其本，枝從而亡。三者，百姓之象也。身以及身，子以及子，妃以及妃，君行此三者，則愾乎天下矣，大王之道也。如此，國家順矣。（哀公問）

孔子遂言曰：昔者三代

《禮記書裏，多處說到這點：

「天地合而後萬物興焉，夫婚禮萬世之始也。」（郊特牲）

「婚禮者，將合二姓之好，上以事宗廟，下以繼後世也，故君子重之……男女有

別，而後夫婦有義；夫婦有義，而後父子有親；父子有親，而後君臣有正；故曰：婚禮者，禮之本也。……夫禮，始於冠，本於婚，重於喪祭，尊於朝聘，和於射鄉，此禮之大體也。……是故男教不脩，陽事不得，適見於天，日為之食。是故，日食則天子素服，而脩六宮之職，蕩天下之陽事；月食，則後素服，而脩六宮之職，蕩天下之陰事。故天子之與后，猶日之與月，陰之與陽，相須而後成者也。」（婚義）

禮記的思想代表儒家的思想，以婚姻為家庭的基本，以婚禮為禮之本。在事實上，夫婦的地位，很有差別，夫為主，女為從，從便要順，順是妻德的名稱。這種思想從本體論出發，以陽陰為基礎，演變為天地；陽動陰靜，天高地卑。在人事方面，便是男尊女卑，男主外，女主內。易經的家人卦說：「象曰：家人，女正位乎內，男正位乎外，男女正，天地之大義也。家人有嚴君焉，父母之謂也。父父，子子，兄兄，弟弟，夫夫，婦婦，而家道正，正家而天下定矣。」夫婦的位置，為家禮的基本觀念；由家禮培養男女的善德；男的善德為孝，女的善德為順。孝德的範圍隨着男子的行動，擴到家庭以外；女子的順德和女子的行動困在家庭以內。女子既困在家庭以內，家庭只是一個，女子的順德演而為貞，貞於一夫。夫

婦又代表陽陰，陽陰也只是一，便只能有一陽一陰相配，婚姻也只能一男一女的結合，祇有一夫一妻。在事實上雖有一男多女，一男所娶的女子是妻，其餘女子是妾。

女子的生活困在家庭以內，女子的道德也就在家庭以內。女子的貞德稱為三從四德：三從是在家從父，出嫁從夫，夫死從子；四德是婦德為貞順，婦言為辭令，婦行為絲枲。但再具體來說，司馬光訓子孫文有訓言：「為人妻者，其德有六：一曰柔順，二曰清潔，三曰不妬，四曰儉約，五曰恭謹，六曰勤勞。……夫，天也；婦，地也。夫，陽也；婦，陰也。天尊而處上，地卑而處下，日無盈虧，月有圓缺，陽唱而生物，陰和而成物，故婦專以柔順為德，不以強辯為美也。」儒家的思想支配了中華民族的生活，一直到民國。民族的一半為女子，女子的倫理為家族的道德。

三、孝

由夫婦而有子女，由子女有父母子女，儒家的五倫卻常稱父子，似乎把母女擠出五倫以外。

五倫的關係為社會關係，古代的社會為男系社會，女子則困在家庭以內，女子的關係為

三從的關係。在父子的關係裏，當然包含父女的關係，因為女兒要服從父親，父子的關係裏，當然也包含母子的關係，然而因為婦從夫，母親要服從父親，母子的關係，便以父子作代表了。

父子的關係，以孝作標準；雖然關係是兩方面的，十義中有父慈子孝，但因為孝德包含兒子的一生，孝德就成為父子關係的代名詞。

孝，為兒子對於父母的敬愛，敬愛表現於行動，中國乃有最廣泛的孝道和最多的孝行。

孝，來自天生的愛，孟子說：「孩提之童，無不知愛其親也，及其長也，無不知敬其長也。親親，仁也；敬長、義也。」（盡心 上）

孝的基礎在於生命，親之主也。」「子也者，親之後也。」理由都在於和親，即父母有關係，這種關係是生命的關係。「身也者，親之枝也」，父母是根本，我是枝幹，枝幹和樹根或樹幹的連繫，乃是生命的關係。孝的理論根本，便是生命，兒女由父母所生。

孝的範圍，就以兒女的生命為範圍。兒女一生該孝敬父母，當父母在生時，兒子要盡孝道，父母去世後，兒子仍舊以祭祀盡孝。孝的原則是「事死如事生。」（中庸 第十九章）「孟懿子問孝，子曰：無違，樊遲御，子敎之曰：孟孫問孝於我，我對曰：無違，樊遲曰，何謂

也？子曰：「生事之以禮，死葬之以禮，祭之以禮。」（爲政）古代傳說老萊子，七十歲穿着綵衣，同小孩子一般，逗父母開心。儒家自古重視祭祖，就是因爲是孝親的表示。兒子從生到老，都要對父母盡孝道，兒子作了皇帝，母后若在世，還是要自稱「兒臣」。

兒子一切的行動，包括在孝道以內。「曾子曰：孝有三：大孝尊親，其次弗辱，其下能養。」（禮記、祭義）兒子的善行，使自己有聲譽，使人讚美他的父母，便盡了孝。歷代成語說「揚名顯親」，激勵人求美名，升官進爵，使父母也得名封爵。在反一方面，一切的惡事，使自己身敗名裂，連累父親，便是不孝。禮記祭義篇說：「居處不恭，非孝也；事君不忠，非孝也；涖官不敬，非孝也；朋友不信，非孝也；戰陣不勇，非孝也；五者不遂，栽及於親，敢不敬乎。」兒子的生命，在時間方面的發展，在空間方面的發展，都包含在孝道以內，好的活動，是孝，壞的活動，是不孝。若是因罪而受肉刑，損害自己的身體，自己的身體爲父母的遺體，更是不孝。司馬遷因受宮刑，自己便自悔沒有面目去掃父母的墳墓。（報任少卿書）胡適曾以孝道爲中國儒家的宗教信仰。在皇帝行祭祀時，排列祖先的神位：在民間的家庭裏，供奉「天地君親師」的牌位。孝的意義和價值，在一切善德以上，只有在忠孝不能兩全時，才讓給忠，所以要讓，因爲人君是全國人的大父。

（中國哲學史上編 頁一三〇）儒家的孝道，是以父母配天，

因着孝的意義，祭祖典禮也成爲中華民族傳統文化裏的一件大事，禮記說：「夫祭者，

非物自外至者也，自中出生於心也，心怵而奉之以禮，是故唯賢者，能盡祭之義。……祭

者，所以追養繼孝也。孝者，畜也。順於道，不逆於倫，是謂之畜。是故孝子之事親也有三

道焉：生則養，沒則喪，喪畢則祭。養則觀其順也，喪則觀其哀也，祭則觀其敬也。盡此三

道者，孝子之行也。」（祭統）「是故先王之孝也，色不忘乎目，聲不絕乎耳，心志嗜欲不忘

乎心，致愛則存，致慤則著，著存不忘乎心，夫安得不敬乎。君子生則敬養，死則敬享，思

終身弗辱也。」（祭義）

禮記一册書裏，論祭祖的意義，說得很多，祭祖第一是實踐孝道，第二是實行禮儀；祭

祖典禮藉禮儀敎訓人不忘父母和先人，勉力行善，以免辱親。歷代中華民族的習俗，家有中

堂，族有族堂，官有家廟，皇帝有七廟，都在這種堂和廟裏祭祖。儒家學者作官或居家，都

謹愼虔敬舉行祭禮。朱熹非常重視家禮，曾修正流行的典禮，作「家禮」一篇，對於喪祭，

更加重視，行狀上說：「未明而起，衣幅巾方履，拜於家廟以其先聖……其祭也，事無纖

鉅，必誠必敬，少不如儀，則終日不樂。已祭無違禮，則油然而喜。死喪之威，哀戚備至。

飲食哀經，名稱其情。」（朱子行狀、勉齋集、卷三十六）在朱子語類卷第一○七中，記錄朱熹家

居行祭事跡，他行祭不燒紙錢，也不用幣，不用佛敎禮。他追隨孔子的思想，不要人祭祀以

求福免禍，而要因祭祖乃勉力行善，行善自是吉，可得福，行惡則是凶，將得禍。

『慎終追遠』，爲古代的遺訓，歷代儒家，莫不遵守。

四、天下國家

儒家的孝道，目標雖祇對於父母和先人；然而遠的目標則推到天下國家，中華民族本是來自一個先祖，同有血統關係。生命關係的發展，從自己一身，上溯有父母和先祖，下傳有兒孫，受有兄弟姊妹。由這些關係，先結成家，再結成族，最終結成國，國乃成爲國家。中華民族自古常有深厚的民族思想，常以漢族爲同血統的民族。雖然民族思想的表現，常以地域爲本，清初王夫之的民族思想，以地域觀念爲主，原因是自古漢民族和其他民族生活在一定地域以內，地域的劃分又更具體。

孟子的政治哲學，以人君爲民的父母，父母應教養子女，人君便應養民教民。

『梁惠王曰：寡人願安承教？孟子對曰：殺人以挺與刃，有以異乎？曰：無以異也。以刃與政，有以異乎？曰：無以異也。曰：庖有肥肉，廄有肥馬，民有

飢色，野有餓莩，此率獸而食人也。獸相食，且人惡之，為民父母，行政不免

於率獸而食人，惡在其為民父母也！」（梁惠王 上）

人君和臣民為一家人，人君便和臣民同憂同樂。孟子勸梁惠王，莊暴王，齊宣王⋯「古

之人與民偕樂，故能樂也。」（梁惠王 上）「今王與百姓同樂，則王矣。」（梁惠王 下）「樂

民之樂者，民亦樂其樂；憂民之憂者，民亦憂其憂。樂以天下，憂以天下，然而不王者，未

之有也。」（梁惠王 下）「內無怨女，外無曠夫。王如好色，與百姓同之，與王何有！」（梁

惠王 下）

這種政治哲學在後世君權極盛的時代，沒有皇王去想，也沒有學者這樣說；然而仍舊還

保留了一點，就是基層的地方官，稱為父母官，縣官就是父母官，父母官必須愛民。

儒家的倫理，以「推己及人」為途徑，以家族的倫理推行到社會國家，因此說：「孝悌

也者，其為仁之本與！」儒家的禮，以孝為出發，擴展到社會各點方面的生活，藉着孝德教

民修行各種善德。

「飲食男女，人之大欲存焉；死亡貧苦，人之大惡存焉：故欲惡者，人心之大端也。人

藏其心，不可測度也，美惡皆在其心，不見其色也，欲一以窮之，舍禮何以哉！」（禮運）禮

以治人情，人情以父母之愛而始。

「子曰：立愛自親始，敎民睦也；立敬自長始，敎民順也。敎以慈睦，而民貴有親；敎以敬長，而民業用命。孝以事親，順以聽命，錯諸天下，無所不行。」（祭義）

以生命看天下的人，天下的人成一家人，「故聖人以天下爲一家，以中國爲一人者，非意之也，必知其情。辟於其義，明於其利，達於其患，然後能爲之。」（禮運）既以天下爲一家，儒家乃倡大同主義：

「大道之行也，天下爲公，選賢與能，講信脩睦。故人不獨親其親，不獨子其子。使老有所終，壯有所用，幼有所長，矜寡孤獨廢疾者，皆有所養。男有分，女有歸，貨惡其棄於地也，不必藏於己，力惡其不出於身也，不必爲己。是故謀閉而不興，盜竊亂賊而不作，故外戶而不閉，是謂大同。

今大道既隱，天下爲家（傳位於子），各親其親，各子其子，貨力爲己！……禮義以爲紀，以正君臣，以篤父子，以睦兄弟，以和夫婦，以設制度，以立田里，以賢勇知，以功爲己，故謀用是作，而兵由此起，禹湯文武成王周公，由此其選也，此六君子者，未有不謹於禮者也。」（禮運）

大同世界乃一理想世界，儒家認爲堯舜之世。禹湯文武的朝代，祇能稱爲小康之世，小康之世靠禮以治。但是以生命連繫全國人民，再進而連繫宇宙萬物，則是儒家傳統的思想。

孟子曾說：「萬物皆備於我矣，反身而誠，樂莫大焉。」（盡心·上）宋朝理學家張載又明白地說：「乾稱父，坤稱母，于玆藐焉，乃渾然中處，故天地之塞，吾其體，天地之帥，吾其性，民吾同胞，物吾與也。」（西銘）天地，陽陰，父母，這幾個觀念互相連繫，互分層次，由陽陰而有天地，由天地而有父母而有家庭，由家以成族，由族以成國，在春秋戰國時，由國以成天下。《大學所以說，脩身以齊家，齊家以治國，治國以平天下。人爲脩身，在家庭裏以家庭道德脩身，出到社會國家，推行在家庭所脩的美德，並以一切美德善行奉行孝道，爲能「大孝尊親」，故儒家的道德爲家族道德。

十四　養性・養生・見性

──儒、釋、道的至善

一、儒家養性

1.　知　　行

中國哲學的研究對象，為人生之道，探索人生的目標，講論人生的途徑。探出了人生之道，努力實踐。人生之道，有求知的階層，得知以後，便進入力行的階層，在日常生活中，表現人生之道。中國哲學的特性，不在於講述知識的奧妙，而在於日常生活的體驗。儒釋道三家，都具有這種精神。

知和行雖有兩種層次，但不相分離，而且要合而為一。知和行，不是難易的問題，知有知的困難，行有行的困難。中庸說：「或生而知之，或學而知之，或困而知之，及其知之，一也。或安而行之，或利而行之，或勉強而行之，及其成功，一也。」（第二十章）但是知和

行，有先後的層次，先知而後行。人是有理性的，理性屬知，雖然中國哲學在評價上不以知為最貴，而以行為最貴，「仁者，人也。」（中庸 第二十章）然不知必不能行。知不必對於所行的事全知或深知，可是必定要稍知或淺知。人對於人生之道，有天生的良知，又要有對於具體環境，即是對於事物的「時地之宜」，用求學所得的知。

知應構成求知或求學的目標，求知的目標，在於實行，「博學之，審問之，慎思之，明辨之，篤行之。」（中庸 第二十章）篤行把知和行結在一起，「人生之道」才可以實現。

王陽明主張致良知，把良知的知達到行事上，知行合一。這種知行合一的主張，在孔子的教育裏，已經是求學的大原則。「子路問君子，子曰：先行其言，而後從之。」（為政）「子曰：君子欲訥於言，而敏於行。」（里仁）孔子稱讚顏回為好學，就是因為顏回能夠「知而行」。不過王陽明所說的知，限於良知之知。良知之知是人心對於善惡的天生之知，孔子所講的知，包括求學所得之知。大學所說的「致知」，按照孔子的教育方法，是人所學的，是人從堯舜文王的遺教裏所學來的。中庸說：「君子之道費而隱，夫婦之愚，可以與知焉，及其至也，雖聖人亦有所不知焉。夫婦之不肖，可以能行焉，及其至也，雖聖人亦有所不能焉。」（第十二章）夫婦代表一般的人，可以知，可以行君子之道，因為君子之道是人良知良能所有的，是人所有天生的善端，為善惡的基本原則，如當父母，凡是人都知道也都做，但

是從基本原則進入複雜的人事環境裏，從各種不同的遭遇裏，能夠清楚看出君子行事之道，就不是憑着良知所能的了，必須有更多更深的學識了。這種學識，不是事物的物理或化學或其他有關科學的知識，在孔子當時或朱熹當時，也沒有這些科學，而是道德的學識，是事物和人的關係，是人怎樣正當應付事物的知識。這些知識不是單純的學問，是進德修身的知識。這種知識和實踐的行，不能分離，須要知行合一。

中庸說：「故君子尊德性而道問學，致廣大而盡精微，極高明而道中庸，溫故而知新。」（第二十七章）第一句話在歷代引起爭論，有人說陸象山尊德性，朱熹道問學，有人說宋朝理學重在道問學，清朝實學重在尊德性，就中庸原意來說，應該是為尊德性所以要道問學，就是說為修身進德，先要求知修身進德之道，這兩者不能偏廢，不能分離。朱熹走在這條路上，講格物以致知，致知以修身進德。陸象山以為人生之道在人心內，人自然而知。王陽明以這種自然之知為良知，致良知就是行善，就是修身進德，所以他的知和行是一個，是一個層次，是一個行動，知而不行，不是知。所以，就被認為他們祇有尊德性，不講道問學。可是陸王兩人都用心讀了古書，而且還讀了佛教的經典，他們並不是不道問學，陸王所講的，是中庸第十二章所說「君子之道，夫婦之愚，可以與知焉。……夫婦之不肖，可以能行焉。……」朱熹所講的，則是下面兩句，「及其至也，雖聖人亦有所不知焉，……亦有所不能……。

焉。」儒家以聖人，心地光明，通天理，當然知道心內的天理，可是除心內的天理以外，還有人世的實際情況，如何運用天理到複雜的實際情況上，總要費心去求知，所以要格物致知，要道問學，而且「致廣大而盡精微，極高明而道中庸，溫故而知新。」然後「敦厚以崇禮」，達到尊德性的目標。

2. 養　性

致知格物，祇是人生之道的方法；人生之道的原則，乃是「率性」。人性是人生活的標準，中庸提出了這種標準，同時大學一篇也提出「大學之道，在明明德。」人性爲明德，即是陸象山和王陽明所說人心自然光明，顯示天理。孟子正式提出性善論，人心天生有仁義禮智的善端，人生之道便在於培養人性的善端；孟子乃講養性和養心。

中庸對於率性，提出了「誠」字，而且把誠字神秘化了，以至於後代有人把「誠」作爲宇宙本體或宇宙根源。實際上中庸開始提出「誠」字，講得很清楚，「誠者，天之道也；誠之者，人之道也。」（第二十章）「誠」，是天和人的活動的原則，這個原則，就是「率性」。天地間的物體，常按照自己的本性而存在，按照自己的本性而活動，礦物、植物、動物都是一樣，連自然界的現象，日月風雨霜露也按宇宙自然之道而動。所以說「誠者，物之終

始：「不誠，無物。」（第二十五章）唯有人為有靈的動物，人心虛靈，能知，能主宰。人的行動由自己作主，因此為率性，人要「誠之」，要自願誠於人性，這個自願，自己主宰，構成了修身進德的樞紐。整部的人生之道，盯住了人的心，大學所以說「欲修其身者，先正其心。」

中庸和大學，祇抽象地講了率性，講了誠，講了明明德，孟子則具體地講人性善，在於人心有善端，率性就在於培養人心的善端。善端有仁義禮智的善端，為惻隱之心，辭讓之心，羞惡之心，是非之心。（公孫丑　上）培養這些善端，孟子標出養性或養心的原則。在這方面，孟子很懂得心理學，他教弟子們為養性養心，第一要下決心去培養，否則人心像牛山濯濯，一絲草木都沒有，牛山原來有草木的種子，萌芽了以後，過路的人踐踏了，沒有被踐踏的，長大一些被牛羊吃了，沒有被吃掉的，長成灌木，又被樵夫砍了。（告子　上）人心所遭遇的行人，牛羊、樵夫、是人心的情慾，情慾把人心引到外面人物去，又把外面人物引到心裏，這些私慾的行動，把人心的善端都斲喪了。孟子教育弟子「養心莫善於寡慾」，後代宋明理學家，都以惡歸於情慾，節慾成為修身進德的終生大事。並且有人以中庸所說「喜怒哀樂之未發，謂之中。」中，指着人性本體，中為未發，未發為靜，於是終生靜坐，使情慾不動，這已經偏於佛教的禪，不是孟子的本意。

為克慾，孟子主張求放心，不克使心被情慾引到各種人物事件上，紛擾不安，大學說：

「定而後能靜，靜而後能安，安而後能慮，慮而後能得。」（第一章）

在養育善端上，孟子又說不可求急，求急則同於「揠苗助長」（公孫丑　上），沒有益處，反有害處。孟子自己說明他修身進德，在集義以養浩然之氣。集義為養志，養志則可養氣。

浩然之氣，充塞天地，乃能「萬物皆備於我」。（盡心　上）

「萬物皆備於我」的境界，為中庸所說「唯天下至誠，為能盡其性。能盡其性，則能盡人之性，能盡人之性，則能盡物之性。能盡物之性，則可以贊天地之化育。」（第二十二章）

萬物的生命生命相通，同一生命之理。人能發揮人性之理，和宇宙萬物相通，人又誠於人性以修德，更能協助萬物發展生命，「仁民而愛物」，達到「與天地合其德」的「天人合一」至善境地。易經說：「夫大人者，與天地合其德，與日月合其明，與四時合其序，與鬼神合其吉凶。」（乾卦　文言）中庸說：「大哉聖人之道，洋洋乎發育萬物，峻極於天。」（第二十七章）

易經的大人，即是聖王，儒家哲學的終點，在「止於至善」，儒家求學的目標，在「終而為聖人。」聖人至誠，發揮整個人性與物性，實現全部的人生之道。

二、莊子養生

1. 自　然

道家的哲學，在國際哲學界常被看爲中國形上學的代表，老子的道德經被奪爲一册形上本體論，老子道家在哲學上的價值也被捧在儒家以上。老子講論無形之道，在中國哲學界確實是無先無後講論形上本體的思想，而且玄妙虛空，不是易經的卦象所可比擬的，但是若以爲老子講道祇是講本體哲學，則就錯了，老子講道的本體，目標也和儒家一樣，在講人生之道，易經以天道地道作爲人道的根本，老子以道的變化，作人道的根本。在道德經裏，充滿人生的原則。

莊子承接老子的思想，在形上本體論卻少予討論，對於人生之道則全書長談，以他放肆玄妙的筆法，寫出了道家玄妙的人生之道，所以道家的哲學，正正堂堂地是一種人生哲學，祇是和儒家的人生哲學，分道揚鑣。

老莊首先反對求學，不求先聖之學，也不求致物之學。人的知識本身有限，不能認識事物的本體，也不能辨別是非，莊子講齊物論，以是非相同，不是否認有眞理，但因人的有限

小知，不能認識眞理，祇知道眞理的小部份，不能作判斷。再者，有限小知對於人的生命，有害而沒有益，人生之道在於率性，率性出於自然，人若用自己的知識，便不自然，違反人性。

前代聖人制禮，制仁義道德規範，以人造的規律，限制人生命的發展，斲喪了人性。老子莊子極力攻擊倫理道德，甚至主張棄聖絕智，社會上的一切制度，所有的文化建設，稱爲進化的文明，實際上乃是退化的愚昧，五色使人目盲，五聲使人耳聾，毀棄這一切，歸眞反樸，人的生活才得快樂。

老莊的思想，以人和物完全相同，而且相通。人的生命和物的生命一樣，由氣而成，氣聚便有生命，氣散便是死亡，人生命的發展也和物生命的發展同一規律，卽是按照本性發展，一切物體自然率性而動，若遇着外面阻力不能率性時，則發生抵抗力，若抵抗不住，則將萎縮死亡，人的生命在同一的規律下生存。

孟子曾分人的生命，爲小體的生命，爲大體的生命。小體的生命有生理和感覺兩方面，這兩方面的生命，自然地按着本性而動，一反常則發生病痛。大體的生命爲心靈的生命，心靈自作主宰，心靈生命當然要率性，人心要指揮自己的活動便合於人性，所以說不是單純的「誠」字，而是「誠之」兩個字，要加上人的努力，荀子稱爲「僞」。人要努力，因爲人心

有情慾，情慾阻擋心靈按照人性而動。聖賢制定倫理規律，乃為相幫人克制情慾，伸張心靈的主宰力。

老莊不分人的生命為小體大體，人的生命為一個，生理感覺，理智，情感合成一個生命，心靈雖虛靈，能知能主宰；心靈的知和主宰，同生理與感覺相融，加強人生命率性的能力，給予人生命率性的快樂。心靈自然率性，沒有情感的阻撓，情感不是惡。所謂「發而皆中節」的節，本是人造的規律，沒有這些規律，就不會有中節不中節的問題。

老莊根本上以人性為善，人性在心靈和情欲的活動都是善。而且善惡和是非，都是人所造的，因為人使用有限的小知；若是人真正順性和萬物相通，一切自然流行。那時才有真正的知識和道德，才有大智大聖，大德不德。

但是老莊在實事上也不能否認人作惡，他們肯定這種現象是習慣和傳統所造成的，先前所謂聖人和明智人，制造了仁義，制造了文明，老莊主張廢棄這一切「民德歸順」。

老莊不引人作惡，善惡來自道德規律，乃是老莊思想的中心點。一棵樹的生長，無所謂善惡；一隻狗的生長，也無所謂善惡；一切按本性而動。人的生命，也無所謂善惡，一切率性。

人生命的率性，和物體的率性一樣，用不着心靈去「誠之」而努力，一切自然。

老莊的努力，就在於打破一切的制度和規律，反對一切人為的生活方法和方式。主張無

欲無為，消除一切障礙自然的阻力。

「大道廢有仁義，智慧出有大偽。六親不合有孝慈，國家昏亂有忠臣。」（道德經　第十八章）

「棄聖絶智，民利百倍，絶仁棄義，民復孝慈，絶巧棄利，盜賊無有。」（道德經　第十九章）

「道常無為而無不為，侯王若能守之，萬物將自化，化而有欲作，吾將鎮之以無名之樸。無名之樸，夫亦將無欲。不欲以靜，天下將自足。」（道德經　第三十七章）

「五色令人目盲，五音令人耳聾，五味令人口爽，馳騁畋獵令人心發狂，難得之貨令人行妨，是以聖人為腹不為目，故去彼取此。」（道德經　第十二章）

「物無非彼，物無非是，自彼則不見，自知則知之，故曰：彼出於是，是亦因彼，彼是方生之說也。雖然，方生方死，方死方生，方可方不可，方不可方可，因是因非，因非因是；是以聖人不由而照之於天，亦因是也。是亦彼，彼亦是，彼亦一是非，此亦一是非。果且有彼是乎哉，果且無彼是乎哉。若

窮，故曰莫若以明。」（莊子　齊物論）

「至德之世不尚賢，不使能，上如標枝，民如野鹿，端正而不知以為義，相愛
而不知以為仁，實而不知以為忠，當而不知以為信，蠢動以相使，不以為賜，
是故行而無跡，事而無傳。」（莊子　天地）

「是故古之明大道者，先明天而道德次之，道德已明而仁義次之，仁義已明而
分守次之，分守已明而形名次之，形名已明而因任次之，因任已明而原省次
之，原省已明而是非次之，是非已明而賞罰次之，賞罰已明而愚知處宜，貴賤
履位，仁賢不肖襲情，必分其能，必由其名，以此事上，以此畜下，以此治
物，以此修身，知謀不用，必歸於天，此之謂太平，治之至也。」（莊子　天道）

「且夫待鈎繩規矩而正者，是削其性也，待繩約膠漆而固者，是侵其德也，屈
折禮樂，呴俞仁義，以慰天下之心者，此失其常然也，天下有常然，常然者，
曲者不以鈎，直者不以繩，圓者不以規，方者不以矩，附離不以膠漆，約束不
以纆索，故天下誘然皆生，而不知其所以生，同焉皆得，而不知其所以得，故
古今不二，不可虧也。」（莊子　駢拇）

天，即是自然，人要能夠「知謀不用」，不自作聰明，「必歸於天」，一切使其自然。

莊子雖說：「民如野鹿」行仁義而不知道是仁義，並不肯定人和禽獸一般，沒有心靈的知識，或者絕對不用智識。老莊的自然論，把人的生命從智識的生命，提昇到與「道」相合的快樂生命。孔子也曾經說過，「知之者，不如好之者，好之者，不如樂之者。」（論語 雍也）人的生命在於在元氣中和「道」相合，脫離一切思慮，不從一切欲望，順着元氣而流過，生命逍遙在無窮之中，自覺悠然而樂。這種快樂雖是人樂，也是天樂。

「莊子曰：吾師乎！吾師乎鼈萬物而不為戾，澤及萬世而不為仁，長於上古而不為壽，覆載天地，刻彫衆形而不為巧，此之謂天樂。故曰：知天樂者，其生也天行，其死也物化，靜而與陰同德，動而與陽同波，故知天樂者，無天怨，無人非，無物累，無鬼責，故曰：其動也天，其靜也地，一心定而王天下，其鬼不崇，其魂不疲，一心定而萬物服，言以虛靜，推於天地，通於萬物，此之謂天樂。」（莊子 天道）

「推於天地，通於萬物。」如人之元氣，自行發展，不要有阻礙，便能達到天樂境界。

2. 養　生

莊子的生命哲學，以元氣為人生命的本質，以自然為生命發展的規律，以通於萬物為生活的目標，以至人的天樂為生命的至善。

莊子講養生，在元氣上下功夫。首先不要消耗元氣，力求虛靜。人若有欲，欲望刺激人行動，行動消耗元氣。人若自以為有才，有力必有用，有用則動，動則消耗元氣。無欲無為可以長生，行動消耗元氣。人若自以為有才，有力必有用，有用則動，動則消耗元氣。無欲無為可以長生，無才無用也可以長生。

子貢勸楚地一個種菜圃的老丈，作械以抽水，丈人言：

「吾聞之吾師，有機械者必有機事，有機事者必有機心，機心存於胸中，則純白不備，純白不備則神生不定，神生不定者，道之所不載也。吾非不知，羞而不為也，子貢瞞然慙，俯而不對。」（莊子　天地）

神不純白，便有機心，有機心便多謀，多謀使神不定，消耗元氣，多謀有為，多耗元氣，所以說「道所不載」，心要樸素純淨，無欲無謀，足以養生。

「吾生也有涯，而知也無涯，以有涯隨無涯，殆矣。」（莊子 養生主）

人若追求知識，知識的對象是道，道無涯，人盡一生之力，無法認識道，其他一切知識，都屬小知，不算知識。為追求知識，消耗元氣，「殆矣！」

文惠君聽庖丁殺牛而能保全刀的鋒利，「方今之時，臣以神遇，而不以目視，官知此而神欲行，依乎天理，批大郤，導大窾，因其固然，技經肯綮之未嘗，而況大軱乎！……文惠君曰：善哉！吾聞庖丁之言，得養生焉。」（養生主）同一篇在開始就說：「為善勿近名，為惡無近刑，緣督以為經，可以保身，可以全生，可以養親，可以盡年。」（同上）

「依乎天理」，使生命自然發展，不加人為的規矩，不雜事物的欲望，人心純樸，生活簡單。

生命的發揚，「官知此而神欲行」，人心知道依乎天理，無欲無為，虛靜自然；人心之神乃逍遙情發，通於萬物。人心之神卽是人的元氣，為生命的本質，元氣的發揚，在於「通」，在於「一」，和宇宙萬物相通，和宇宙萬物為一，為能通能一，原則是「順」，順乎自然。

「道生一」，一為元氣，元氣成萬物，萬物在元氣中相通，通而為一，為發揚人心之

神，莊子主張墮棄形骸，以心爲齋。人心所思所想，不是物質的事物；人生所需要的事物，越少越好，不養耳目，不求感官的快樂。人有身體，人心卻不想身體，好似沒有身體，或實行「坐忘」。

「墮肢體，黜聰明，離形去知，同於大通，此謂坐忘。」（莊子　大宗師）

人的形骸，構成身體，身體構成形色，形色構成了限制，限制構成一個人的空間和時間。空間和時間的限制，好似一個牢籠，把人的元氣精神關在裏面。人心是元氣，本可以不被形骸的空間時間所限制，但若人心常求滿足感官的要求，人心元氣就被限制了，墮棄形骸，「離形去知」，不想着身體，人心元氣乃能自在自知，飛出身體的空間時間以外，逍遙於宇宙之間。

莊子書的第一篇「逍遙遊」，以大鵬作比喻，描繪元氣生命的發揚。「鵬之背，不知其幾千里也，怒而飛，其翼若垂天之雲，是鳥也，海運則將徙於南冥，南冥者天池也。……鵬之徙於南冥也，水擊三千里，搏扶搖而上者九萬里。」（逍遙遊）

發揚元氣精神生命，人的精神「乘天地之正，而御六氣之辯，以遊無窮者。」

「天地之正」，是自然的原則，自然即天地的正道常道，元氣，一般解是陰陽風雨晴晦，又有解爲朝霞、正陽、飛泉、沉瀣、天玄、地黃、又有解爲春食、秋食、冬食、夏食、天玄、地黃。實際上元氣爲天地四時之氣，辯爲變，人的元氣和天地四時之氣相通，遨遊於無窮的道之中。

莊子講論生命的這種歷程：

「泰初有無，無有無名，一之所起，有一而未形，物得以生，謂之德；未形者有分，且然無間，謂之命。留動而生物，物成生理，謂之形。形體保神，各有儀則，謂之性。性修反德，德同於初，同乃虛，虛乃大合喙鳴，喙鳴合，與天地爲合，其合緡緡，若愚若昏，是謂玄德，同乎大順。」（天地）

莊子養生的方法，稱爲『至道』：

大順，澈底地自然，人的生命和天地萬物的生命相合，生命是氣，人的氣和天地的氣相合，又虛又大，似乎和宇宙萬物「合喙而鳴」相通爲一。

「至道之精，窈窈冥冥，至道之極，昏昏默默，無視無聽，抱神以靜，形將自正，必靜必精，形將自正，必靜必清，無勞汝形，無搖汝精；乃可以長生。目無所見，耳無所聞，心無所知，汝神將守形，形可長生。」（在宥）

至德的方法，就是『坐忘』，墮棄形骸，同時心也不要思索，不要貪欲，無欲無為。人有至德，便可以有至德之世。

「故至德之世，其行填填，其視顛顛，……萬物群生，連屬其鄉，禽獸成羣，草木遂長。是故禽獸可保羈而遊，鳥鵲之巢可攀援而闚，夫至德之世，禽獸居族，與萬物並，惡乎知君子小人哉！同乎無知，其德不離，同乎無欲，是謂素樸，素樸而民性得矣。」（馬蹄）

莊子的至德之世，較比儒家的大同之世，一個是草昧蠻荒之世，一個是文明建設之世。莊子的至德之世，假定人性絕對是善，不會偏於惡；儒家的大同之世，假定人性之善，可以由人心努力保全，先制情欲。但是，惡的現實，兩個世界都是理想的世界，都不能夠實現，

不能毀滅，草昧蠻荒進於文明，文明帶來機巧，營私求利，天下不安，生命不能有發展的道

路，老、莊和孔、孟乃以人生之道敎人。莊子希望可以有人追隨他，沒有至德之世，能有至

德的人，發展生命，和萬物相通，「道通爲一，其分也成也，其成也毀也，凡物無成與毀，

復通爲一。唯達者，知通爲一。」（道遙遊）

達者能知通爲一，使生命達到至人的境界，遨遊天地之間，入水不沉，入火不焚，和天

地而長終。

三、見　性

1. 人　生

佛敎哲學和宗敎信仰連結在一起，宗敎信仰全部關係人生，佛敎哲學便貫注在人生。

佛敎信仰以人生爲痛苦，在生老病死的連續痛苦中渡過。佛敎信仰的目的，便在於脫免

痛苦，以得幸福。佛敎乃有「苦、集、滅、道」的四諦，人生爲痛苦，便要尋找結集痛苦的

緣由，尋得了緣因，設法消滅這些緣因，以得永遠幸福之道。

人生是痛苦，爲一種不能爭辯的事實，人人都有經驗。釋迦年靑時，居在王宮，父王千

方百計使他不受人生的困擾。但他偶而在社會上的見聞，就使他肯定人生痛苦的事實，便出家修道，尋求消滅人生痛苦之道。

釋迦一方面藉當時流行的印度哲學，一方面用自己的靈感，建立了自己的敎義。

痛苦的來源，由於人自己尋求自己的享受，尋求自我的滿足。這種心態來自兩個因素：

一、相信有自我：二、相信有萬物。這兩個因素，一個是『我執』，一個是『物執』。這兩個因素又有自己的因由，因由是無明，無明是愚昧，愚昧是人自作聰明。自我本來是空，本來不存在，萬物本來也是空，也不存在。人自作聰明，相信爲有，有我，有萬物，人乃貪求自我享受，痛苦由貪欲而生。

人爲什麼起了『我執』和『物執』的愚昧呢？是因爲一個因緣連結一個因緣而造成，不單是因緣相連，而且是人的一生和一生，卽是前生現生來生三世的相連而造成，人生的相連，佛教稱爲輪廻。

輪廻有十二個因緣，佛教稱爲十二因緣論。十二因緣爲：無明。行、識、名色、六入、觸、受、愛、取、有、生、死、這十二因緣中的無明和行，屬於前生；識連接前生和現生，名色、六入、觸、受、屬於母胎期；愛、取、有屬於現生；生與死，由現生轉於來生。

因着人的愚昧無明，產生有漏的惡性行爲，人有『我執』的意識。這個自我意識在死時

不滅，輪廻轉入母胎，便有名色的身體，卽是胚胞，胚胎有六入的感官，由感官而有感觸，由感觸乃生感受，由感受產生愛惡的情慾。有情慾便有取捨，由取捨就有因果，現生之因再生來生之果，世世輪廻。

所謂自我，由十二因緣所成，自我的一切行爲，和前生行爲所種的因相連，視爲前生的果報。自我只是一串因緣的連結所成，沒有本性，沒有本體。

這個沒有本性本體的自我，又造出各界的宇宙萬物，佛教稱爲萬法。

小乘佛教接收印度的哲學思想，以萬法爲有，由微塵，或由地水火風四大元素所成。然而小乘也主張「無我」。

大乘佛教的唯識宗，以萬法爲識所成。人有八識：眼、耳、鼻、舌、身、心，爲前六識，末那識和阿賴耶識爲後兩識。前六識的五識爲感覺，心爲意識，爲分別識。心，連結前後八識，感覺沒有心的意識，不能分別，等於沒有知識。末那識爲評判，可以是正確的智慧，可以是無明的我物兩執，阿賴耶識乃是全部知識的樞紐。第八識阿賴耶識也稱爲藏識，藏有認識的種子。

種子是認識能力，由前生行爲所結成。前生每椿行爲在心中留下一個種子，每個種子具有重現當時行爲所有認識的對象。在現生的生活裏，遇到前生一椿行爲的相同境遇，相同境

遇薰習，卽是激動相同的種子，種子重視相同的對象，就好比一顆種子結自己的果。種子重視對象，稱爲造境，感官遇着對象便生相同的感覺，心的意識加以分別，乃成知識，知識的客觀對象，並不存在，祇由種子所現，所以說「萬法唯識」。

所以說：自我、萬法、生命都是一種幻覺，自我是空，萬法是空，生命是空。

2. 見 性

一切都是空，說來容易，實際上實現這種說法卻非常困難。每個人都確實體驗到自我存在，都體驗到萬物也存在，另外體驗到生命的痛苦快樂，怎麼能夠一筆勾消？就如老莊說人生回到草昧的時代就能幸福，一般人卻親自體驗到自心追求衣食住的享受，怎麼能夠棄聖絕智呢？

大乘佛敎乃建立一套哲學，來說明一切。釋迦佛開始傳道時，立時從哲學的中心點開始，講華嚴經，聽衆不能夠懂，釋迦乃改由淺入深，由小乘開始，我們可以由華嚴和天台宗開始來講。

宇宙萬法有一原起，原起爲唯一的絕對實體，稱爲眞如，或稱爲佛。眞如爲永恆的實有，不生不死，不變不改，無限無窮，永恆存在，本體淸淨光明，無塵無垢。

真如向外有所表現，大乘起信論說真如有兩門：本體門，生滅門。真如本體不變，對外有表現，所有表現則有生滅，天台宗以真如具有染性，向外表現為染性發展。華嚴反對天台宗的染性，以真如自性向外表現，稱為性起論。真如向外發表，有如黑格爾的絕對精神，有正反合的演變，正為精神本體，反為本體向外表現，合為表現回到精神本體。真如的表現，好似海水的波浪，海水為真如，波浪為宇宙萬法，宇宙萬法雖為空，然有真如為本體，因此大乘圓教的天台和華嚴宗都倡三乘論：空、有、中，不空不有，亦有亦空，一切中道。

大乘天台宗和華嚴宗都倡止觀，由真如觀看萬物，看到萬物和真如的關係，彼此相通，一真如進入一切萬法，一切萬法進入一真如，一切萬法又互相進入：造成：

一入一切，

一切入一，

一切入一切，

萬法互融，一切圓融，

沒有空

沒有有

真如為一切萬有的實性實體，人的自我沒有實性實體，自我的實性實體，乃是真如，自

我是假我，真我是真如，人心是假心，真心是真如。

假心，認識真如，人就能斬斷輪迴的環套，和真如相合，進入『涅槃』，這種工作，稱為明

心見性，稱為般若智慧，稱為得道，也就是「苦、集、滅、道」的『道』。

海水和海波相連，海水在海波內；真如在人心內，稱為如來藏，稱為佛性。人若能參破

佛教各宗都講得道的方法，總括說來，有消極和積極兩方面。在消極方面的方法，是戒

律；在積極方面是坐禪。戒律禁止惡行，消除情慾，使人六根清淨，普通信徒，戒律很少。

在佛教的評價中，雖然人人都有佛性，都可以成佛；但是因着慾情，常在俗事裏轉來轉去，

身後逃不了輪迴的轉生，普通人死後，有五趣，可以走向五條路：天、人、餓鬼、畜生、地

獄。除了轉生為人或畜生，天、餓鬼、地獄、三條路上接受了應受的報應後，仍要轉生人世

為人為畜。戒律可以使人不作惡，減輕或消除來生的惡報，也增多行善的機會。

行善，以善行增加無漏種子，增長人的智慧，善行中以施捨，供奉為最好，施捨，助人

解困，捐助僧尼生活費用（稱為施主），供奉佛像，參與法會。

祇有真如。

最重要的方法，在於般若智慧。各宗敎訓人知道萬法皆空，進而認識中道，爲得般若智慧，僧尼便實行坐禪。僧尼的戒律已經很多，情慾應該消除，然尚要精進，空虛自己的心。

坐禪便是空心的方法，使人心洗淨雜念，進入禪定。

禪宗則以頓漸兩條途徑，達到成佛。成佛不入涅槃，留住人世。成佛的生活，爲禪觀的生活，由眞如以觀宇宙萬物，一切圓融，一切平等，沒有是非，沒有對立。而且體驗和絕對眞如相法的生活，不能以言語表達，禪宗乃不立文字，禪師的語錄，看來充滿矛盾，了無意義，然而藏有般若智慧，不以平常語意解釋。達到這種境界，痛苦消除了，享受淸淨平安。

十五　仰古治今，留芳百世

——歷史哲學

一、歷史哲學

1. 喜愛歷史

中國人對時間，以現在為主，連結以往和將來，仰看以往，則「信而好古」（述而），「祖述堯舜，憲章文武。」（中庸 第三十章）俯視將來，則「君子疾沒世而名不稱焉」（衛靈公）。所以行為是人的生活，生活是生命的活動，生命不是單獨的片段，不是落地的枯葉。生活在一個人身心裏，繼續流入永恒，永恒則超出時間。生活在宇宙裏，貫穿萬物，長流不息。人類的生命，更是由祖宗傳子孫，代代繼續。

生命的活動而成的行為，雖然有點像海水的波浪，片刻消逝；然而因為人的心靈，是一個精神的攝影膠捲，人的每樁行為，都印在心靈膠捲上，永留長存。　生活的行為，既為生命的表

現，應該有助於生命的發展，生命自然也傾於自己的發展。孟子所以說：『可欲之謂善。』

（盡心下），善是有益於生命，便為生命所想望；若是行為有害於生命，則不為生命所追求，便是惡。善的行為，大家看來都是可想望的，都可以作行為的模樣，因為人的生命相同，生命的想望也相同；身體的生命是這樣，心靈的生命也是這樣。有的行為有益於心靈，有的行為有益於身體，有的食物有害；人們便有食譜，有醫學本草綱目。中國人所以看重歷史，仰看古人的事，以作當今生活的指標；善的往事，供現代人效法，惡的往事，提醒人防避。乃有『仰古以治今』的標語。尤其治國的人君，要研究古代的歷史，尋找治國的途徑。

中國人對於生命，非常愛惜。現世的生命卻又非常的短，中國人乃以家族的生命作個人生命的延續，子嗣祭父祭祖先，表示生命延續在子嗣中。心靈的生命，是否在死後仍然延續，雖然相信魂死不散，但是不明顯相信人魂長久不滅。中國人便相信『名』可以長留後世的人心中，乃有『三不朽』的主張，「立德、立功、立言」，以自己的善行，供後人景仰效法。若是不幸作了惡，受後代的責罵，則比法庭的刑罰更可怕。『流芳百世』，『遺臭萬年』，在中國人心目中，常常發出警告的聲音，似乎是寺廟裏的「幕鼓晨鐘」。孔子把這種「暮鼓晨鐘」作成了「春秋」，形成了歷史的褒貶。歷史的褒貶使中國人愛歷史也怕歷史，也促成

了中華民族的一種特色：一部有系統的民族歷史——二十五史。

2. 天命史觀

中國的第一冊歷史書，是尚書。

歷史，爲以往的事實，由每個人所作，歷史便是人的往事，每個人所作的事很多，自己都記不清楚，何況別人。但是有些個人的事，和大家有關係，或是爲大家作的，或是對大家有影響，大家便願意知道，把它記錄下來，就成了我們通常所說的歷史。大家的事情裏，國家的事最重要，我們普通所說的歷史，就是國家的歷史。在中國古代，國家由朝廷作代表，朝廷是皇帝的朝廷，皇帝便代表國家，「朕卽天下」。

尚書所記述的歷史，爲堯舜禹湯文武周公等人的政治言論，言論裏包含有政治原則，也包含有史事。從這些言論所包含的原則和史事，可以提出中國歷史的第一項原則，卽「天命史觀」。代表中國的皇帝由上天所選，皇帝要遵照上天的意思去治國，中國的歷史由上天掌管。

湯王伐桀，作「湯誓」誓師說：「夏氏有罪，予畏上帝，不敢不正。……爾尚輔予一人，致天之罰。」

武王伐紂，作「牧誓」誓師說：「今商王受，惟婦言是用，昏弃肆祀，弗荅。……今予

發，惟恭行天之罰。」

湯王武王，由上天遣派，接承王位。自稱奉行天命，進行天罰。周公作「大誥」說明文

王武王接受上天的命，治理國民：「予惟小子，不敢替上帝命。天休于寧王，興我小邦周；

寧王惟卜用，克綏受玆命。今天其相民，矧亦惟卜用。嗚呼，天明畏，弼我丕基。」周公又

作「酒誥」說：「惟天降命肇我民，惟元祀。」尚書的周書裏，很多說周王室因天命而興的

話。孟子特別說明這一點：

「萬章問曰：堯以天下與舜，有諸？ 孟子曰：否！ 天子不能以天下與人。 然則舜有天

下，孰與之？曰：天與之！」（萬章上）

「萬章問曰：人有言，至於禹而德衰，不傳於賢而傳於子，有諸？ 孟子曰：否！ 天與

賢，則與賢；天與子，則與子。」（萬章下）

中國後代的皇帝每次下詔書，開端說：「奉天承運」，「奉天」是奉上天的命，「承運」

是承行氣運，皇帝作皇帝是奉行天命和承行氣運。氣運為「氣運史觀」，由易經和戰國的陰

陽五行思想而成，間接也表示「天命史觀」。

皇帝奉天命登上王位，治理國家，必須遵照上天的意思，造福人民。「天降下民，作之

君，作之師。」（書經 泰誓）君王要養民，也要教民。書經的「皋陶謨」和「洪範」兩篇，說明了這種思想：「天敍有典，……天秩有禮，……天命有德，……天討有罪，……天聰明，自我民聰明，天明畏，自我民明威。達于上下，敬哉有土。」（皋陶謨）「箕子乃言曰：……我聞乃昔，鯀陻洪水，汩陳其五行，帝乃震怒，不畀洪範九疇，彝倫攸斁，鯀乃殛死。禹乃嗣興，天乃錫禹洪範九疇，彝倫攸敍。」（洪範）皇帝治國，遵行天道，以仁義作政治理想。

「皋陶謨」和「洪範」兩篇，敍述了中國帝王行政的大原則，以倫理道德為本，造成了中國的倫理史觀。孔子作春秋，發揮了這種歷史哲學。

上天既然選立皇帝，命令皇帝按照倫理規律治國，也就實行賞罰，皇帝行善，有賞，行惡，有罰。對皇帝的賞罰，影響到全國民。中國的歷史，便操在上天的掌管中，漢朝興起「天人感應說」，因着皇帝的善惡，自然界產生祥瑞或災異的現象，這些現象預先表示上天的賞罰，對於皇帝有警告的功能。整個中國的廿五史，充滿了這種祥瑞和災異的事，顯示出中國古人對歷史的演變，相信常在上天的掌管下進行，歷史操在上天的手中。

3.　倫理史觀

中國的第二本歷史書是孔子所作的春秋。

孟子說：「王者之迹熄而詩亡，詩亡，然後春秋作。晉之乘，楚之檮杌，魯之春秋一也。其事則齊桓晉文，其文，則史。孔子曰：『其義則丘竊取之矣。』」（離婁 下）

孔子自信負有傳承堯舜之道的使命，「文王既沒，文不在兹乎？天之將喪斯文也，後死者不得與於斯文也。天之未喪斯文也，匡人其如予何？」（子罕）他週遊列國，尋找諸侯用他執政，能夠把堯舜之道用在政治上，作爲模範，流傳後世。諸侯卻沒有給他執政的機會，孔子回到魯國，專心教育學生，整理古經書，刪詩、書、正禮樂，子曰：「吾自衛反魯，然後樂正，雅頌各得其所。」（子罕）弟子們傳授孔子整理過的經書，堯舜之道乃得流傳後世，孔子說自己「述而不作，信而好古，竊比於我老彭。」（子罕）但是他還怕在政治方面的史事，執政的人不行堯舜之道，堯舜之道只留在書簡裏，他乃作春秋，用堯舜之道批評以往的史事，堯舜之道在實用方面爲「禮」，孔子所以說「非禮勿視，非禮勿聽，非禮勿言，非禮勿動。」（顏淵）孔子作春秋，按照禮規，褒貶古來的人物。褒貶的方法，不是加評語，對人物予以批評，是用「書法」在用字方面表現褒貶。因此，春秋成爲一册歷史哲學書，在一句話裏含有他的道德史觀，孔子從倫理道德方面批評歷史。

「春秋」記事，用編年的體裁。所記歷史，共兩百四十二年，從魯隱公元年開始。歷史的資料，是當時各國的歷史册子，「晉之乘，楚之檮杌，魯之春秋。」一句話記一椿史事，句

中的人、地、時、事，都按照禮規予以恰當的名字。例如：「夏五月鄭伯克段于鄢。」左傳

解釋說：「書曰：鄭伯克段于鄢，段不弟，故不言弟，如二君，故曰克。鄭伯，譏失敎也。

謂之鄭志，不言出奔，難之也。」

春秋有書法，即是用字的法。用字，按照禮規，記不記一椿事，也按禮規，春秋所用禮

規稱爲「大義」，所以稱爲「春秋大義」。應用「大義」，便有「義法」。大義，義法，書

法，就是春秋褒貶的原則。這些原則，都是倫理的原則。春秋便代表「倫理史觀。」

公羊傳講春秋之義：

春秋貴賤不嫌同號。　（隱公七年）

春秋錄內而略外，於外大惡書，小惡不書；於內大惡諱，小惡書。　（隱公十年）

春秋君殺，賊不討，不書葬。　（隱公十一年）

春秋有譏父老，子代從政者。　（桓公九年）

春秋伯子男一也。　（桓公十一年）

春秋君弒，子不言即位。　（莊公元年）

春秋爲賢者諱。　（莊公四年，僖公十七年，廿八年，明公廿年）

春秋伐者爲客。（莊公廿二年）

春秋敵者言戰。（莊公三十年）

春秋爲尊者諱。（閔公元年）

春秋不書晦也。（僖公十六年）

春秋辭繁而不殺者，正也。（僖公二十二年）

春秋內其國而外諸夏，內諸侯而外夷狄。（成公十五年）

春秋賢者不名。（襄公廿九年）

春秋不待貶絕，而罪惡見者。（昭公元年）

春秋雖無事，首時過則書。（隱公六年）

穀梁傳講春秋之義：

春秋成人之美，不成人之惡。（隱公元年）

春秋貴義不貴惠，信道不信邪，孝子揚父之美，不揚父之惡。（隱公元年）

春秋之義，信以傳信，疑以傳疑。（桓公五年）

春秋之義，諸侯與正不與賢。（隱公四年）

春秋之義，已伐而盟者，則以伐致，盟不復伐者，則以會致。（襄公十九年）

春秋之義，用貴治賤，用賢治不肖，不以亂治亂也。（昭公四年）

書尊及卑，春秋之義也。（桓公二年）

春秋著以傳著。（莊公七年）

君子不以親親害尊尊，此春秋之義也。（文公二年）

兩下相殺，不志乎春秋。（宣公十五年，昭公八年）

春秋不以嫌代嫌。（昭公十三年）

春秋有三盜：微殺大夫，謂之盜；非所收而取之，謂之盜；辟中國之正道以襲利，謂之盜。（哀公四年）

這些義法，三傳各有標述，以說明孔子作春秋評斷史事的標準，義法演出書法，書法又演出凡例。後代作注解的人，越說越多。清末的公羊學派更以孔子托古改制，愈說愈亂。究其實，孔子以倫理思想，按照禮規批評史事。最重要點在於：尊王大一統，尊王攘夷，正名。以書法寓褒貶，使「亂臣賊子懼。」（孟子　滕文公　下）

孟子又說明，孔子作春秋的目標：「世衰道微，邪說暴行有作，臣弒其君者有之，子弒其父者有之。孔子懼，作春秋，春秋，天子之事也。是故，孔子曰：知我者，其惟春秋乎！

罪我者，其惟《春秋》乎！」（滕文公 下）孔子的目標，在把他所承傳的堯舜之道，在實事上怎樣表現出來，作為後世的範疇。後世的史家，都接受了孔子的倫理史觀，中國的二十五史，都是按照倫理史觀寫成的。

4. 氣運史觀

天命史觀的意義本身很單純，在解釋上卻很複雜。在孟子的書裏已經發生了這種問題。

「萬章問曰：堯以天下與舜，有諸？孟子曰：否！天子不能以天下與人。

曰：然則舜有天下也，孰與之？

曰：天與之。

天與之者，諄諄然命之乎？

曰：否！天不言，以行與事，示之而已矣。

曰：以行與事，示之者，如之何？

曰：天子能薦人於天，不能使天與之天下……昔者堯薦舜於天，而天受之，暴之於民，而民受之。故曰天不言，以行與事示之而已矣。……使之主祭而百神

孟子主張天選擇君王的命定，由人民的心表現出來，這可以說是後世民選總統的理論。

在上古時代，沒有選舉的制度，民心的向背不能正確地表現出來。孟子主張「民爲貴，社稷次之，君爲輕」，是故得乎丘民而爲天子。」（盡心下）古代的君王則不採納孟子這種主張，對於民心不肯注意。戰國的學者和漢朝的儒家乃提出氣運的思想，以氣運解釋天命。

易經講論宇宙的變易，以陰陽爲宇宙變易的原素。「一陰一陽之謂道，繼之者善也」，成之者性也。」（繫辭傳上　第五章）陰陽變易有一定的原則，在原則裏面最重要的一項是循環的原則。易經的「復卦䷗朋來無咎，交復其道，七日來復，利有攸往。」周易本義註說：自五月姤卦䷫一陰始生，至此七爻，而一陽來復，乃天運之自然。」漢朝易學家以六十四卦配四季，五行代表氣運。戰國鄒衍創「五德終始說」，五行的氣爲德，德爲一種力，力由顏色代表：木爲青，火爲赤，金爲白，水爲黑，土爲黃。每個朝代爲五行的一德所成，按照五行

享之，是天受之」，使之主事而事治，百姓安之，是民受之也。天與之，人與之。故曰天子不能以天下與人。……泰誓曰：天視自我民視，天聽自我民聽，此之謂也。」（萬章上）

相生相尅的次序相繼承。

漢朝儒者講述五行相生相尅的次序：「木生火，火生土，土生金，金生水，水生木⋯此

其父子也。」（春秋繁露，五行之義）「五行所以相害者，大地之性，衆勝寡，故水勝火；精勝

堅，故火勝金；剛勝柔，故金勝木；專勝散，故木勝土；實勝虛，故土勝水也。」（班固，白

虎通論，五行）

按照這種標準，〈史記〉「封禪書」說：

「秦始皇旣並天下而帝，或曰：黃帝得土德，⋯⋯夏得木德，殷得金德，⋯⋯

周得火德，⋯⋯今秦變周，水德之時。⋯⋯以十月為歲首，色上黑。」

王莽自己作了一幅五德終始次序，以自己為土德，土由火生，可以代漢為皇帝。

包羲、神農、黃帝、少皥、顓頊、嚳、堯、舜、禹、商

木　火　土　金　水　木　火　土　金　水

周、漢、新莽

木　火　土

五德終始說在漢朝以後，不被史家採用，但是氣運的思想，則常留在中國的歷史裏，每位皇帝都自稱「奉天承運」，「承運」以氣運代表天命，天命由氣運表現出來，氣運不以五德終始去表現，而由天人感應來顯示。天人感應是人行事的氣，和天地的氣互相感應，在自然界產生祥瑞或災異的現象。

這些現象預先顯示上天將行賞罰。

象。

祥瑞的現象，有珍禽、異獸、靈菌等物；災異的現象有日食、月食、地震、水旱等現

「帝王之將興也，其美祥亦先見，其將亡也，妖孽亦先見，物故以類相召也。

……天有陰陽，人亦有陰陽，天地之陰氣起，而人之陰氣應之而起；人之陰氣起，而天地之陰氣亦宜應之而起，其道一也。」 (春秋繁露　同類相動)

清朝初年，王夫之作史論，一方面繼承孔子作春秋的道德史觀，一方面繼承易經的氣運史觀。

但是他不採納五德終始說和天人感應說，他從氣運的自然變化原則，構成了他的氣運史觀。易經講陰陽之變，講到了「幾」，「幾」為氣變的開始，由「幾」成「勢」，氣運以「勢」作象徵。在自然界氣變成風，風變有勢，風大則勢大，風小則勢小，勢成為一種力。

颶風的勢力可以拔山倒海。 王夫之乃有「勢」的氣運史觀：

「勢極於不可止必反，而後能有所定。」王夫之宋論卷八、頁七。

「極重之勢，其末必輕，輕則反之易也，此勢之必然者也。順必然之勢者，理也；理之自然者，天也。」王夫之宋論卷七、頁一。

「勢無所藉，幾無所乘，一念猝興，圖度天下而斯必至於天子者，自古迄今未之有也。帝王之興也，無心干祿而天命自歸，先儒言之詳矣，非虛加之也。」王夫之宋論卷十、頁二。

「以勢震人者，其傾必速。震之而不震者，其守必堅。」王夫之宋論卷十、頁二十二。

「大勝不以力，大力不以爭，大爭不以遽，故曰小不忍則亂大謀。」王夫之春秋家說、卷一、頁廿六

「理有必順，勢有必均，偏有必傾，咎有必悔。」春秋家說、卷一、頁二十。

「受天下之歸，太上得理，其次得情，其次得勢。」春秋家說、卷三、頁廿二

王夫之爲一位歷史哲學家，著有讀通鑑論和宋論，又著有研究春秋的專書，他評論歷史以倫理史觀爲基本，然又特別注意氣運說。他的氣運史觀擺脫了五行終始和天人感應的迷信，根據易經的宇宙變化原則，由自然科學知識去解釋。易經的宇宙變化爲天道地道，天道和地道的變化原則應用於人道。這個應用就是歷史哲學的基礎。

在中華民族歷代的生活中，常有一個信念：人事常循環變易。盛衰、貧富、分合，常互相繼續，有盛必有衰，衰後再轉盛，有分必有合，合久了必生分；有貧必將有富，富後流於貧。朝廷是這樣，家庭也是這樣，個人事業也能這樣。這種觀念深深地根植在中國人心中，歷代名賢的家書，常常以這種道理教訓家人。

二、史　論

中國廿五史，由名家執筆，執筆者爲史學家，同時也是文學家，而且還是思想家。對於史事，不僅仿效孔子的春秋義法，還常加有自己的評論。不修史書的文學家，在散文裏常作史論；因此史論成爲中國文學的一類，顯示中國人普遍地注意歷史，常念着「留芳」或「遺臭」的大事。

1. 史家的史論

史馬遷作「史記」，有著作的目標：「亦欲以究天地之際，通古今之變，成一家之言。」（司馬遷、報任少卿書）以天地變化的原則，研究古今人事的變遷，以自己的文章，寫成一種文學作品。在歷史本文以後，常加「太史公曰」，說明他的評語。在「秦始皇本紀」後，寫了一篇很長的史論，說明秦朝滅亡在於皇帝不道：「故秦之盛也，繁法嚴刑而天下振，及其衰也，百姓怨望而海內畔矣。故周五序得其道，而千餘歲不絕，秦本末並失，故不長久。由此觀之，安危之統相去遠矣。野諺曰：前事之不忘，後事之師也。是以君子為國，觀之上古，驗之當世，參以人事，察盛衰之理，審權勢之宜，去就有序，變化有時，故曠日長久，而社稷安矣。……故先王見始終之變，知存亡之機，是以牧民之道，務在安之而已，天下雖有逆行之臣，必無響應之助矣。故曰安民可與行仁義，而危民易與為非，此之謂也。貴為天下，富有天下，身不免於戮殺者，正傾非也，是二世之過也。」這篇史論詳細分析秦國行政的得失，成為後代文人作史論的典型。

在「項羽本紀」後，太史公的評論，指出項羽敗亡的原因：「……羽非有尺寸，乘勢起隴畝之中，三年遂將五諸侯，滅秦，分裂天下而封王侯，政由羽出，號為霸王，位雖不終，

近古以來，未嘗有也。及羽背關懷楚，放逐義帝而自立，怨王侯叛己，難矣！自矜功伐，奮

其私智而不師古，謂霸王之業，欲以力征，經營天下，五年卒亡其國，身死東城，尚不覺

悟，而不自責，過矣！乃引天亡我，非用兵之罪也，豈不謬哉。」

對漢高祖本紀，司馬遷評論說：「太史公曰：夏之政，忠，忠之敝，小人以野。故殷人

承之以敬，敬之敝，小人以鬼。故周人承之以文，文之敝，小人以僿，故救僿莫若以忠。三

王之道，若循環終而復始。周秦之間可謂文敝矣，秦政不改，反酷刑法，豈不繆乎！故漢

興，承敝易變，使人不倦，得天統矣。」在政治方面，標出循環的原則。

漢書中班固在「漢高帝本紀」後，作評語引劉向的話：「劉向云：戰國時劉氏自秦獲於

魏，秦滅魏遷大梁。……及高祖即位，置祠祀官，則有秦、晉、梁、荊之巫，世祠天地，綴

之以祀，豈不信哉！由是推之，漢承堯運，德祚已盛，斷蛇著符，旗幟上赤，協於火德，自

然之應，得天統矣。」很明顯地採納五德終始說。

漢書在一篇本紀後，常加「贊曰」，等於評語。這種評語和「太史公曰」有些不同，

「贊曰」祇說好，「太史公曰」則好壞兼說。漢惠帝本紀的「贊」，尚稱得體：「贊曰：孝

惠內修親親，外禮宰相，優寵齊悼趙隱，恩敬篤矣。聞叔孫通之諫則懼然，納曹相國之對而

心悅，可謂寬仁之主。遭呂太后損至德，悲夫！」

後世的史書，不由當代的史臣去修，由後一代的朝廷修前代的史，「贊語」則能彙論善惡。歐陽修的新唐書所有「贊語」，常能中肯。他作「唐太宗本紀」的贊語：「甚矣，至治之君，不世出也，禹有天下，傳十有六王，而小康有中興之董。湯有天下，傳二十八王，而其甚盛者，號稱三宗。武王有天下，傳三十六王，而成康之治與宣之功，其餘無所稱焉。雖詩書所載，時有闕略，然三代千有七百餘年，傳七十餘君，其卓然著見於後世者，此之七君而已。嗚呼！可謂難得者也。唐有天下，傳世二十，其可稱者三君，玄宗憲宗皆不克其終，盛哉！太宗之烈也！其除隋之亂，比迹湯武，致治之美，庶幾成康，自古功德兼隆，由漢以來，未之有也。至其牽於多愛，復立浮圖，好大喜功，勤兵於遠，此中材庸主之所常爲。然春秋之法，常責備於賢者，是以後世君子之欲成人之美者，莫不嘆息於斯焉！」歐陽修舉出「春秋義法」又標明論語的君子品格，作史論便常用孔子的思想作根據。他修新五代史也常根據這種原則修史，陳師錫作「新五代史序」，序中說：「惟廬陵歐陽公，慨然以自任。蓋潛心累年而後成書。　其事跡實錄詳於舊記，而褒貶義例，抑仰春秋，由遷固以來，未之有也。」

2. 散文的史論

中國散文爲文學主流，散文中又以論述文爲主，然而遊記文卻佔散文許多份量，史論文也不少。左傳、國語、戰國策雖爲散文，應該視爲歷史專集，「東萊博議」則可算爲史論文。然而這册書的作者，常以反面文章爲正，評論古事，不依據孔子的春秋論理史觀，學者便不認爲正統的史論文，而列爲遊戲的史論文。從「古文觀止」所選的古文裏，三蘇的史論文章最多，蘇洵更長於作這類文章。他的「管仲論」結尾評語說：「夫國以一人興，以一人亡，賢者不悲其身之死，而憂其國之衰。故必復有賢者而後可以死，彼管仲者，何以死哉！」

蘇洵批評管仲，依照賢人謀國的原則，死以前，舉薦賢人。管仲沒有舉薦，蘇洵便把齊國後來的亂，歸罪於管仲。

蘇軾作「刑賞忠厚之至論」，結語引述春秋義法：「夫君子之已亂，豈有異術哉！時其喜怒，而無夫乎仁而已矣，春秋之義，立法貴嚴，而責人貴寬，因其褒貶之義，以制賞罰，亦忠厚之至矣。」作「范增論」和「留侯論」，都以倫理足觀批評兩人，評范增說「增年已七十，合則留，不合則去，不以此時（方羽殺卿子冠軍）明去就之分，而欲依羽以成功名，陋矣！雖然，增，高年之所畏也，增不去，羽不亡。嗚呼！增亦人傑也哉！」評留侯說「當淮陰破齊而欲自王，高祖發怒，見於辭色。由是觀之，猶有剛強不能忍之義，非子房其誰全之。太史公疑子房以爲魁梧奇偉，而其狀貌乃如婦人女子，不稱其志義。嗚呼，此其所以爲

子房歟。」子房能忍，乃能成大事，且能保全身體聲譽。

明唐順之作「信陵君救趙論」，結語說：「古者，人君持權於上，而內外莫敢不肅。則信陵安得樹私交於趙、趙安得私救請於信陵，如姬安得銜信陵之恩，信陵安得賣恩於如姬。履霜之漸，豈一朝一夕哉。由此觀之，不特衆人不知有王，王亦自爲贅旒也。故信陵可以爲人臣樹黨之戒，魏王可以爲人君失權之戒。春秋書葬原仲，譏帥師。嗟夫！聖人之爲慮深矣！」

清初王夫之爲史論專家，所著讀通鑑論和宋論，已經成了史論的名著。我曾在《中西歷史哲學之比較研究》一書中，簡單地說：

「上面抄引了好幾段王夫之評論史事的理論原則，或推演易經的道理，或習用傳統的政治理想，然都歸到倫理的觀點。他反對五德終始說，也不堅持正統說：然而他保守天命的歷史觀，以皇帝受天命而登極，在南北朝和五代的混亂時期，天命不顯，君主暴虐，因此人臣終於一君的原則，不能過於嚴格。他認爲歐陽修以五代少有忠臣的批評過於刻薄。然而無論若何，倫理道德的原則，必要隨時遵守。」

史學家評論史事，乃理所當然；寫文章的人都作史論文，則表示大家都注意歷史，這種心理來自中國人的「仰古以治今」的傳統。司馬遷責備項羽「奮其私智而不師古。」孔子則說自己「述而不作，信而好古。」造成了中華民族看重歷史的特性。

十六　藝術美化宇宙和人生

——藝術哲學

一、美的哲學

中國哲學有一種特性，普通不被學者注意。現代哲學已經和美學分離，美學成爲一項特別哲學。在中國傳統的哲學裏，美學包括在哲學裏，而且整體的中國傳統哲學穿戴着藝術的彩衣。在檢討宇宙和人生時，常用藝術家的審美眼光去看。宇宙不僅是生命的洪流，並且是美麗的生命。

1.　孔子論「文」

「子夏問曰：巧笑倩兮，美目盼兮，素以爲絢兮，何謂也？子曰：繪事後素。曰：禮復乎？子曰：起予者商也，始可與言詩也。」（八佾）朱熹註說：「考工記曰：繪畫之事後素

功，謂先以粉地爲質，而後施五采，猶人有美質，然後可以文飾。」

孔子在敎育上很注重「文」，論語中有：

「子曰：弟子，入則孝、出則弟、謹而信，汎愛衆而親仁。行有餘力，則以學文。」（學而）

「子謂韶盡美矣，又盡善也。武盡美矣，未盡善也。」（八佾）

「子曰：質勝文則野，文勝質則史；文質彬彬，然後君子。」（雍也）

「子曰：知者樂水，仁者樂山，知者動，仁者靜。知者樂，仁者壽。」（雍也）

「子曰：志於道，據於德，依於仁，游於藝。」（述而）

「子在齊聞韶，三月不知肉味。曰：不圖樂之至於斯也。」（述而）

「子曰：大哉堯之爲君也！巍巍乎，唯天爲大，唯堯則之；蕩蕩乎，民無能名焉；巍巍乎，其有成功也，煥乎其有文章。」（泰伯）

「顏淵喟然嘆曰：仰之彌高，鑽之彌堅，瞻之在前，忽焉在後，夫子循循善誘，博我以文，約我以禮。」（子罕）

「陳亢問於伯魚曰：子亦有異聞乎？對曰：未也。……不學詩，無以言；……

不學禮，無以立。」（季氏）

「子曰：小子，何莫學夫詩。詩，可以興，可以觀，可以羣，可以怨，邇之事父，遠之事君，多識於鳥獸草木之名。」（陽貨）

「子謂伯魚曰：女為周南召南乎！人而不為周南召南，其猶正牆面而立也與。」（陽貨）

「子曰：君子博學於文，約之以禮，亦可以弗畔矣。」（雍也）

「子貢問曰：孔文子，何以謂之文也？子曰：敏而好學，不恥下問，是以謂之文也。」（公冶長）

「子以四教：文、行、忠、信。」（述而）

孔子的教育為四育，程頤注上段孔子的話：「教人以學文修行，而存忠信也。」程頤以孔子的「文」為學，求學另學文，文在孔子的教育裏是詩和禮，孔子教伯魚學詩學禮，論語「述而篇」也說：「子所雅言，詩書執禮，皆雅言也。」論語的註者都以「雅言」作「常言」，朱熹註說：「詩，以理情性；書，以道政事；禮，以謹節文，皆切於日用之實，故常言之。」日用之實，書經是講政治的事實，詩和禮，則是講情性和節文，屬於生活的方式，

應稱爲藝，所以說：「游于藝」。孔子常以文和禮教學生，從上面所引論語的話，就可以見到。文和禮又屬於藝，屬於美術，孔子便很看重「美」的教育。

看重美的教育，因爲生活有兩方面：一是質，一是文，質在內面，文在外面。內外兩方面，都要培養，都要教育，使能平衡發展，「文質彬彬，然後君子。」

2. 禮記論樂

樂，在孔子的教育裏，也佔重要的地位，和禮的地位相同，在孔子的生活裏，禮則是生活的規範，一切都要守禮。樂和詩，則可以培養人的感情，孔子在齊，聽見奏韶樂，高興得三個月連吃肉的味道都不覺得了。他自己在陳國遭人圍困，弟子們餓着沒有飯吃，他卻「弦歌不輟。」

禮記書中的樂記，深入地講論音樂的意義：「凡音之起，由人心生也。人心之動，物使之然也。感於物而動，故形於聲，聲成方謂之音。比音而樂之及干戚羽旄謂之樂。」人心因着接觸事物發生感情，感情使人發聲，或嘆吁，或笑呼。音樂乃是有曲有調的發出人的情感。音樂的內容，是人的情感，音樂的曲調，是情感的變化。禮記訓纂書中對上面禮記的話有註解說：

音，音和別種發音的器具配合成曲，便有樂。把發的組聲成高低快慢的調，便有

「張守節史記正義曰：皇侃云：夫樂之起，其事有二：一是人心感樂，樂聲從心而生；一是

樂感人心，心隨樂聲而變也。」或是作曲，或是欣賞音樂，都和人心相連，由人心而動情

感。儒家哲學講人生之道，人生之道以心爲主，怎麼可以不看重音樂呢？

樂記講述音樂和人心的關係非常密切：「樂者，音之所由生也，其本在人心之感於物

也。是故，其哀心感者，其聲噍以殺；其樂心感者，其聲嘽以緩；其喜心感者，其聲發以

散；其怒心感者，其聲粗以厲；其敬心感者，其音直以廉；其愛心感者，其聲和以柔。六

者，非性也，感於物而後動。」從哲學方面說，音樂不代表人性，人性是抽象的理，不是具

體的動。音樂代表人心，由人心接觸事物而有感受，由感受而發聲，聲和人心的感受相關

連。由音樂的聲調可以體會人心的感受，樂記又說：「是故，治世之音，安以樂，其政和。

亂世之音，怨以怒，其政乖。亡國之音，哀以思，其民困。聲音之道，與政通矣。」

音樂不僅和人心相通，爲人生活的寫照，也和政治相通，反映政治的現狀。儒家便以音

樂爲培養人格，爲治國安民的道途（不應說是工具），「夫物之感人無窮，而人之好惡無節，則

是物至而人化物也。人化物也者，滅天理而窮人欲者也。……是故先王之制禮樂，人爲之

節。……大樂與天地同和，大禮與天地同節；和，故百物不失；節，故祀天祭地，明則有禮

樂，幽則有鬼神，如此則四海之內合敬同愛矣。」音樂不單單使人心相通，也使人心和上帝

鬼神相通，「四海之內合敬同愛」，實現儒家大同的思想，達到天人合一的至善境界。

後世音樂祇用於祭祀典禮，儒家教育已經失去了音樂的傳統，普通生活則在皇宮有樂曲，妓院有歌調。民間欣賞樂曲的人，則或者到妓院去聽，或者邀歌妓酗酒。在唐詩和宋詞裏，留有詩人欣賞音樂的詩歌。

「蜀僧抱綠綺，西下峨嵋峰。為我一揮手，如聽萬壑松，客心洗流水，餘響入霜鐘，不覺碧山暮，秋雲暗幾重。」（李白 聽蜀僧濬彈琴）

「……輕攏慢撚抹復挑"，初為霓裳後六么，大絃嘈嘈如急雨，小絃切切如私語；嘈嘈切切錯雜彈，大珠小珠落玉盤。閒關鶯語花底滑，幽咽流泉水下灘。水泉冷澀絃凝絕，凝絕不通聲漸歇。別有幽愁闇恨生，此時無聲勝有聲，銀瓶乍破水漿迸，鐵騎突出刀鎗鳴，曲終收撥當心畫，四弦一聲如裂帛。東船西舫悄無言，唯見江心秋月白……」（白居易 琵琶行）

「多情多感仍多病，多景樓中，尊酒相逢，樂事回頭一笑空。停杯且聽琵琶語，細撚輕攏，醉臉春融，斜照江天一抹紅。」（蘇軾、采桑子）

「……忽聞江上弄哀箏，苦含情，遣誰聽？煙歛雲收依約是湘靈。欲待曲終尋

問取，人不見，數峯青。」（蘇軾、江城子）

中國歷代哲學思想家，必為文人詩人。諸子的著作列為子集，即經、史、子、集四庫全書分類的一類，皆是文學作品；而且經和史也是文學著作，司馬遷作史記，自「成一家之言」，就是以文學作品代表自己作史的目標；史記的「本紀」「列傳」，成為中國文學的上乘佳作。這一點，乃是中國文化的特點。

3. 美的哲學

孟子說：「可欲之謂善，有諸己之謂信，充實之謂美，充實而有光輝之謂大，大而化之謂聖，聖而不可知之之謂神。」（盡心下）朱熹註解「美」說：「力行其善，至於充滿而積實，則美在其中，而無待於外矣。」這是從論理方面去解釋。

「美」的意義，在本體方面，是本體充實，沒有缺欠。四肢不全，不能稱為美，耳目口鼻若缺一官，也不能稱為美。在本體論，一切「存有」都是「美」，因為凡是「存有」，必定要有本體所該有的，不然不能存在。在本體方面，本體的構成分子，有結構的次序，各份子在各自的位置，有各自的分量。例如一個人的臉，耳目口鼻有天然的位置，大小也有天然

的分量。若是一個人的耳目口鼻天生合於這個次序，他的面貌都很美。聖多瑪斯便也以「好

的次序」為美。孟子所說「充實」，也該包括「次序」。若是本體的構成分子，沒有好的結

構次序，便是缺憾，而不是充實。因為「充實」，是有「所該有的」；分子的次序也

是本體所該有的。

中國古人所說的美，不只是本體充實而有次序，還有明顯的表白出來。大學書中說人性

是「明德」；人性本來是善，稱為德；德本來明顯，稱為明德；人性為情慾所掩，所以要有

修身方法，克除情慾，使明德能夠明白顯明出來。「大學之道，在明明德。」孟子說「充實

而有光輝之謂大」，大和美常連在一起，而且沒有大，就不算美。中國人習慣愛稱「大」，

「夫大人者，與天地合其德。」（易經 乾卦）好建築稱大廈，稱大殿；好旅館稱為大飯店。

「偉大」兩字，不只指着空間的量大，也指着美的光輝。一個人的品德偉大，是他的品德光

耀人眼。一樁事實偉大，是事實光耀宇宙中。美，要能表現出來，表現而且很美，使人的情

感受到激動。「人心感於物而動」，物者不能使人心動，人便不能稱為美。㈠

㈠ 莊子也以美要和大相連，在「天道」篇說：「昔者舜問於堯曰：天王之用心如何？堯曰：吾不敖

無告，不廢窮民，苦死者，嘉孺子而哀婦人。此吾之所以用心已，舜曰：美則美矣，而未大也，

堯曰：然則如何？舜曰：天德而士寧，日月照而四時行，若晝夜之有經，雲行而雨施矣。……夫

天地者，古之所大也，而黃帝堯舜之所共美也。」

孟子又說「大而化之爲聖」，「化」，由情感方面說；善，使人感化。孟子說：「夫君子所過者化，所存者神，上下與天地同流。」（盡心上）君子的善德，表現出來，使人所接觸的人都受到感化，『善』，使人情感動，動而向善，善在所接觸的人心中存下向善的精神。

『美』，也有這種情景，美使人心動，使人欣悅，欣悅什麼呢？欣悅事物的充實有序。充實有序是完美，也是完善；因此，中國古人常以美和善相連，文固然要載道，也以詩和樂要載道，「關雎，樂而不淫，哀而不傷。」（八佾）孔子論詩論樂，「韶盡美矣，又盡善也；武盡美矣，未盡善也。」（八佾）孔子在齊國聽了韶樂，竟然「三月不知肉味。」

中國歷代論詩論畫，常以「神品」代表最好的詩和畫。孟子說：「聖而不可知之謂神」，「神品」的美，含有不可捉摸的神味。

神味，只可在心頭體會，不能言宣。心頭體會，在美的事物和人心的中間，有一項交流的力，由美的事物發生，射進人的心中，人心體會到這股力和本身的生命相融會，互相溶洽，產生愉快舒適。

美的事物的美，不是呆木的次序，次序表現的光輝，又不是冷靜僵硬的光輝；光輝是動的，是活的，是具有生氣的。「有生氣」爲美的最高條件，畫要有生氣，山水畫更要有生氣。字要有生氣，雕刻要有生氣，詩要有生氣，一個女人的服裝也要有生氣，滿臉胭脂，滿

身濃裝，以致於臉無表情，身不活動，怎麼也算美呢？儒家哲學主張宇宙萬物都有生命；生命為一種活力，在宇宙萬物裏流行，神妙莫測，易經特別發揮這種思想。「易與天地準，故能範圍天地之道，……範圍天地之化而不過，曲成萬物而不遺，通乎晝夜之道而知，故神無方而易無體。」（繫辭上 第四章）易，是宇宙的變易，宇宙的變易，卽是生命的化生，易經說「生生之謂易。」（繫辭上 第五章）「子曰：知變化之道者，其知神之所爲乎。」（繫辭上 第九章）易的變化由陰陽而成，「陰陽不測之謂神。」（繫辭上 第五章）「易，無思也，無爲也，寂然不動，感而遂通天下之故，非天下之至神，其孰能與於此。」（繫辭上 第十章）「民咸用之謂之神。」（繫辭上 第十一章）儒家的聖人，具有這種神化的精神生命，「神而明之存乎其人，默而成之，不言而信，存乎德行。」（繫辭上 第十二章）聖人的德行在行爲中表現出來，不用言語宣傳，自然有股精神力從聖人身上發出來，和他接觸的人馬上體驗得到。〈中庸〉中講論聖人：「溥溥淵泉，而時出之。溥溥如天，淵泉如淵，見而民莫不敬，言而民莫不信……行而民莫不說。」（第三十一章）又論孔子：「小德川流，大德敦化。」（第三十章）聖人的精神力，淵溥如天如泉，隨時發出，民衆都尊敬信服。聖人的精神力，爲善德的最高品，有神化的效驗……同時又是道德美的最上品，使人體會到精神上的融洽舒適。宇宙自然界的美，也具有這種精神力，欣賞自然美景的人，乞感到和自然界的生命相合爲一。在道德界，最高品是

「天人合一」，「與天地合其德」。在藝術界，最上品也是天人合一，與天地生命同流……「感

而遂通天下之故。」

美的基本在於充實，充實必要有光輝，光輝和人心相成，而後相通相化。美乃是生命的

美，天地萬物都具有生命。

二、自然美、生活美

1. 自然美

儒家以藝術眼光看天地萬物，看到日月星辰的運行，雨露霜雪的滋潤，天地萬物互相

連，互繫相調節，顯出一個偉大的次序。道家莊子也很欽佩這種自然的次序，稱它為天籟，

為天樂。「**蓋萬物而不爲戾**，澤及萬物而不爲仁，長於萬古而不爲壽，覆載天地刻雕衆形而

不巧，此之爲天樂。」（天道）因爲「天德而土寧，日月照而四時行，若晝夜之有經，雲行而

雨施矣。」（同上）『有經』就是有次序，儒家更是欽佩這種次序，易經乾卦說：「夫大人

者，……與日月合其序。」韓愈曾說：「樂也者，鬱於中而洩於外者也。擇其善鳴者而假之

鳴，金石絲竹，匏土革木，八者物之善鳴者也。維天之於時也亦然，擇其善鳴者而假之

是故以鳥鳴春，以雷鳴夏，以蟲鳴秋，以風鳴冬。四時之相推集，其必有不得其平者乎！」

（韓愈、送孟東野序）柳宗元在永州時，常遊山玩水作遊記，「小石城山記」一篇中說：「無土

壤而生嘉樹美箭，益奇而立，其疏數偃仰，類智者所施設也。噫！吾疑造物者之有無久矣！

及是，愈以為誠有，又怪其不為之於中州，而列是夷狄，更千百年不得一售其伎，固勞而無

用。神者，倘不宜如是，則其果無乎？或曰：以慰賢而辱於此者。或曰：其氣之靈，不為偉

人而獨為是物。故楚之南，少人而多石。是二者，余未信之。」

山水有靈氣，為中國歷代儒家所信，一處生偉人，一處生美女，由於山水的靈氣。一處

的山水奇偉，風景美麗，也說是鍾山水的靈氣。山水靈氣可與人心的氣相通，情慾敝心的

人，不能和山水的靈氣相通，不知道欣賞山水的美景。放棄人世的利害得失，才可以對景生

情。中國古代的文人騷客，乃知道遊山玩水。蘇軾曾說：「惟江上之清風，與山間之明月，

耳得之而為聲，目遇之而成色，取之無禁，用之不竭，是造物者之無盡藏也，而吾與子之所

共適。」（前赤壁賦）

中國古人裏的山水記，為散文的一大類，也為散文中的最美的文章，在各國的文學中可

算為一特色，在山水記裏，遊玩山水的文人，常以自己的感情和山水的風景相融會，一同歡

喜，一同悲哀。范仲淹的「岳陽樓記」可以作為代表：

「若夫霪雨霏霏，連月不開，陰風怒號，浪濁排空，日星隱曜，山岳潛形，商旅不行，檣傾楫摧。薄暮冥冥，虎嘯猿啼。登斯樓也，則有去國懷鄉，憂讒畏譏，滿目蕭然，感極而悲者矣。

至若春和景明，波瀾不驚，上下天光，一碧萬頃，沙鷗翔集，錦鱗游泳，岸芷汀蘭，郁郁青青，而或長烟一空，皓月千里，浮光耀金，靜影沉璧，漁歌互答，此樂何極。登斯樓也，則有心曠神怡，寵辱皆忘，把酒臨風，其喜洋洋者矣。」

宋濂作「閱江樓記」記述金陵的閱江樓所看的景物，可以使皇帝反省自己治國平天下的種種責任，皇帝登閱江樓，不為遊玩，是為反省。「觸類而思，不一而足，臣知斯樓之建，皇上所以發舒精神，因物興感，無不寓其致治之思，奚止閱夫長江而已哉，……臣不敏，奉旨撰記，欲上推宵旰圖治之功者，勒諸貞珉。他若留連光景之辭，皆略不陳，懼褻也。」

王禹偁作「黃岡竹樓記」，則記述竹雨的聲響，可以使人消除世慮，安定心神…

「夏宜急雨，有瀑竹聲…冬宜密雪，有碎玉聲。宜鼓琴，琴調和暢…宜詠詩，

詩韻清絕；宜圍棋，子聲丁丁然；宜投壺，矢聲錚錚然；皆竹樓之所助也。公

退之暇，被鶴衣，載華陽巾，手執周易一卷，焚香默坐，消遣世慮，江山之

外，第見風帆沙鳥，烟雲竹樹而已。」

中國文學中，這種佳作不少。當日作文的人，自己坐對自然美景，或者因着景色而想起

自身的遭遇，或者因着景色而忘懷宇宙，自然山水的生氣，透進欣賞者的生命裏，引起了共

鳴，心和景色，融化爲一，深深地表現了自然界的美：欣賞的人，也深切地體會了自然界的

美。

以道家老、莊的思想爲人生哲學的詩人，愛好自然美景，較比儒家的文人騷客還要更

甚，他們逃避人世社會的紛擾，一心追求自然的生活，心靈少了物質的慾望，容易了解精神

的美。自然界的美，雖由山水的物質而表現，表現出來的則是非物質的美，卽是易經所說神

妙不可測的生化。王維和陶潛可作道家思想詩人的代表：

「寒山轉蒼翠，秋水日潺湲，倚杖柴門外，臨風聽暮蟬。渡頭餘落日，墟里上

孤煙。復值接輿醉，長歌五柳前。」 （王維　輞川閒居贈裴秀才廸）

「結廬在人境，而無車馬喧。問君何能爾，心遠地自偏。採菊東籬下，悠然見南山。山氣日夕佳，飛鳥相與還，此中有深意，欲辯已忘言。」（陶潛 飲酒二十首）

田園詩為中國詩的一大類，詩中情景表達人心洗滌塵世慾望，和自然界的生命相通，人心超越世物的物質以上，清淨高雅。

2. 生活美

儒道兩家以藝術家的眼光看宇宙萬物，體會到宇宙的自然美。人心和自然美相通，提升人的精神超越物質，生活在精神外界裏，生活成為美的生活。西洋歐洲人的生活，由宗教信仰去看萬物和生命，一切都顯示天主造物者的愛：人的生活便是愛的生活，為宗教的愛之生活，儒家以天地有好生之德，人心得天地之心以為『仁』，『仁』乃貫通人的生活，儒家的仁，在宇宙裏為生命的化生，生命的化生非常神奇美妙，儒家對於人生也有美的體驗，人生為美，人生乃是快樂。孔子的人生觀，充滿喜樂。

「葉公問孔子於子路，子路不對。子曰：女奚不曰：其為人也，發憤忘食，樂以忘憂，不知老之將至。」（述而）

孔子所樂，不是食色的快樂，而是心靈超越物質的快樂。一方面是問心無愧，一方面是不拘於聲色。

「子曰：飯疏食，飲水，曲肱而枕之，樂亦在其中矣。不義而富且貴，於我如浮雲。」（述而）

但不要想孔子是一個老朽的人，不知道欣享人生的快樂，他卻表示有後代所謂詩人騷客的雅興。

「點，爾如何？……曰：莫春者，春服既成，冠者五六人，童子六七人，浴乎沂，風乎舞雩，詠而歸。夫子喟然嘆曰：吾與點也。」（先進）

朱熹注說：「曾點之學，蓋有以見夫人欲盡處，天理流行，隨處充滿，無少欠闕。故其

動靜之際，從容如此。……而其胸以悠然，直與天地萬物，上下同流，各得其所之妙。」

人心能夠排除物慾，和天地萬物同流，人生便藝術化，便美化，儒家的人生乃是藝術的

人生，道家本以自然為主，道家的人生更是藝術的人生。藝術的人生，人心和天地萬物相

通，由自然景緻引動人心的感觸，人心的感觸以人的感情，注入自然景緻裏，心物相通，感

情互流。

「山光悅鳥性，潭影空人心，萬籟此俱寂，惟聞鐘磬聲。」（常建 題破山寺後院）

「白雲依靜渚，芳草閉閒門。……溪花與禪意，相對亦忘言。」（劉長卿 尋南溪
常道士）

「此地一為別，孤蓬萬里征。浮雲遊子意，落日故人情。」（李白 送友人）

「國破山河在，城春草木深。感時花濺淚，恨別鳥驚心。」（杜甫 春望）

「戍鼓斷人行，邊秋一雁聲。露從今夜白，月是故鄉明。」（杜甫 月夜憶舍弟）

「風鳴兩岸葉，月照一孤舟。」（孟浩然 宿桐廬江寄廣陵舊友）

「靜夜四無鄰，荒居舊業貧，雨中黃葉樹，燈下白頭人。」（司空曙 喜外弟盧綸見

「亂山殘雪夜，孤燭異鄉人。」（崔塗　除夜有作）

「清夜幕府井梧寒，獨宿江城蠟炬殘。永夜角聲悲自語，中天月色好誰看。」（杜甫、宿府）
宿）

「三湘愁鬢逢秋色，萬里歸心對月明。」（皇甫冉、晚次鄂縣）

「千山鳥飛絕，萬徑人蹤滅。孤舟簑笠翁，獨釣寒江雪。」（柳宗元　江雪）

「月到愁邊白，鷄先遠處鳴。」（辛棄疾南歌子、山中夜坐）

這等的詩詞非常的多，中國詩人常以情感寄予景物，以外物連結人心，同喜同憂。人的精神超越自己的身體，也超越景色的形色，互相在神秘的生命上接觸。人生乃成為藝術化，人的生活化成美的生活。

不僅在精神生活上，生活藝術化，就連物質的生活，也加以藝術化。食色的生活，在物質生活裏最為物質，中國古人卻以烹調為藝術，佳餚美食，也是文人騷客所追求。時到如今，中國的烹調隨着餐館走遍天下。中國的文人騷客又以狎妓為雅事，宋朝詞人替妓女作詞以供歌唱。有些詞也是他們自身的生活。

「蒼顏白髮，故山歸計何時決？舊交新貴音書絕：惟有佳人猶作殷勤別。離亭
欲去歌聲咽，瀟瀟細雨涼吹頰。淚珠不用羅巾挹，彈在羅衫，圖得見時説。」

（蘇軾　醉落魄）

「落魄江湖載酒行，楚腰纖細掌中輕。十年一覺揚州夢，贏得青樓薄倖名。」

（杜牧　遣懷）

酒，本是食色中的濁物，中國詩人騷客，卻以酒為精神良伴。酒能消愁，詩人騷客雖是
儒家的正人君子，如同歐陽修，也作「醉翁亭記」，雖自己說「醉翁之意不在酒，在乎山水
之間也，山水之樂得之心，而寓之酒也。」陶潛對於酒，則是有酒必醉。

「秋菊有佳色，裛露掇其英，汎此忘憂物，遠我遺世情，一觴雖獨進，杯盡壺
自傾。日入羣動息，歸鳥趨林鳴。嘯傲東軒下，聊復得此生。」（陶潛　飲酒詩十
二首）

「……鐘鼓饌玉不足貴，但願長醉不願醒。古來聖賢皆寂寞，惟有飲者留其
名。……五花馬，千金裘，呼兒將出換美酒，與君同銷萬古愁。」（李白　將進酒）

李白已近乎頹喪，有點像竹林七賢。不足不貴：但是陶潛的人格則受人尊重。他有道家遯世的思想，沒有李白的道教成化的企圖，陶潛的醉酒，代表文人的解愁。宋朝女詞人李清照竟然也喜歡醉酒，而且還在她丈夫出世以前。

「常記溪亭日暮，沉醉不知歸路。興盡晚回舟，誤入藕花深處。爭渡，爭渡，驚起一灘鷗鷺。」（李清照 如夢令）

「夜來沉醉卸粧遲，梅萼插殘枝，酒醒重破春睡，夢斷不成歸。……」（李清照 訴衷情）

飲酒賦詩，更是一般文人的雅事，文人作官，常築亭閣在山水之間，抽閒到亭閣裏，同客人飲酒、下棋、賦詩。有道家思想的文人杜牧的「旅宿詩」，結尾說：「滄江好烟月，門繫釣魚船。」許渾的「秋日赴闕題潼關驛樓」詩，結尾說：「帝卿明日到，猶自夢漁樵。」這兩個詩人，並不是道家思想人生觀的人，然而也表現當代文人的心情，以漁樵為雅事。宋朝陸游不是道家而是儒家，但他卻以釣漁沽酒為生活。

「一竿風月，一蓑煙雨，家在釣臺西住。賣魚生怕近城門，況肯到紅塵深處？

潮生，理棹；潮平，繫纜；潮落，浩歌歸去。時人錯把比嚴光，我自是無名漁

夫。」（陸游、鵲橋仙）

儒家文人的生活，常帶幾分道家的避世色彩，實際上這種色彩乃是中國文人的普遍興

趣，用藝術色彩看人生，使生活能有幾許「美」意。在人世社會的事務裏，在精神的生活，

在感情方面以藝術去表達，人心可以不被塵世的事務和想望所困鎖。有時逍遙在山水的自然

美景中，但這種風雅的韻事，不能越過禮規，否則便成為老莊厭棄禮教的心情，或者沉迷到

竹林七賢的頹喪生活。儒家的美，和善相結合，孔子的「吾與點也」的風雅，絕對不違背他

自己所說「非禮勿視，非禮勿聽，非禮勿言，非禮勿動。」（顏淵）中國人的儒家的藝術哲學，是孟子

所說：善、信、美、大、聖、神，互相貫通，由善而到美，由美而到神。中國人的生活，由善而到美，心

靈純潔，不愧於天，不怍於人。心靈的精神和宇宙萬物相通，宇宙的生命和人的生命相連，

人乃看到自然界的美，舒適地享受，又能以參天地化育的愛心，仁民而愛物。人的生活便能

快樂，不受物質的拘束，「飯疏食，飲水，曲肱而枕之，樂亦在其中矣。」儒家的人生是快

樂的人生，是由藝術而美化宇宙萬物的人生。

十七 全書結語

哲學是人的思考，人思考用自己的心靈。思考的對象首先是外界的事物，外界的宇宙，人面對這個宇宙和萬物，必定要追問宇宙萬物是怎麼成的？怎麼來的。希臘古代哲學便思考這些問題。就像一個小孩，開始懂事，就不斷向父母問所看見的東西，這個是什麼？那個是什麼。小孩長大了，思索能力進步了，便反省到自己的問題，人是甚麼？人自己所有內部經驗又是什麼？再又深加思考，人是活的，人的生命是什麼？人的生命有什麼目的？人怎樣保全並發展自己的生命？在自然科學沒有發達的時候，人憑自己的理智去思索，從理論方面去想，但是因為是由自身的經驗去想，不是憑空幻想，而是由現實推論到抽象的理論。抽象又不可以離開現象，否則不是現實生活的思考。

人的思考為心靈的活動，心靈的活動為人生命的一部份。整個人的活動，為生命的活動。

人對自己的生命，就是對自己的存在，凡是物體的自性，都在保全和發展自己的存在，

人的人性也趨於保全並發展自己的生命，人的整個活動，都趨向這個目標。

中國哲學代表了這種趨向，對人自己加以思考和體驗，再思考並體驗人的生命，追求保全和發展生命之道。中國哲學的對象乃是人生之道。

儒、釋、道三家都以人生之道爲對象，追求的目標則不相同。人生有兩個切身的大問題：一個是善惡的問題；一個是痛苦的問題。兩個問題又互相關連，不能完全分離。

儒家專注在善惡問題。孟子以人性善，天生在心內有仁義禮智之端。人的生命爲心靈的生命，心靈的生命在於發揚人性之善，孟子乃倡盡性養心。然因人心之動爲情，情多傾於惡，人便應寡慾，克制情慾，使動而合於禮。禮爲天理，天理在人性。人爲養心就要率性，率性則仁義禮智成爲善德；而且人心得天地之心，生來有仁，愛自己的生命，愛萬物的生命。人的生命因着率性而發揚，人能盡自己的性，便能善人性和物性，進而參天地的化育，和天地合德，人的生命達到最高點，有聖人的境界。儒家的生命，爲心靈的生命，即精神的生命。

老、莊養生，從生命的本體方面講，生命的本體是氣，氣由道而生，爲一爲有。整個宇宙爲一元氣。人的生命由氣而成，氣成人的軀體，又成人的心，軀體的氣爲有限的氣，心的氣爲元氣，人爲養生，養心靈的元氣，人心的元氣要能自然發展，不加人爲的方法。人身的

軀體的氣，常能消耗人心的元氣，所以要避免感覺的享受，也避免身體的勞力，免得消耗元氣。老、莊主張避世，不作官，不住在城市繁華的地方，最好隱居山上或鄉間，度農夫或漁樵的生活。

人心元氣發展，和宇宙萬物的元氣相通，人的生命乃發展到聖人或眞人的境界，逍遙於宇宙間，和天地以長終。戰國和秦、漢產生了長生的仙術或仙藥，莊子的聖人或眞人，成了仙人。

佛教的哲學由華嚴宗出發，主張並堅信祇有一個實體，名叫『眞如』，爲絕對之有。眞如本體不變，不生不滅，然而對外有自己的表現，成爲宇宙萬法，猶如海水發出波浪。萬法中有人，人有心思，由心思而堅執自己和萬法爲實有，心起貪慾，產生各種痛苦和罪惡。佛教教義便敎人破除痛苦的因緣，一方面遵守戒律，克制貪慾；一方面淨心坐禪，以能明心見性，見到自己心中的佛性，進而和佛相結合。反觀宇宙萬法，看到和眞如圓融爲一，萬法在眞如內，眞如在萬法內，萬法又彼此相通，一入一切，一切入一，萬法圓融。

中國哲學的儒、道、佛三家作代表，三家所研究對象都是人。研究人，則研究人的生

命，說明人生之道。三家所講的人生，都是心靈生命，心靈生命的發揚，終於達到超越人物的天人合一境界，儒家講『與天地合其德』，道家講『與道合爲一』，佛教講『與真如圓融』。

羅光全書 冊十五之二

中國哲學認識論

臺灣學生書局印行

前　言

西方哲學從笛克爾以來，三百年前常在認識論裡轉來轉去，人是否能夠認識外面的事物，成為西方哲學的中心問題。看來，似乎可笑：人若不能認識外面的事物，一切知識都是空談，還有什麼哲學可談！但是，問題不是這麼簡單。近代的學術，無論什麼主張或結論，都要求拿証據來；連自己的存在，也要証明。証明是說理由，為自己的存在要說理由，那怎麼說？是我自己証明自己，我動作証明我在；我說話，我思想，所以我在。可是這些証明都有我，要証明就是這個我，用我去証明我，等於沒有証明。為証明理智是否能認識對象，要用理智去証明，理智証明自己，等於沒有証明。這兩點：我的存在，理智的能力，不能用理由去証明，也不用理智的証明，乃是人心的直覺，自心的直接體驗，中國哲學就注意在這一點。

中國哲學不談認識論，但是實際上談的很多；但不是普通講中國哲學的人所講的名家，中國哲學的認識論有易傳的知，老子莊子的知，名家和墨家所講的內容，是屬於邏輯學。中國哲學的認識論有易傳的知，老子莊子的知，

理學家的「致知格物」，「窮理盡性」，佛教的「唯識」和天台宗的「摩訶止觀」，華嚴宗的「海印三昧」。我在中國哲學思想史裡面，談到了這些問題；但是沒有詳細就認識論方面去講，現在，我專門就認識論，詳細講一講。

說詳細講，也衹是在大節目方面，細節目方面則沒有講到；因為年歲大了，精力不夠。

有些資料，還援用我以先所寫書裡的資料，另外關於唯識論一章，是縮短中國哲學大綱下冊，第二編的第二章而成的。其餘的各章節援用原有資料，但不是抄寫，而是費心思寫的。

我寫這本不厚的書，在提出這個重要問題，說明中國傳統哲學的思想，結論裡也滲入我自己生命哲學的思想。

一九九五年十月廿五日　天母牧廬

中國哲學認識論

目錄

甲編

儒家的認識論

第一章　先秦儒家的認識論

儒家哲學，是中國哲學的主流，也是中國哲學的代表。儒家哲學思想的內容，偏重在倫理哲學，儒家倫理哲學和西方倫理哲學不同，西方倫理哲學講人生的規律，儒家倫理哲學講人性的發展。倫理規律的基本律爲性律，即人性規律，其他都是人造規律。倫理規律規劃人生活的方式，善德乃稱爲善的習慣，習慣是在人生活動作以外，可以說是生活向外表現的形式。儒家倫理哲學到了宋朝理學家時期，則以善德爲人性的發展，爲中庸所說的「盡性」。理學家發揮孟子的思想，以仁義禮智善德，即是人性之理。人的生命（心靈生命）依據人性的理而發展，善德不是行動的善習慣，而是心靈生命的成長；倫理哲學不是講生活行動的規律，乃是講心靈生命的成長，歸屬於形上本體論。

「率性之謂道」，人的生命的成長，依據人的本性。本性的行動，本是自然的，如同植物動物生命的成長，但是人具有自由，人不是自然依據人性而動，是要自己願意依據人性去

動。「誠者，天之道也；誠之者，人之道也。」（中庸　第二十章）既是自己去定斷，自己便要知道人性天理，儒家乃有「格物致知」的問題，也就是儒家的認識論。

儒家對於人的感官和理智，即是對於耳目之官和心思之官，肯定可以認識各自的對象，感官認識外面的形色，理智認識物的理。西方哲學的認識論有兩大難題：理智可不可以認識事物的理，理智若何認識事物的理；這兩個難題連成一個問題，即第二個問題，而第二個問題的關鍵在於認識的主體和客體若何能夠相接而相合。儒家認識論則沒有這個主客相接的難題。但是儒家認識論對認識的內容，和西方哲學認識論不完全相同。在下面研究過程中，將研究這一個重要問題。

一、　易　經

在中國邏輯學中，易經（周易經傳）佔有重要的位置，卜筮法和卦爻辭的解釋，都屬於邏輯學；在認識論，周易則沒有特別的思想，祗是假定了人有認識的能力，而且實際就是知道推知事理，才能卜卦。卜筮的理，以天理變易的理作根據，人便能推知天地之理。這種知，便作為易經的認識論。

易經對於認識常用的幾個術語名詞：見、觀、知，對於推究用、探、仲、窮、盡。

見，在周易的經傳裡，用得很多，我舉一些重要的例：

1. 見

「見龍在田。」「利見大人。」（乾卦　九二）

「見金夫，不有躬。」（蒙卦　象曰）

「復其見天地之心乎！」（復卦　象曰）

「觀其所感，而天地萬物之情可見矣。」（咸卦　象曰）

「觀其所恒，而天地萬物之情可見矣。」（恒卦　象曰）

「仁者見之謂之仁，智者見之謂之智。」（繫辭上　第五章）

「聖人有以見天下之賾。」（繫辭上　第八章）

「見」字普通用為眼睛的功能，眼能見；見的對象是物體的形色，為一種感覺，易經所用的見字，有艮卦的卦辭「行其庭，不見其人。」是眼睛的感覺，還有「見龍在田」。至於

「利見大人」和「見金夫」，已經不是單純的眼見，而是表現一種複雜的工作，包含感覺、理智、心理等方面的活動。

「見天地萬物之情」，「見天地萬物之心」，由推理而得到的一種知識；這種知識由外面可見的行動表現出來。天地的行動有復有恒有感，人的理智（心）由天地外面行動，推知天地萬物有復有恒有感。這種復、恒、感的特性，表示天地的心情。這種「見」是理智之知，但有外面行動可見。

「見天地之頤」，聖人從天地的運行變易，看到天地的隱密奧妙。天地之頤是隱密奧妙之理，不可見聞；但是從天地的變易，聖人能夠推知，用卦的圖象表現出來。

「見天地之道」，聖人從天地的變易，聖人能夠推知，用卦的圖象表現出來。

這種「見」，見到事物之理，乃理性之知，但不是純粹抽象的理，而是具體事物之理。

2. 觀

觀字在周易裡也多次應用：

「觀天地之道，而四時不忒」。（觀卦）

「觀其所感」（咸卦），「觀其所恒」（恒卦）「觀其所養」（頤卦）

「聖人設卦觀象，繫辭焉而明吉凶，……動則觀其變。」（繫辭上　第二章）

「仰以觀於天文，俯以察於地理，是故知幽明之故。」（同上　第四章）

淍易的觀和見字相同，是就外面動作以推知事理；但「觀」字又有些不同，「見」字表示直接理智看，「觀」字包含察，觀察不是直接純粹看，是好好察看，包含著反省。「仰以觀於天文，俯以察於地理。」

見和觀對於認識，現在社會上也仍通用，「看看事情怎樣變化」，「好好觀察一下」。

見和觀，都是感官和理智合用。

3. 知

「知」為周易最普遍的字，指示知識。

「知至至之，可與幾也；知終終之，可與存義也。」（乾卦　文言九三）

「亢之為言也，知進而不知退，知存而不知亡，知得而不知喪。……知進退存亡而不失其正者，其唯聖人乎」（同上　上九）

「或從王事，知光大也。」（坤卦 象曰）

「不出戶庭，知通塞也。」（節卦 象曰）

「乾知大始，坤作成物，乾以易知，坤以簡能。」（繫辭上 第一章）

「是故知幽明之故。」（同上 第四章）

「知崇禮卑，崇效天，卑法地。」（同上 第七章）

「知變化之道者，其知神之所爲乎。」（同上 第九章）

「神以知本，知以藏往。」（同上 第十一章）

「其初難知，其上易知。」（繫辭下 第九章）

綜觀上面所引文據，「知」是心靈的認識能力、活動，也是心靈認識活動的效果，即是知識，也是智。「知光大也」的知爲智，「知崇禮卑」的知也是智。「知以藏往」說明知是收藏認識活動的效果，就是知識。

知的對象，爲事物之理。周易的知，首在知宇宙萬物變化之理：「乾知大始」，「知進退存亡而不失其正」，「知通塞也」，「是以知幽明之故」，「知變化之道」。

知的對象就是人事之理，周易卜筮爲知道人事吉凶，周易變化之道爲人事處理的依據，

作為倫理的原則，在各卦的象曰，都是以天地變化之道適用於人事。因此，人事之理，為週易的知之通常對象。

但是宇宙變化之理，不是一見可知道的，多是隱微不顯，而且神妙莫測，週易主張聖人可以知道。宇宙變化之道，週易稱為「神」之所為，「知變化之道者，其知神之所為乎」。若知道「神之所為」則知宇宙的根本，「神以知本」。

4. 知的方法

週易本為卜筮之書，卜筮以卜卦求知人事的吉凶。卜筮求知的方法，首先呼求鬼神以得好卦；卜得了一卦，用從卦爻辭去推演卦的意義，從卦的意義再比類推出人事的吉凶，因此週易在中國邏輯學上佔有相當重要的位置。

週易卜筮的原則，由天地之道以知人事之道，週易的知，便該先知道天地之道；然而天地之道，隱密難知，唯有聖人才能有這種知識。聖人能知，因為聖人的心靈沒有私慾的遮蔽，乃能深入追究大道變化，而能有知。

「聖人設卦觀象，繫辭焉而明吉凶。」（繫辭上　第二章）

「仰以觀於天文，俯以察於地理，是以知幽明之故。」（同上 第四章）

「聖人有以見天下之賾，而擬諸其形容，象其形宜，是故謂之象。聖人有以見天下之動，而觀其會通以行其典禮，繫辭焉以斷其吉凶，是故謂之爻」（同上 第八章）

「是故四營而成易，十有八變而成卦，八卦而小成。引而伸之，觸類而長之。天下之能事畢矣。……子曰：知變化之道者，其知神之所爲乎。」（同上 第九章）

「是故蓍之德圓而神，卦之德方以知，六爻之義易以貢。聖人以此洗心，退藏於密，吉凶與民同患。……是以明於天之道而察於民之故，是興神物以前民用，聖人以此齋戒以神明其德夫。……是故法象莫大乎天地，變通莫大乎四時，縣（象）著明莫大乎日月，崇高莫大乎富貴，備物致用，立成器以爲天下利，莫大乎聖人；探賾索隱，鉤深致遠，以定天下之吉凶，成天下之亹亹者，莫大乎蓍龜。是故天生神物，聖人則之；天地變化，聖人效之」。（同上 第十一章）

「夫易，彰往察來，而微顯闡幽，開而當名辨物，正言辭斷，則備矣。」（繫辭下 第六章）

「窮理盡性以至於命。」（說卦傳　第一章）

周易的求知方法：知的目標在事的吉凶，方法作解釋卦爻辭。卦爻辭的由來，也是求知方法的過程。首先，聖人觀察天文地理和人的生活，見到變化的跡象，「擬諸其形容，象其形宜。」作了卦象。則依據變化的意義，製定了卦辭、象辭、爻辭，「觀其會通以行其典禮，繫辭焉以斷其吉凶。」

聖人從形色的宇宙變易和人事變動的現象，推知宇宙變易的原則；這是由感覺之知到理智之知，理智之知的根據是體用相合的原則，宇宙變易的形形色色，爲宇宙本體之用，由宇宙之用推知宇宙的本性。「體用相合」的原則後來成爲「體用合一」或「體用爲一」的原則，在儒家的認識論乃一基本原則。

爲卜卦，最重要的事在取得一個好卦，因此在卜卦之先，向鬼神求助，鬼神司管吉凶。取得一卦的方法，在易傳裡運用蓍草，「四營而成易，十有八變而成卦。」在最初用龜殼去受火燒，殼上所裂的紋，結成卦形，蓍龜乃成爲神物，「天生神物，聖人則之。」「蓍之德圓以神，卦之德方以知。」取得了卦，由術士（專家）按卦的爻變，解釋卦的意義，推測事的吉凶。

漢朝的象數易，用爲擴充卜卦的功用。周易六十四卦，每卦六爻，共三八四爻，所可有的變化已經很多；然爲應付千萬變化的人事，還嫌不夠。漢朝易學家乃創出一卦中的二爻至四爻，三爻至五爻變成兩變，一卦便成三爻。又爲解釋彖辭爻辭常用卦象，卦象是以事物比配八卦，易彖中有一篇說卦，說卦的第十章和第十一章，爲卦象說，例如「乾爲天、爲圜、爲君、爲父、爲玉、爲金……等。」說卦的根本，則爲第三章「天地定位，山澤通氣，雷風相薄，水火不相射，八卦相錯。」說卦的卦象爲卜卦不敷用，漢朝易學家就自創卦象，數目到幾千個象。

用卦辭和卦象的求知方法，用類比法，但是實際上所謂同類，多是臆測，不是物性，所求得的知，爲事的吉凶，爲人生的原則，儒家倫理學便很注重求知這種原則。

「探賾索隱，鉤深致遠。」以定天下之吉凶，這是卜筮的工作；但是孔子把易經的吉凶，代以倫理的善惡，行善有吉，行惡有凶，便把「探賾索隱，鉤深致遠，」作爲「窮理盡性以至於命。」—宋明理學家以這種研究工作，爲大學的格物致知。

這種知識，本來是鬼神的事，不是人的正常知識。周易爲推知吉凶，依據宇宙變易的原理，這種原則，爲人生的原則，儒家倫理學便很注重知這種原則。

理，周易乃說「夫易，彰往顯來，而微顯闡幽。」吉凶爲幽微的知，「是以知幽易之故。」

第二章　孔子的認識論

孔子最看重學，自己說：

「吾十有五而志於學。」（爲政）

「十室之邑，必有忠信如丘者，不如丘之好學也。」（公冶長）

「吾嘗終日不食，終夜不寐，以思，無益，不如學也。」（衛靈公）

「學如不及，猶恐失之。」（泰伯）

學以求知，知而後行，知行合一，才稱爲好學。哀公問弟子孰爲好學？孔子對曰：「有顏回者好學，不遷怒，不貳過，不幸短命死矣。今也則亡，未聞好學者也。」（雍也）

孔子自己講學，在論語、中庸兩書裡，存有孔子的講話，由弟子和再傳弟子們記錄下來。

大學裡沒有「子曰」，然而思想則是孔子的思想，爲研究孔子的認識論，我把三書合起來作資料。

孔子沒有講過邏輯學和認識論，祇講倫理學。他提出正名，也是倫理學的問題。但是行，須先有知，這是普通一般人的共識。因爲人有自由的心靈，行動自己作主。作主，須要判斷；爲判斷，須要有知，因此，孔子許多次提到「知」，對於「知」也有所解釋。

一、知

1. 人心能知

感覺之知，大家都明瞭，不用解釋，在論語裡沒有提到感覺，在大學裡一次提到，不是直接而是間接說出：

「心不在焉，視而不見，聽而不聞，食而不知其味。」（第七章）

這一段文據，說明爲認識有兩種官能：一是耳目感覺之官，一是心思之官，感官的對象是外面的形色，上面這段文中，提到眼見、耳聞、口味，當然大家都知道還有鼻和手，共爲五官。五官雖能感覺，同時必須有心思之官，否則有感覺等於沒有感覺。佛教唯識論對於感覺乃有六識，除五官外，加上心識，稱爲了有識。儒家對於認識，處處不能缺少心識，心識使認識能夠成立。但是，不是說心爲感覺的一種官能，也不是說心能見能聞，乃是說感覺認識的成立，要有「主體」我的知，我知道我在看，我在聽，否則感覺的認識不能成爲認識。主體的知，是心的知。儒家的認識論的重點便在「心」的知。

人心能知，孔子絕對認定，孔子同時也認定心的知有限：

「子曰：由，誨汝知之乎！知之爲知之，不知爲不知，是知也。」（爲政）

「子曰：蓋有不知而作之者，我無是也。多聞，擇其善者而從之，多見而識之，知之次也。」（述而）

「子曰：吾有知乎哉！無知也。有鄙夫問於我，空空如也。」（子罕）

「子曰：由，知德者鮮矣。」（衛靈公）

孔子承認自己的知是有限的，別人的知也是有限的；但是人所可以知而又該知的，孔子在論語裡有所指示：

2. 知的對象

甲、知己

「觀過，斯知仁矣。」（里仁）

「子曰：莫我知也夫！子貢曰：何其爲莫知子也？子曰：不怨天，不尤人，下學而上達，知我者其天乎。」（憲問）

「子曰：不患人之不己知，患其不能也。」（憲問）

「鄙哉！硜硜乎莫己知也。」（憲問）

乙、知人

「樊遲問仁，子曰：愛人。問知，子曰知人。」（顏淵）

「子曰：視其所以，觀其所由，察其所安，人焉廋哉！」（爲政）

「子曰：不患人之不己知，患不知人也。」（學而）

「子曰：始吾於人也，聽其言而信其行；今吾於人也，聽其言而觀其行。」

（公冶長）

「子曰：可與言而不與之言，失人；不可與言而與之言，失言；知者不失人

亦不失言。」（衛靈公）

丙、知天

「哀公問政，子曰：文武之政，布在方策。…故君子不可以不脩身；思脩身，

不可以不事親；思事親，不可以不知人；思知人，不可以不知天。」（中庸　第

二十章）

「子曰：吾十有五而志於學，…五十而知天命，…。」（爲政）

「子曰：不知命，無以爲君子。」（堯曰）

丁、知道

「君子之道費而隱，夫婦之愚可以與知焉；及其至也，雖聖人亦有所不知焉。」

「樊遲問知，子曰：務民之義，敬鬼神而遠之，可謂知矣。」（雍也）

「子曰：見賢思齊，見不賢而內自省也。」（里仁）

「子曰：朝聞道，夕死可也。」（里仁）

（中庸 第十二章）

上面四節，分述孔子講知的對象：知己、知人、知天、知道。當然這四項祇是大綱，在「知人」裡有知言，在「知天」裡有知命，在「知道」裡有知天理和君子之道。在這四項以外，還有別的可以知也該當知的事物。在所引的文據，我想孔子都是講人生活各方面要有的知識，都是感官和理智共同的認識。對這種認識，孔子沒有提出學術性的問題，在方法上，提到見、觀、察。在中庸裡更有一段講求知的方法。「博學之，審問之，愼思之，明辨之，篤行之。」（中庸 第二十章）這等方法為儒家求學之普通方法和步驟，在學理上沒有困難。

孔子的認識論，肯定感官和心靈理智的認知能力，感官可以認識物體的形色，心靈理智可以認識天理和事物之理，祇是所知者有限。這些原則在理論上都沒有問題。但是孔子的認識論卻另有一難題，即「生而知之」的問題。

二、生　知

1. 生而知之

孔子在論語裡明明說：

「生而知之者，上也；學而知之者，次也；困而知之者，又其次也；困而不學，民斯爲下矣。」（季氏）

「子曰：我非生而知之者，好古敏以求之者也。」（述而）

中庸第二十章說：「或生而知之，或學而知之，或困而知之，及其知之，一也。」這一段和論語的話一樣，想必係孔子所說。

問題就來了，「生而知之」所知是什麼。西方哲學有天生觀念的學說，主張理智的幾個基本觀念是生來就有的，即是天生的。孔子所講的「生而知之」到底知道什麼？朱熹在論語季氏篇對孔子這段話注說：「言人之氣質不同，大約有此四等。」在中庸的第二十章上面所

引孔子的話語說：「知之者之所知，行之者之所行，謂達道也，以其分而言，則所以知者，知也；所以行之者，仁也；所以至於知之成功而一者，勇也。…蓋人性雖無不善，而氣稟有不同者，故聞道有蚤莫。…」這種注釋是朱熹自己的主張，孔子沒有講「氣稟」，也沒有講聞道有先後，孔子是講「生而知之」。

「生而知之」所知的是人生之道，人生之道來自天地之道，即易傳所說天道地道人道。天地之道或簡稱天道，從宇宙的變易中可以知道。週易就是易傳所說聖人觀察天地的現象，再看人物的動作，畫卦「以通神明之德，以類萬物之情。」（繫辭下 第二章）孔子的倫理原則是「禮」，「非禮勿視，非禮勿聽，非禮勿言，非禮勿動。」（顏淵）「禮」是按照天理所製，製禮者為聖王。「雖有其位，苟無其德，不敢作禮樂焉；雖有其德，苟無其位，亦不敢作禮樂焉。」（中庸 第二十八章）

聖人可以知天理，是因為聖人沒有私慾，心靈清明，觀察宇宙的變易，就知道宇宙變易的理。普通人的心靈多少常有私慾，慾情蔽塞心靈，不能立時就知道天理，須要加以研究，同時還要克慾。

孔子所講「生而知之」，不是天生觀念，也不是理學家朱熹等人所講的天理本身在人心顯明，而是從宇宙萬物的現象見到天理。「生而知之」，乃聖人從宇宙萬物現象立時見到天

理，因為體用合一，由用即知體。普通人則要費力去研究，「或學而知之，或困而知之，及其知之，一也。」

2. 明

大學第一章開端說：「大學之道，在明明德。」第二章說：「康誥曰：克明德：大甲曰：顧諟天之明命。帝典曰：克明峻德。」朱熹以自己的思想注釋「明德」為人所得於天之理，天理為人慾所蔽，大學指示要除去人慾使天理昭明。大學第二章注解「明德」，引用書經的話，書經所講明德不是人心的天理，而是光明昭著的德行，或是「天之明命」即上天所定的典章。大學所說「在明明德。」意思是人要行善德，使善德昭明於家庭和國家，以至於天下，「明明德」不是認識論的問題，是倫理學的問題，是修身以齊家治國平天下。

但是中庸也講「明」字。

「自誠明，謂之性；自明誠，謂之教；誠則明矣，明則誠矣。」（第二十章）

這一章含有三個字：誠、性、明。中庸把三個字結合一起，意義相同。在文法上，性是

名詞，是主詞，誠和明是副詞，即形容詞，意思是說「人性自然是誠的，所以是明的；人自己勉力使自己誠於人性，性乃明，這是教育。」

中庸第一章說：「天命之謂性，率性之謂道，修道之謂教。」第二十章說：「誠者，天之道也；誠之者，人之道也。誠者，不勉而中，不思而得，從容中道，聖人也。誠之者，擇善而固執之者也。」這兩章說明「性」的意義和誠的意義。

中庸的思想在於倫理，率性為人生活修身之道，誠就是率性。天然率性的為誠，為聖人，從容中道，不勉不思，即「誠者，天之道也。」普通的人，因有慾情，不自然率性而行，自己要思要勉強，使自己率之，擇善固執，這是「誠之」，即「誠之者，人之道也。」

但是中間夾著「明」字。「自誠明，謂之性」，性，天然自己誠於自己，性的動自然合於自己，這是「自誠」；性既然天然誠於自己，在動中自然顯出自己，性自然是顯明的，這是「自誠明」，這就是性，「性，自然顯明。」性的顯明，是本體自然顯明或是在動中顯明，中庸沒有說。在第一章，中庸說：「喜怒哀樂之未發，謂之中，發而皆中節，謂之和。」

（第一章）這裡的「中」，是就倫理道德說，和認識論無關。到了宋明理學時代，因為以理為性，性即理，性自然顯明，便成為人性之理自然顯明，於是這些觀念：誠、性、明，乃成為認識論的題材。

第三章　孟、荀的認識論

一、孟子的認識論

孟子好辯，孟子書中對於中國邏輯學的推論式和辯論式，可以有許多資料。孟子且顯出對人的心理，有特出的敏感，很知道對什麼人說什麼話，也知道在那種環境採取適合的說話方式。研究中國邏輯學史的人，必要專心研究孟子的邏輯學。在認識論方面，孟子說的很少，因為他是宣傳仁義之政，同人辯論，不作學術研究的談話；然而在孟子論性論心時，卻說到了認識論的題材，雖然說的話很短，但有兩點在儒家認識論裡，算是承先啓後。

1.　認識的官能

在易傳和論語中庸大學裡，認識官能已經分析爲感官和心靈（理智），然而沒有學術性

地肯定兩種官能的運用方式，孟子則很明確地加以肯定。

「從其大體爲大人，從其小體爲小人。……耳目之官，不思而蔽於物，物交物，則引之而已矣。心之官則思，思則得之，不思則不得。」（告子上）

人有大體小體，大體爲心思之官，小體爲耳目之官。耳目之官爲物，對象也是物，「物交物，則引之而已。」耳目之官的認識方式，是感官和對象相接相交，各有各的對象。

「口之於味也有同嗜焉，耳之於聲也有同聽焉，目之於色也有同美焉，至於心獨無所同然乎？心之所然者何也？謂理也，義也。」（告子上）

口的對象是味，耳之對象是聲，目的對象是色，乃大家所知道的。西方哲學的認識論對於感覺，沒有爭論，和中國哲學相同。所爭論的則是心思之官，即理智的作用。孟子說：「心之官則思，思則得。」心的認識方式是「思」，「思則得，不思則不得。」，心要思才能得有認識。

理。

思是什麼？思不是見，見是直接認識，心便不直接認識對象。思是思索，是想，按照邏輯去推論。心思的基本邏輯，為天生的。心思的最基本邏輯，是肯定自己的存在；這就是大學所說：「心不在焉，視而不見，聽而不聞，食而不知其味。」人的存在，由自己的心去肯定；我知道我在看，在聽，這樣才有感覺，「心不在焉，」眼睛雖是看到東西，我卻沒有看到。「思則得之，不思則不得。」這種心思，乃是直接因著感官而肯定我存在。若像笛克爾「我思則我存」，則是在心思的活動上，直接肯定我的存在。

心思的基本邏輯，孟子說在知理。人心所知的對象，為理義，理義為事物的理。孟子在理字後加個義字，說明人心所知之對象的理，不是物體存在之理，而是事物行動之理。中國哲學常把存在之理（Essen）和行動之理（Nature）分開，但是兩者相同，互相代替。西方哲學也祇講行動之理，義是「行而宜之之謂義。」（韓愈　原道）孟子說理義，理為行動之理。人心為知道行為之理，須要「思」，不是直接看到。心思是從外面的行動，看出行動之理。

「今王田獵於此，百姓聞王車馬之音，見羽旄之美，舉疾首蹙頞而相告曰：吾王之好田獵，夫何使我至於此極也，父子不相見……今王田獵於此，百姓

聞王車馬之音，見羽旄之美，舉欣欣然有喜色而相告曰：吾王庶幾無疾病與？

何以能田獵也。」 (梁惠王下)

這一段話，表示由外面的行動，推知事物之理。百姓由王的田獵，知道王好田獵。再由百姓的疾首蹙額和欣欣然有喜色，推知百姓對王的愛戴或厭惡。再由百姓的感受，推知王的賢惡。這是單純的知，邏輯法也很單純。大學說：「誠於中，形於外。」

(第六章)「如惡惡臭，如好好色。」(第五章) 這種邏輯法也是天生的。孟子所以說：「五官的感覺，人人有同感，「目之於色也，有同美焉。」至於心獨無所同乎？心之所然者，何也？謂理也，義也。」人心對於理義也有一同的是否。

感官的同感，是每種感官對客體肯定的標準，例如眼睛對顏色的美惡，具有大致相同的認同；大致相同的認同，有相同的標準。孟子說過：「權，然後知輕重，度，然後知長短」，度量衡就是物體輕重長短的標準。感覺的好惡，有各自的標準，為人天生所有；在心理學上，說這是人的美感。孟子從感覺推到心思，感覺既有肯定的標準，心思為什麼沒有判斷的標準？一定也應當有。心思的對象為理義，心思判斷的標準，便是合不合於理義；這種標準也該是天生的。大學講正心誠意，就是發揮這種思想。

2. 良　知

人心天生有標準，判斷事物合不合理；這種天才的標準，便是孟子所講的良知。

「孟子曰：人之所不學而能者，其良能也；所不慮而知者，其良知也。孩提之童，莫不知愛其親者；及其長，無不知敬其兄也。親親，仁也；敬長，義也。無他，達之天下也。」（盡心上）

朱熹注說：「良者，本然之善也。程子曰：良知良能皆無所由，乃出於天，不繫於人。」

孟子在這裡所講的良知良能，是關於仁義兩德，仁義兩德為天生的善德，因為人生來就知道去做。孟子主張仁義禮智之端，好比種子，生來根植在人心，人生來知道去做，稱為良知良能。宋明理學家講良知，則是天生知道善惡之知，理學家的良知，也就是王陽明的良知，和孟子的良知，是否相同？根據孟子的原文，良知良能連在一起，說明每個人對於仁義禮智之端，都天生知道去做，是對於這四種善德有天生的知和能去培養。知的對象是四種善德的端，知內包含行。四種善端屬於人之為人之理，孟子乃主張人性善。培

養四種善端是培養人性，發育人大體的生活，孟子稱爲養心或養性。這種良知不是知道善惡，而是培養善端，重點不在於知，而在於能。王陽明的良知，判斷事件的善惡；這種判斷包含行，人要按良知去做。良知的知也是行，沒有行就沒有良知，良知爲知行合一。良知的知行合一，是理論上的合一。良知的行爲上，實際上能夠合一否，則在於人的努力，王陽明乃講「致知」，致良知的知到行爲上，良知的行便不能說是天生的，孩提之童自然表露出來。孟子的良知，連同良能在一起，良知的行爲天生的，孩提之童自然表露出來。孟子的良知，卻不常常表露這種良知良能，因爲私慾偏情予以阻擋，祇有具著「赤子之心」或「天眞」的成人才表露良知良能。在這一點上，孟子的良知和王陽明的良知不相同，學著稱呼孟子的良知爲德性之知，也不適合。

但是孟子以仁義禮智代表一切的善，這種善之理是在人性，人的行動都該率性，人性自然傾向發育。孟子的養性同於中庸的盡性，盡性乃是率性的途徑，中庸以「誠」代表這個途徑。誠爲信，孟子的四達德乃成了五常：仁義禮智信。信不是一種善德，而是一切善德的必要條件。理學家講誠信，爲性理的顯明，性理顯明在每椿行爲上，便是良知。從這一點去解釋，孟子的良知乃演成王陽明的良知。王陽明以這一點爲孟子的心學，由陸象山和他自己繼承，孟子的心學在於修身養心，養心在克慾，程頤和朱熹是繼承孟子這種心學。

承。宋儒二程和朱熹則以孟子的心學在於修身養心，養心在克慾，程頤和朱熹是繼承孟子這

二、荀子的認識論

1. 論　心

在中國的邏輯學上，荀子佔有重要的位置，因為荀子在學術方面講「名」，對於名的構成，名的意義和種類，名的價值，都作了精確的說明，作為後代儒家講學的基礎，荀子在認識論方面，也有重要的地位。孟子講明了認識的類別；耳目之官和心思之官，兩類認識官能的對象和作用，也都加了說明，耳目之官是物交物，心思之官是思。荀子的貢獻，在於說明「心」的性質和功能。

「心何以知？曰：虛壹而靜。心未嘗不藏也，然而有所謂虛；心未嘗不兩也，然而有所謂壹；心未嘗不動也，然而有所謂靜。人生而有知，知而有志；志也者，藏也；然而有所謂虛。不以所已藏害所將受謂之虛。心生而有知，知而有異；異也者，同時兼知之；同時兼知之，兩也；然而有所謂一，不以夫一害此一謂之壹。心，臥則夢，偷則自行，使之則謀。故心未嘗不動也，然

而有所謂靜，不以夢劇亂知謂之靜。未得道而求道者，謂之虛壹而靜。」（解

蔽）

感官和心有區別，乃是人的通識；感官的對象，也是人的通訊。荀子祗附帶提到感官：

「夫人之情，目欲綦色，耳欲綦聲，口欲綦味，鼻欲綦臭，心（形）欲綦佚；此五綦者，人情之所必不免也。」（王霸）

「耳、目、鼻、口、形，能各有接而不相能也，夫是謂之天官；心居中虛，以治五官，夫是謂之天君。」（天論）

五種感官爲人的天官，乃人的天生官能。五種天官和物相接，各不相能，各有各的對象。心則居中虛，治理五官，稱爲天君。心能治理五官，因爲心是「虛壹而靜」，荀子加以解釋。

「虛」：「不以所已藏害所將受。」人生來有知識，即孟子所說的良知，有了良知就照良知去做稱爲志；良知和志都藏在心內。後來又有許多的知識，而且可以是無數的知識，還又有無數的願望，這些都藏在心內；心卻常是空的，常可以接受，所以心稱虛。在哲學上，

虛，該稱為精神性；心不是物質性，是精神性，乃稱為虛。

「壹」：心的知識非常多，心能分門別類，不亂「不以夫一害此一」。康德以心具有天生範疇，按範疇把感覺分類。佛教唯識論以心為了別識，都說心能分辨認識，予以類別，乃稱為「壹」。

「靜」：「不以夢劇亂知謂之靜。」心常動，「臥則夢，偷則自行。」乃心的不動，不動時也有所謂知，即夢劇，莊子曾喻說夢成蝴蝶，醒來後，分不出蝴蝶是夢，或者莊周是夢，荀子說心分得清楚夢是夢，劇是劇，實是實：這種特性稱為靜。

心因為是「虛壹而靜」，乃能知。

「心有徵知：徵知，則緣耳而知聲可也，緣目而知形可也。然而徵知必將待天官之當簿其類，然後可也。」（正名）

「心知道。……人何以知道？曰：心。心何以知？曰：虛壹而靜。」（解蔽）

西方哲學認識論的中庸實有論，亞里斯多德和聖多瑪斯都主張理智的心識由感覺開端，感官供給感覺印象，理智由感覺印象，攝製觀念，觀念即認識客體。荀子主張心之知，由感

覺天官而起。然而所知的不祇是聲色味臭，而是物之理，即是「道」，「心知道」。

「心知道」，是從感覺開始；感覺所認識是事物的形色；事物的形色表示事物的變易；事物的變易是事物的動；由事物的動，微知事物之理。這種理，為行動之理，即事物之用。中國哲學以「體用合一」，由用而知物之理，所知者為物動之者。中國哲學所研究事物之理，就是事物動之理，因為中國哲學講人生之道，即人動作之理；所以研究事物之理，也是事物動之理，因此稱理為道，道由行動原則。

西方哲學所追求的為真理，即事物「存在之理」。聖多瑪斯依據亞里斯多德的思想，主張「行動追隨存在」（Operari seguitur esse），「存在之理和行動之理互相替代。」（Ratio essenoli et ratio operandi convertuntur.）因在肯定人由事物之動可以知道事物存在之理。但是其他許多派別的哲學家，卻反對這一點。他們主張人所看見事物之動，祇能知道各種動的關係，不能知道動之理，更無法知道物的存在之理。存在之理在事物以內，行動在事物外面，人祇感覺到外面，沒有辦法可以進入事物以內，主體和客體相隔，中間有一道鴻溝，不能越過。中國當代幾位學者，方東美、梁漱溟、牟宗三都認為中國哲學認識論沒有這道鴻溝，也沒有主體客體之分，關於這一點，在這書的總結裡，我將討論，在這裡我祇說荀子沒有這種主張，孟子的良知則不是西方認識論所講的認識。

2. 論錯誤

荀子的書裡有解蔽一篇，批評當時學者的錯誤，又有非十二子篇，指出當時學者的錯誤點。荀子認為學者的錯誤都來自認識或邏輯有蔽端。

邏輯的蔽端造成名家的錯誤。

「異形離心交喻，異物名實互紐。」（正名）

有的注釋者，如揚倞、王念孫，主張上面兩句應讀為三句：「異形離心，交喻異物，名實互紐」；但是照原句法讀，更好解釋。

「異形離心交喻」，是將名和實離開，公孫龍所謂「離堅白」，在辯說時，衹講名，不顧實，所以說「白馬非馬。」

「異物名實互紐」，是名家的「合同異」。

心理方面的蔽，是關於認識論的。第一種是偏心，心不正，心不正是有私慾，偏於自己所要的。

「故為蔽：欲為蔽、惡為蔽、始為蔽，終為蔽，遠為蔽、近為蔽，博為蔽、淺為蔽，古為蔽、今為蔽。」

「墨子蔽於用而不知文；宋子蔽於欲而不知得，慎子蔽於法而不知賢，申子蔽於勢而不知知，惠子蔽於辭而不知實，莊子蔽於天而不知人。」（解蔽）

荀子批評這些學者，偏於一面而不公。「此數具者，皆道之一隅也。夫道者，體常而盡變，一隅不足以舉之。」

錯誤的另一種原因是「多疑」。疑，對事的認識不定，不敢決定是非。

「凡觀物有疑，中心不定，則外物不清。吾慮不清，則未可定然否也。……以疑決疑，決必不當。夫苟不當，安能無過乎。」（解蔽）

無論是單純的認識或複雜的判斷，都不能有疑，有疑則不定，不定則不能知物，「水動而景搖，人名以定美惡。」

荀子對於中國哲學的認識論，作了宋代儒者的導師，「心能知，心能主宰。」為儒家心學的兩個重點，尤其「心，虛壹而靜」，為為宋明心學的基本原則。

第四章　宋明儒家的認識論

儒家哲學思想，在漢、魏晉南北朝、隋唐，沒有得到發展，但是在他方面，易緯、道家、道教、佛學，卻各在各自的思想上，都有了成就，尤其是佛學在隋唐成了中國思想的一大宗。宋朝儒者在國家統一太平後，乃努力振興儒學，上追孔子、孟子、荀子，把漢朝易學視為外道，捨而不取，直取洞湯。於是集周湯、論語、大學、中庸、孟子的思想，到朱熹的四書集註，一系而成。陸象山則在同時開啓了明朝王陽明的心學，成為朱學以外的儒學大宗。

宋朝儒學在國家統一太平後，乃努力振興儒學，視為外道，創造了理學，即理性之學，由周敦頤的太極圖說，到朱熹的四書集註，一系而成。陸象山則在同時開啓了明朝王陽明的心學，成為朱學以外的儒學大宗。

儒家哲學繼承孔子的思想，以學為學君子之道，中庸說得很清楚。君子之道，重在修身，修身以大學為綱領。大學講修身在正心、誠意、格物、致知。孔子以知先於行，學而後行；致知和格物，便成為宋明理學的基本問題，造成了儒家的認識論。

一、程、朱的認識論

宋朝的理學，通常以周敦頤、張載、程顥、程頤、邵雍、朱熹作代表。六位學者的思想各不相同，但在基本原則方面都相當，所以他們的思想有共同點，有共識，否則不能都屬於儒家。宋朝理學的共識，在於天、理、性、心、命、氣。

「天」，為天理，為天然，不講上天上帝。理，為一事所以為一物之理，不從存在方面去講，是從行動方面去講，從用到體，體用合一。性，為每一物之理，在人為人性，存在人心裡。心，為人神明的中樞，虛一而靈。命，為人由天所得。氣，是宇宙人物的本體。

「人」，由天地得到理，由天地得到氣，由天地的大化流行得到生命。「天命之謂性」，從天地得到的理就是人性，人性在人為天命，人心為大化流行的生命，常動，動則按性而動，「率性之謂道」。氣，成人的形體，形體的一切都屬於氣。

天、理、性、命、心，在宋朝理學家的思想裡，意義相同，祇是代表不同觀點：由來源說是天，由來源的形式說是命，由來源所得是理，理在人稱為性，性理的活動是心。

儒家的目的在講做人之道，即是「率性之謂道」，性是理，人所要知道的是人性之理，

理由心而顯，為求知理便要講心。西方普通的認識論也就是講「理」和講「理智」（心），但因為理學家以天、理、性、命、心同一意義，理學家講理和講心，便和西方的認識論不同。

理學家分見聞之知和德性之知，見聞之知為感覺，在認識上沒有學理的問題；德性之知，為心知，即理智之知。

1. 理

心知的對象為理，或稱為道，即行動之理，為人物之性，朱熹主張理和氣成對，不是對抗，而是竝立，理和氣同時存在，不能分開。張載則主張理在氣內，理不單立。

理的來源是天地，簡稱天，所以有天理。天理在宇宙中，即天道地道。天理只有一個，所以是「理一」，即「一理」。一理是全理，稱為太極。太極是理之極致，極致之理即是全理，萬物由天地得有物理，每一物之理也是全的，每物有一太極。每物之理不相同，因為萬物由理和氣而成，理是天地一理，氣則有清濁千萬種等級的不同，理因氣而存在，氣限制理，乃有「理一而殊」。

理是萬物存在之理，存在由行動而顯，存在之理乃是行動之理。萬物的行動為生命，行動之理乃是生命之理，宇宙萬物雖都有生命，生命的層次很多，人則為生命的最高層，「人

得理之全，物得理之偏」。

「天以陰陽五行化生萬物，天即理也。」（中庸章句 第一章）

「有此理，便有此氣流行發育。理無形體。」（朱子語類 卷一）

「太極只是個極好至善的道理，人人有一太極，物物有一太極。」（朱子語類 卷九十四）

「人之所以爲人，其理則天地之理，其氣則天地之氣。理無迹，不可見，故於氣觀之，要識仁之意思，是一個渾然溫和之氣，其氣則天地陽春之氣，其理則天地生物之心。」（朱子語類 卷六）

「太極者，……理之極至者也。陽動陰靜，非太極動靜，祇是理有動靜。理不可見，因陰陽而後知。」（朱子語類 卷九十四）

「太極之有動靜，是天命之流行也，所謂一陰一陽之謂道。誠者，聖人之本，物之終始，而命之道也。」（朱子 太極圖說解）

「生的意思是仁」「只從生意上說仁。」（朱子語類 卷六）

「或問理在先，氣在後？曰：理與氣本無先後之可言。但推上去時，卻如理

在先，氣在後相似。」（朱子語類　卷一）

「陰陽是氣，五行是質，所以做得物事出來。五行雖是質，他又有五行之氣做這事物，方得，然卻是陰陽二氣截做這五個，不是陰陽外別有五行。」（朱子語類　卷一）

「問氣質有昏濁不同，則天命之性有偏全否？曰：非有偏全。謂如日月之光，若在露地，則盡見之；若在蔀屋之下，有所蔽塞，有見有不見，昏濁者，是氣昏濁了。」（朱子語類　卷四）

2. 心

心為人生命的中樞，為虛，為靈，乃是精神體。心為知能主宰。人的一切活動，由心作主，由心發動。不由心發動的生理活動和夢中活動，不稱為人的活動，人自己不作主。感覺活動必由心主動，否則「視而不見，聽而不聞，食而不知其味。」心活動的準則為性，心自然按照人性而動。心動為情，人有七情，心不動時，平靜適中，動而合於人性為和。情由氣而成，氣的清濁使情有清濁，情清則心本然光明，不受掩蔽，為人之道心，這種人為人中之聖人。氣濁則心本然光明被掩蔽，掩蔽的程度隨氣濁的程度而定，氣濁之情成為慾。

發明『心』字，曰：一言以蔽之，曰『生』而已。『天地之大德曰生』，
人受天地之氣而生，故此心必仁，仁則生矣。」（朱子語類 卷五）

「心者，人之神明，所以具眾理而應萬事。」（孟子 盡心注）

「心官最靈，藏往知來。」（朱子語類 卷五）

「心之全體，湛然虛明，萬理具足。」（朱子語類 卷五）

「性便是心之所有之理，心便是理之所會之地。」（朱子語類 卷五）

「大凡理只在人心，此心一定，則萬理畢見；亦非能自見。心是矣，則是是
非非，自然別得。」（朱子語類 卷八十七）

「心如水，情是動處，愛即流向去處。」（朱子語類 卷五）

「心感物而動，便是情。」（同上）

「情是未動，情是已動，心包得已動未動。」（同上）

3. 致知格物

大學的傳第五章佚亡了，朱熹作注，自己補了一章：

「閒嘗竊取程子之意以補之，曰：所謂致知在格物者，言致吾之知，在即物而窮其理也。蓋人心之靈，莫不有知，而天下之物，莫不有理；推於理有未窮，故其知有不盡也。是以大學始教，必使學者即凡天下之物，莫不因其已知之理而益窮之，以求至乎其極。至於用力之久，而一旦豁然貫通焉，則眾物之表裡精粗無不到，而吾心之全體大用無不明矣。此謂物格，此謂知之至也。」

這一段補貼的文章，說明了朱熹的認識論，我給大家講一講。

甲、知為心知

朱熹和理學家不講見聞之知，祇講心思之知。心思之知，為心的知。知的官能是心。

「蓋人心之靈，莫不有知」。心，虛靈不昧；靈，活動神妙，應付萬事；虛，光明透徹，能顯明自有之理，能接受外物之理。「顯明」和「接受」就是知，知是應付萬事。

知，由心而知；心所知為物之理，「而天下之物，莫不有理。」

心，「具眾理而應萬事。」「萬理具足」。因為心內有人性，性為理。人性之理，得天

地之理而爲性，即天理。人性的天理也是萬物的天理，即是萬物之理，因爲天地之理爲一。

所以說「心具衆理」「萬理具足。」

朱熹的矛盾就出現了，既然心具衆理，爲什麼還要去求知和物之理？他說「惟於理其知有未窮，故其知有不盡」，他的目的在於「窮理盡性以至於命。」陸象山就反對這一點，因爲心是「萬理具足」，求知理便是反觀自心，不是求知外物；而且心具有萬理，又是萬理具足，那裡還要說於理未窮，於事的性未盡知呢？

朱熹講致知的方法，在於「因其已知之理而益窮之」，是推知的方法，由已知的理推知未知的理。但是朱熹主張理一，宇宙萬物同一理，既然知道了「理」，還有什麼不足呢？朱熹說於理未窮，他的意思乃是說祗知道理的一部份，不知道全部，所以要再往深處追究。這種追究便不是普通邏輯學所講的推理方法，而是用所知道的一部份去燭照不知道的部份。

「窮理盡性以至於命」，理、性、命，在理學家思想中意義相同，祗是觀點不相同。在這句話裡，理是指的天理，性是指的人性，命是指的每個人的個性。致知，應該「窮理」，徹底知道天理，應該「盡性」，完全知道人性，然後乃到知道一個人—我的個性。這是從上而下的方式。沖漠有個從下而上的方式，「唯天下至誠，爲能盡其性；能盡其性，則能盡人之性；能盡人之性，則能盡物之性；能盡物之性，則可以贊天地之化育。」（第廿二章）個性

——人性——物性（天理）。

乙、理

上面所說的個性、人性、天理，都是心知的對象或內容，雖然分作三點，其實都是理。

朱熹對於理，主張「理一而殊」，理是一，理的分殊來自氣，氣有清濁，清濁限制理，天地之理就是根本之理，可以說是理的本體，天地之理衹有一個，萬物各受天地之理的一部份，萬物的理就各不相同，天理乃有分殊。這種分殊，不是量的分殊，不是各物分受理的一部份，因為理不能分，所謂各物分受理的一部份，乃是各物都有天理的全部，然而各物的氣有清濁的不同，清濁的各種程度，使理在各物中所顯出的程度相對稱，而各有不同。衹有人的氣最清，全部的理都可以顯出。朱熹說好比天上的月亮，反映在地面的水中，水的容量大小，反映的月亮就各有大小。但是各人的氣雖然在萬物中最清，最清的程度又有分別，理在各人所有氣質之性又各不同。好比月亮反映在同容量的水中，水清水濁，反映的月亮或者光明或者模糊。

朱熹說求知外物之理，即求知分殊之理。分殊之理不在心中，在物，所以要研究外物。但是研究外物，不是求知物之存在之理，而是求知物動之理；但也不是求知物動之本理，而

是求知物動和人關係之理，即是說一件事物來了，我若何應付。王陽明有一段時期，認爲朱熹的格物，是求物存在之理，乃去格竹求竹之理，越格竹越不見竹理，精神幾乎崩潰，便拋棄了朱熹的格物，而服膺陸象山的觀心。實際上朱熹的格物，是求竹對於人生的關係。

理，是生生之理。對於竹子，不是求知道竹子怎樣生長，是求竹子對我的生命有若何關係，也不是對身體生命的關係，竹子可吃不可吃，而是竹子對心靈生命的關係。

朱熹說格物致知，不是佛教所講的頓知，而是堆積知識，「至於用力之久，而一旦豁然貫通」。弟子們多次問朱熹這種方法究竟是什麼意思？「用力之久」，怎麼叫做用力？久，究竟多久？爲什麼一旦豁然貫通？貫通什麼？

朱熹語類裡有一些答覆：

「格物最是難事，如何盡格得？曰：程子謂今日格一件，明日又格一件，積習既多，然後脫然有貫通處。某嘗謂，他此語便是眞實做工夫來。他也不說格一件後便會通，也不說盡格得天下物理後方始通，只云：積習既多，然後脫然有箇貫通處。」（朱子語類 卷十八）

「問伊川云：今日格得一件，明日格得一件，莫太執著否？曰：人日用間自

是不察耳，若體察當格之物，一日之間儘有之。」（同上）

「積習既多，自當脫然有貫通處，乃是零零碎碎湊合將來，不知不覺，自然醒悟。其始固須用力，及其得之也，又卻不假用力。此個事不可欲速，欲速則不達。其始固須用力，及其得之也，又卻不假用力。此個事不可欲速，欲速則不達。須是慢慢做去。」（同上）

「問伊川說：今日革一件，明日革一件工夫如何？曰：如讀書，今日看一段，明日看一段，又如今日理會一事，明日理會一事，積習多後，自然貫通。……窮理者因其所已知而及其所未知，因其所已達而及其所未達。人之良知本所固有，然不能窮理者，只是足於已知已達，而不能窮其未知未達，故見得一截，不曾又見得一截，此其所以於理未精也，然仍須工夫，日日增加，今日既格得一物，明日又格得一物，工夫更不住地做，如左腳進得一步，右腳又進一步，右腳進得一步，左腳又進，接續不已，自然貫通。」（同上）

「問陸先生不取伊川格物之說，若以隨事討論，則精神易弊，不若但求之心，心明則無所不照，其說亦似省力。曰：不去隨事討論後，聽他胡做，話便信口說，腳便信步行，冥冥地去都不管他。」（同上）

上面引了幾段語類，可以知道這問題並不簡單。首先要問，格事，格什麼事？格為討論，討論事件的什麼東西？為什麼格多了就貫通呢？

洙熹說明所格的事，是每天日常的事。每個人在每一天裡都有許多事，對每件事留心怎樣做好。這就是格物。所格的，是每件事對人的生活所有關係的道理。

當時別的學者，有人和朱熹的意見不相同，在語類裡有一段問答，說明這事：

「或問中近世大儒格物致知之說，曰：格，猶扞也，禦也，能扞禦外物，而後能知至道（溫公）。必窮物之理同出於一為格物（呂與叔）。窮理只是尋個是處（上蔡）。天下之物，不可勝窮，然皆備於我而非從外得（龜山）。今日格一件，明日格一件，為非程子之言（和靖）。格物致察而宛轉歸已（胡文定）。即事即物，不厭不棄，而身親格之（五峯）。」（朱子語類　卷十八）

朱子對上段學者的意見都作了答覆，他讚成五峯的主張，但仍加以修正：

「五峯說格物立志以定其本，居敬以持其志，志立乎事物之外，敬行乎事物

之內，而知乃可精者。這段話本說得極精；然卻有病者，只說得向裡來，不曾說得外面，所以語意頗傷急迫。蓋致知本是廣大，須用說得表裡內外周徧兼賅方得。其曰志立乎事物之表，敬行乎事物之內，此語極好，而曰知乃可精，便有局蹙氣象，他便要就這裡便精其知，殊不知致知之道，不如此急迫，須要寬其程限，大其度量，久久自然通貫。他言語只說得裡面一邊極精，遺了外面一邊，所以其規模之大不如程子。且看程子所說，今日格一件，明日格一件，積久自然貫通。此言賅內外寬緩不迫，有涵泳從容之意。所謂語小天下莫能破，語大天下莫能載也。」（同上）

上段話包涵問題不僅格物致知，也包涵修身主敬；但欲致知，朱熹仍舊堅持程頤的主張，留心日常事件和人生活關係的道理，人應知道應付事件之道。事物和人生活關係的道理，是事物行動的理，人知道事物行動的理，便知道如何應付。格物，不是求知事物的「存在之理」，而是「行動之理」。西方哲學以「行動之理」隨從「存在天理」，中國哲學以行為用，存在者為體，體與用合一。「行動之理」由事物的行動可以知道，這一點，在中西哲學都有肯定的共識，袛是西方哲學對由「行動之理」可否知道「存在之理」，則有許多不同主張。

朱熹所說「理一而殊」，「行動之理」的根本爲生命，生命的根本是一，這個根本生命理即「理一」；生命的動由氣而動，氣有種種清濁的不同，根本生命理乃有不同的活動，這不同的生命活動之理即「而殊」。致知，每日格一事，對於不同事物行動，逐漸理會到根本相同點，由根本相同點再去看不同事物的動，乃能豁然貫通，人心對於事物的應付，乃能一致。朱熹說「則衆物之表裡精粗無不到，而吾心之全體大用無不明矣。」

丙、窮理—明德

「行動之理」，從感官的感覺，心可以知道，而且是從感官開始去致知，這和士林哲學的認識論相同，但是到了「豁然貫通」的知，朱熹和理學家們有不同於西方認識論的主張。致知必須達到「豁然貫通」的境界，爲達到這境界說是一天一天地去格，用學術語來說則是「窮理盡性以至於命」。在上面我予以解釋是知道天理、人性、個性。這三層的知，都是知道「理」：天理的理，人性的理，個性的理。人性的理和個性的理，雖已結合氣，然以理爲主。所以儒家祗講「窮理」。

「問，窮理者，非謂必盡天下之理，又非謂止窮得一理便到。但積累多後自

當脫然有悟處。曰：程先生此言語，氣象自活，與眾人不同。」

「又問物必有理，皆所當窮云云。曰：此處是緊切，學者須當知夫天如何而能高，地如何而能厚，鬼神如何而幽顯，山河如何能融結，這方是格物。」

（朱子語類　卷十八）

之理，要就切身的事去研究。

這樣做，而且說要研究天地鬼神山河的結結。不過所謂天高地厚和鬼神幽顯以及山河融結，不是從自然科學去研究，祇是一氣的變化，所以是研究事理。然而還是不要去研究天地萬物性的研究法，乃是普通的教育法，要各人自己去體會；陸象山就反對這一點。朱熹堅持著要不窮天下萬物之理，也不祇窮一事物之理，要積累多了就可以貫通。這種說法不是學術

「且窮實理，令有切己工夫。若只泛窮天下萬物之理，不務切己，即是遺書所謂遊騎無所歸矣。」（同上）

「行夫問萬物各具一理，而萬理同出一源，此所以可推而無不通也。曰：近而一身之中，遠而八荒之外，微而一草一木之眾，莫不各具此理。如此四人

盡性以至於命，朱熹解答弟子對這話的問題。

格物之理，由分殊以到同一，「理一分殊」乃能多格事物以到貫通。易傳說卦有「窮理

在座，各有這個道理。某不用假於公，公不用求於某，仲思與廷秀亦不用自相假借；然雖各自有這一箇理，又卻同出於一箇理爾，如排數器水相似。這盂也是這樣水，那盂也是這樣水，各各滿足，不待外求假於外。然打破盂裡卻也是箇水，此所以可推而無不通也，所以謂格得多後自能貫通者，只爲是一理。釋氏云：一月普現一切水，一切水月一月攝，這是釋氏也窺見得他這些道理。濂溪通書只說這一事。」（同上）

「問：窮理盡性以至於命，曰：此言作易者如此，後來不合將做學者看。如孟子盡心知性知天之說，豈與此是一串？卻是學者事。只於窮理上著工夫，窮得理時，性與命在其中矣。橫渠之說未當。」（朱子語類 卷七十七）

「伯豐問窮理盡性以至於命，程張之說孰是？曰：各是一說。程子皆以見言，不如張子有作用。窮理是見，盡性是行，覺得程子是說得快了。如爲子知所

以孝，爲臣知所以忠，此窮理也。爲子能孝，爲臣能忠，此盡性也。能窮此理，充其性之所有，方謂之盡，以至於命是拖腳，卻說得於天者，是我之所至也。至命是說天之所以予我者。」（同上）

頤以「窮」「盡」「至」都是知，合於湯漙原文。朱熹認爲湯漙說物理，因此理、性、命，都是理，都用知；理學者講知行，便把「窮理」跟「盡性」「至於命」分開，因爲在理，包含性和命。但朱熹既講「理一而殊」，理爲一，性和命爲殊，應當和程頤所說相同才對。

朱熹解說「窮理盡性以至於命」，祇有「窮理」是知，「盡性」「至於命」」是行，程

「窮理」，爲貫通萬理的境界，今日格一事，明日格一事，格多了便自然貫通萬理，萬理同出一源，此理爲生命之理，此理在人心。

「問致知之要，當知至善之所在云云。曰：天下之理，偪塞滿前，耳之所聞，目之所至，無非物也，若之何而窮之哉！須當察之於心，使此心之理既明，然後於物之所在，從而察之，則不至於汎濫矣。」（朱熹語類　卷十八）

關於「察之於心」這一點，說到儒家認識論的關鍵點。朱熹和陸象山在格物一項上，意見不同，根本上兩人都主張理在心上，袛是朱熹主張「理一而殊」，事物之理有殊，須加研究，陸象山主張一理，以「心外無理」，不須研究外物。陸象山的「致知」完全在「察之於心」，朱熹的「致知」，開始格究事物，最後「察之於心」貫通萬理。

「察之於心」就貫通萬理，怎麼講呢？

性是理，性在心中，心光明，性理在心中自然顯出。

「人之本心不明，一如睡人都昏了，不知有一身，須如喚醒方知。……某看來，大要工夫只在喚醒上，然如是等處，須是體驗教自分別。」（朱子語類　卷

十二）

「問：或問云：心雖乎一身，而其體之虛靈足以管乎天下之理，理雖散在萬物，而其用之微妙，實不外乎一人之心。不知用是心之用否？曰：理必有用，何必又說是心之用。夫心之體，具乎是理，而理則無所不賅，而無一物不在；然其用，實不外乎人心。蓋理雖在物，而用實在心也。……次早，先生云，此是以身為主，以物為客，故如此說。要之，理在物與在吾身只一般。」（朱

子語類　卷十八）

朱熹主張心是光明，理在心中。人卻不自知，因為人不曾意識到，好比人睡覺了，人要喚醒自己的意識，使自己體驗到心中的理。「夫心之體，具乎是理」，心中的理包括天地萬物的理，「而理則無所不賅，無一物不在。」這是說「理一」，天地萬物基本的理是同一的理，即是生生之理。但是「理一而殊」，萬物之「個理」各不相同。「個理」對人有什麼關係？即是每一物對人有什麼關係？這種關係為「理之用」。「理之用」乃是心之用。一物的「個理」對我接近，我的「心之理」就會顯映兩者相符合，這種符合就是我應當調整應付這物。例如父親出現在我眼前，我心就顯出我應怎樣孝順父親。孝親之理是在我心內，這時這地應該怎樣孝順父親。父親出現在我眼前，不是一個抽象的父親，而是一位在一定的情狀下的父親，應付一定情狀的父親，便是「孝之理」之用。這種用，是「心之理」之用，由心而顯。「蓋理雖在物，而用實在心也。」這種說法，<u>朱熹</u>認為乃是解晰時，把理和用分開，以理在物，以用在人身內的心，「此是以身為主，以物為客，故如此說」。主客問題，在西洋認識論，為一關鍵性問題，理在物，理智在人身，物和理智怎麼能夠相接？<u>朱熹</u>則說「理在物與在吾身只一般」，「物之理」和「身之心」是一般。一般，是不是同一？不是同一，是

合一。「物之理」和「身之心」所顯的理相合。「相合」是認識的相合，不是認識的相合，是「用」的相合。我若能夠用「心之理」應付萬物之理，「而吾心之全體大用無不明矣」。心的全體大用無不明，便是「窮理盡性以至於命」。

朱熹的窮理，是「心之理」顯明，應付萬事。這種窮理，不是認識的窮理，是行為盡合於「心之理」，也就是「盡性」。王陽明後來把窮理解釋為「致良知」。「心之理」之用為良知，即心顯映自心之理。在用辭上，朱熹和王陽明不同，在實際上則相同。

朱熹認識論說人認識理，是心顯明理，雖然和佛教天台宗華嚴宗的「觀」相似，但所有的內涵不相同。雖然和西方認識論的唯心論相似，但意義不相同。朱熹的窮理，不是心的知，而是心的用，即是行為合不合理。

二、陸、王的認識論

1. 陸九淵論理

陸九淵和朱熹對於格物致知，意見不同，鵝湖之會以後，仍舊各持己見，陸九淵不主張

理和氣二元，祇講「理」，雖講陰陽五行，可是很少提到氣。他主張太極爲一實理，爲宇宙的根源。

「夫太極者，實有是理，聖人從而發明之耳，非以空言立論，使後人籤弄於煩舌紙筆之間也。其爲萬化根本固自素定，其足不足，能不能，豈以人言不言之故耶？易大傳曰：易有太極。聖人言有，今乃言無，何也？作大傳時不言無極，太極何嘗同於一物，而不足爲萬化根本耶？洪範五皇極，列在九疇之中，不言無極，太極亦何嘗同於一物，而不足爲萬化根本耶？太極固自若也，尊兄只管言來言去，轉加糊塗。」（象山先生全集　卷二　與朱元晦書）

陸九淵以理爲宇宙萬化的根本，以這根本怎麼可以化生陰陽兩氣呢？他以陰陽爲道，如易傳所說：「一陰一陽之謂道。」（第五章）即是陰陽之理。

「太極判而爲陰陽，陰陽播而爲五行。天一生水，地六成之；地二生火，天七成之；天三生木，地八成之；地四生金，天九成之；天五生土，地十成之。

陸九淵採湯溥的數，合上漢湯的象數，用數字去解釋陰陽五行，這種解釋非常的牽強。

「此理塞宇宙，古先聖賢常在目前。蓋他不曾用私智，不識不知，順帝之則。此理豈容識知哉？」（象山先生全集 卷十二 與張輔之書）

「塞宇宙一理耳。上古聖人先覺此理……後世聖人，雖累千百載，其所知所覺不容有異。曰若何符節，曰其揆一也，非眞知此理者，不能爲此言也。」（象山先生全集 卷二十三 講義）

五奇天數，陽也；五偶地數，陰也。陰陽奇偶相與配合，而五行生成備矣。塞宇宙之間，何往而非五行？」（象山先生全集 卷二十三 講義）

故太極判而爲陰陽，陰陽即太極也。陰陽播而爲五行，五行即陰陽也。塞宇宙之間，何往而非五行？」（象山先生全集 卷二十三 講義）

莊子曾說「充宇宙一氣耳」，陸九淵說「塞宇宙一理耳」。莊子乃講「氣知」，陸九淵卻說「此理豈容識知哉」！陸九淵認爲充塞宇宙之理不可知；但他卻又說：「上古聖人，先覺此理……非眞知此理者不能爲此言也」，上古聖人確實覺此理，眞知此理，對理有知。

理，不可知，是對普通的知識，由感覺印象，心乃知宇宙事物，這種知識不能知識「理」，理屬於形而上：莊子稱這種知為小知。但是，理又必須為人所知，因為是人生之道，「上古聖人，……後世聖人，雖累千百載，其所知所覺，不容有異。」聖人能覺見此理。

2. 陸九淵論心

理塞宇宙，理也在人心。

（宅之書）

「蓋心，一心也，理，一理也，至當歸一，精義無二。此心此理，實不容有二。故夫子曰：吾道一以貫之。孟子曰：夫道一而已矣。又曰：道二，仁與不仁而已矣，如是則為仁，反是則為不仁。仁即此心也，此理也。求則得之，得此理也；先知者，知此理也；先覺者，覺此理也。」（象山先生全集　卷一　與曾

理在人心，宋朝理學家都這樣說：因為理是人性，人性為人心的體。陸九淵的主張和他們的不同點，在於主張心和理為一，心即理，而且主張「心外無理」。

「四方上下曰宇，往古來今曰宙。宇宙便是吾心，吾心即是宇宙。」（象山先生

全集 卷二十二 雜說）

心，本來靈明，人心的理自然顯明。但人心有私慾，則心受蒙蔽，失去靈明。

「人心至靈，惟受蔽者失其靈耳。」（象山先生全集 卷十四 與姪孫濬一書）

「人心至靈，此理至明，人皆有是心，心皆具是理。」（象山先生全集 卷二十二

雜說）

陸九淵以宇宙萬物之理都在「吾心」，爲致知，便應該反觀自心，自心靈明，在自心便

見到物之理，不要去對外面事物去研究。

「先生居象山，多告學者云：『汝耳自聰，目自明，事父自能孝，事兄自能

弟，本無少缺，不必他求，在乎自立而已』，學者於此亦多興起。」（象山先生

全集 卷三十四 語錄上）

「朱元晦曾作書與學者云：「陸子靜專以尊德性誨人，故游其門者多踐履之士，然於道問學處欠了。某教人豈不是道問學處多了些子？故游某之門者踐履多不及之。」觀此，則是元晦欲去兩短，合兩長。然吾以爲不可，既不知尊德性，焉有所謂道問學。」（同上）

「鵝湖之會，論及教人。元晦之意，欲令人泛觀博覽，而後歸之約。二陸之意，欲先發明人之本心，而後使之博覽。朱以陸之教人爲太簡，陸以朱之教人爲支離，此頗不合，」（象山先生文集　卷三十六　年譜　淳熙二年乙未）

「陸子靜說良知良能，四端根心，只是他弄這物事，其他有合理會者，渠理會不得，卻禁人理會。鵝湖之會，渠作詩云：『易簡工夫終久大』，彼所謂易簡者，苟簡容易爾，全看得不仔細。……易簡有幾多事在，豈容易苟簡之云乎！」（朱子語類　卷十六）

從上面所引的文據，可以看到陸九淵以孟子的良知良能講致知。知，是良知良能。有如耳目自然能聽能看，心自然知理，知就事行，行是尊德性，行善。在飲食方面，人的身體自然感到一種飲料或食物，合於自己的要求，可以助身體發育，也自然感到一種飲料或食物，

於身體有害，以致中毒或生病。在心靈生活上，心自然知覺那種行為是合於心靈的發展，即是善，那種行為不合於心靈生活的發展，即是惡。這種知，是心的理自然顯明；這種知，是良知，不是普通的知，也不是學術的知，不必向外物去求，只求之於吾心。「不必他求，在乎自立而已。」

中國哲學講為人之道，乃是尊德性，一切的知識，都在於為人之道。人從外物所有的一切知識，都要歸到這一點。朱熹講格物致知，是在應證外物之理，合於人心之理，因為理一而殊，分殊的物理，要合於唯一的天理。天理是人性，人性在人心，萬物之理合於人心之理。陸九淵既然萬物之理要合於人心之理，何必去求外物之理，支離破碎，簡單地祗看人心之理就夠了，這樣很簡單節約。朱熹批評陸九淵的簡約過於只看大綱，不看節目，不切實際。但是兩人最終還是相同於「理由心顯」。

這種「理由心顯」，不是心知理，乃是心顯理，理本已在心，事物臨到眼前即心前，心馬上顯出應付之理。這種顯明之理，乃是善惡之理，即是良知，王陽明後來就發揮這種思想。

3. 王陽明論理

王陽明崇拜陸九淵，替陸九淵作文集序，稱他是孟子心學的繼承人，孟子心學沒有傳承

者，及到陸九淵才把孟子的絕學再復興。王陽明自己則繼承陸氏的心學。陸氏的心學以心即理，理即心，心外無理。

「經，常道也。其在於天謂之命，其賦於人謂之性，其主於身謂之心。心也，性也，命也，一也。通人物，達四海，塞天地，亙古今，無有乎弗具，無有乎弗同，無有乎或變者也，是常道也。……

六經者非他，吾心之常道也。是故易也者，志吾心之陰陽消息者也；書也者，志吾心之紀綱政事者也；詩也者，志吾心之歌詠性情者也；禮也者，志吾心之條理節文者也；樂也者，志吾心之欣喜和平者也；春秋也者，志吾心之誠偽邪正者也。君子之於六經，求之吾心之陰陽消息而時行焉，所以尊易也；求之吾心之紀綱政事而時施焉，所以尊書也；求之吾心之歌詠性情而時發焉，所以尊詩也；求之吾心之條理節文而時著焉，所以尊禮也；求之吾心之歌詠性情而時辨焉，所以尊春秋也。

……故六經者，吾心之記籍也；而六經之實，則具吾心。猶之產業庫藏之實積，種種形色，具存於其家；其記籍者，特名狀數目而已，而世之學者，不

知求六經之實於吾心，而徒考索於影響之間，牽制於文義之末，硜硜然以為是六經矣。……」（王陽明 尊經閣記）

王陽明承陸九淵的思想，認為「理」全在人心。六經是中華民族的人生大道，六經的「實」，即是「理」，都是「吾心之常道也。」研究六經，就在於反觀吾心，不要去研究文義，也不要求證於外面事物。

「嗚呼！六經之學，其不明於世，非一朝一夕之故矣！尚功利，崇邪說，是謂亂經。習訓詁，傳記誦，沒溺於淺聞小見，以塗天下之耳目，是謂侮經。侈淫辭，競詭辯，飾奸心盜行，逐世壟斷，而猶自以為通經，是謂賊經。若是者，是并其所謂記籍者，而割裂棄毀之矣，寧復知所以為尊經也乎？」（同上）

王陽明肯定研究六經之常道，漢儒、宋儒都完全錯了，他們是亂經、侮經、賊經，把六經割裂棄毀了。他認為唯一的方法，就是反觀吾心，因為六經之道，就是吾心之常道。這種論斷，非常武斷。六經文字的真偽，難道在吾心，反觀吾心就可以知道嗎？陰陽五行的變化，

難道在吾心，反觀吾心就可以知道嗎？反觀吾心就可以知道嗎？禮儀的節目，行禮的儀式，難道也在吾心，反觀吾心就可以知道嗎？音樂的樂曲，難道也在吾心，反觀吾心就可以知道嗎？春秋褒貶的史事，難道也在吾心，反觀吾心就可以知道嗎？王陽明當然知道這些問題，他的答案若認為普通所講六經的這一些，都是外面形色，不是六經之實：「六經之實，則具吾心。」六經之實，是六經之理，即「吾心之常道」。普通研究六經的人，不求實理，而求外形，「而世之學者，不知求六經之實於吾心，」反求於外面的形色，都走錯了。

朱熹所講的格物，就格這些外面的形色，因為形色由氣而成，氣的清濁，構成「理一而殊」；致知，要由理之殊而到理之一。王陽明和陸九淵則以外面的「殊」，沒有價值，不必去格，免得支離破碎，祇是簡單地求知心之理。

4.　王陽明致良知

王陽明以心的本體為理，理和心為一，心光明無塵，自然知理，心和知又同為一。心、理、知，相同為一，乃是良知。

「又曰：知是心之本體，心自然會知。見父自然知孝，見兄自然知弟，見孺

子入井自然知惻隱，此便是良知，不假外求。」（王文成公全書　卷一　傳習錄上）

「良知只是個是非之心，是非只是個好惡。只好惡就盡了是非，只是非就盡了萬事萬變。

又曰：是非兩字是個大規矩，巧處則存乎其人。」（王文成公全書　卷三　傳習錄下）

良知，爲孟子所說「不學而知」，所知爲行爲的是非。心對於行爲的是非，如同一面鏡子，一椿行爲一到心前，心就顯出行爲的是或非。

良知又是良能，知就是行，知行合一。有如「如惡惡臭，如好好色」，不僅是臭覺和視覺的感覺，同時有心理上的好惡感觸。良知對於是非之知，同時自然是是，就去作；是非，就不去作。這是王陽明的致良知，致知於行爲上。若是不按照良知去做，良知就沒有表現，沒有成，便是沒有良知。

「愛（徐愛）曰：古人分知行爲二，恐是要人用二有分曉否？

先生曰：此正失卻古人宗旨。某嘗說：知是行之主意，行實知之工夫；知是行之始，行實知之成，已可理會矣。」（年譜一　三十八歲　王文成公全書　卷三十二）

「聖人無所不知，只是知箇天理，無所不能，只是能箇天理。聖人本體明白，故事事知箇天理所在，便去盡箇天理，不是本體明後，卻於天下事物都便知得便做得來也。

天下事物，如名物度數草木鳥獸之類，不勝其煩，聖人須是本體明白了，亦何緣能盡知得。」（王文成公全書　卷三　傳習錄下）

「丁亥九月，先生起復征思田，將命行時，德洪與汝中論學。汝中舉先生教言曰：無善無惡是心之體，有善有惡是意之動，知善知惡是良知，為善去惡是格物。」（王文成公全書　卷三　傳習錄下）

王陽明的知，是良知，知的內容是行為的善惡。良知是心的知，不是心知道外物，也不是反觀自心，而是心自然顯出行為的是非，是非即是天理，心顯明是非，即顯天理，所以說：「聖人無所不知，只是知箇天理。」聖人無所不知，是對凡百事物，都知道是非，因為聖人的心，光明純淨，沒有私慾的掩蔽。「聖人本體明白，故事事知箇天理所在。」這個知天理，不是知道外界的事物，「天下事物……不勝其煩，聖人須是本體明白了，亦何緣能盡知得。」

王陽明說清楚了，他的知識論所講的知，為知事物的天理，即是事物在人生生活倫理的是

非。也就是西方哲學的人性律或自然律，人生來具有這種人性律，人天然在行為上知道合不合性律，合為是，不合為非。在這一點上，中西哲學相同。但是西方哲學不以良知屬於認識論，是屬於倫理和宗教哲學。

王陽明以這種良知，就是陸九淵所講的知，陸九淵所講的理，就是行為的是非之理。陸九淵的認識論也不同於西方哲學的認識論。

王陽明主張良知為知行合一，西方士林哲學也主張良知之知為知行合一，但是普通認識論之知，不是知行合一。哲學和科學的共識，講法雖不同，實際上都主張理在人心，理由心顯，「明心見性」。這種理由心顯，和西方哲學的「直見」（ Intuition ）不同。西方哲學的「直覺」，是理智（ 心 ）直接透視物之理，和莊子的氣知，有些相似。理學家的「明知」為「明明德」，為自心天理的顯出，不是心去知理，是理已在心中，由心顯出，這是自然律的知。

朱熹的格物，對外物的研究，由已知推到未知，為莊子所說的小知，這是理性的知識，和西方哲學士林哲學相同，由感覺印象去推理，即是用去求知本體。士林哲學也肯定由行動可以知道行動之理，由行動之理可以知道存在本體之理。例如由人的行動，知道人是理性

的動物。朱熹由人的行動，知道人在萬物中最靈，然而朱熹格物，不是求知物之行動之理，而是求知物之行動和人生活的關係，即是求知物之行動和人生活發生關係時，人應付這種關係之理，人應付物之關係之理即是人心之天理，天理顯出這種關係的是非，歸根便是是非之知。這一點和士林哲學不同，士林哲學的認識論在求知事物本體之理，這也是西方哲學認識論的共同點。因此，西方哲學的認識論乃有理智是否有認識物理的能力？是否可以認識物理的問題。勝過主體和客體間的距離？

乙編　道家的認識論

第五章　老子的認識論

一、概　論

老子、莊子的思想，結成道家的思想。道家的思想，如同儒家的思想，以人生之道爲中心。所不同點，老子把重點放在形上本體論，由本體論申出人生之道，先講「道」，構成形上宇宙論，以宇宙論的原則作人生的原則。但是孔子沒有明顯地把易經作自己思想的基本，而是以經的宇宙變易的原則，作人生之道。但是孔子原本也作了這種工作，即是講解易經，將易天道之禮作爲基本，因此研究中國哲學的人常認爲道家爲形上學，儒家則是倫理學。

道家的思想，以「道」爲中心，「有物混成，先天地生，寂兮寥兮，獨立而不改，周行而不殆，可以爲天下母，吾不知其名，字之日道。」（道德經　第二十五章）「道」的本體是

「道之爲物，惟恍惟惚；惚兮恍兮，其中有象；恍兮惚兮，其中有物；窈兮冥兮，其中有精，

其精甚眞，其中有信。」（第二十一章）「其上不皦，其下不昧，繩繩不可名，復歸於無物，是謂無狀之狀，無物之象，是謂惚恍。」（第十四章）

道家（老子）的宇宙觀爲「道生一，一生二，二生三，三生萬物，萬物負陰而抱陽，沖氣以爲和。」（第四十二章）

「道」動的原則是：「反者，道之動；弱者，道之用。天生萬物生於有，有生於無。」（第四十章）「夫物芸芸，各復歸其根。歸根曰靜，是爲復命，復命曰常。」（第十六章）「大道氾兮其可左右，萬物恃之而生而不辭，功成不名有，衣養萬物而不爲主，常無欲可名於小，萬物歸焉而不爲主可名爲大，以其終不自爲大，故能成其大。」（第三十四章）

道的原則，即人生的原則，「上善若水，水善利萬物而不爭，處衆人之所惡，故幾於道。」（第八章）「曲則全，枉則直，窪則盈，敝則新，少則得，多則惑，是以聖人抱一而爲天下式，不自見故明，不自是故彰，不自伐故有功，不自矜故長。夫唯不爭，故天下莫能與之爭。」（第二十二章）「道常無爲而無不爲，侯王若能守之，萬物將自化，化而欲作，吾將鎭之以無名之樸，無名之樸，亦將不欲，不欲以靜，天下將自立。」（第三十七章）

上面，我很簡單舉出了道家的宇宙本體論和人生之道的幾個重要觀念，我沒有詳細講解，因爲這次不是講道家思想，祇講道家的認識論，提出幾個重要觀念，爲使講認識論有思想的

根據。

二、 老子的認識論

在道德經裡，很少有認識論的資料；就所有的資料，我提出老子對認識論的幾個觀念。

1. 感　覺

感覺是人生的日常生活；人有感官，感官能夠感覺，也是人的常識。在道德經裡有提到感覺的處所：

「五色令人目盲，五音令人耳聾，五味令人口爽，馳騁畋獵，令人心發狂，難得之貨，令人行妨。是以聖人為腹不為目，故去彼取此。」（第十二章）

「視之不見，名曰夷；聽之不聞，名曰希；搏之不得，名曰微。」（第十四章）

「道之出口，淡乎其無味，視之不足見，聽之不足聞，用之不足既。」（第三十五章）

普通的常識，即目、耳、鼻、舌、身，五種感官，各有自己的對象，目視色，耳聽聲，鼻聞香，舌（口）嚐味，身感觸。老子不廢這種常識；但對感覺的價值，則看得很清；因感官的對象，都是物質形色之物。

2. 見

見，在普通的認識論裡，是眼睛的功能和作用，普通都說目能見，見是眼睛看見有顏色的物體。在道德經裡，「見」有不同的意義。

「不自見，故明。」（第二十二章）

「自見者，不明。」（第二十四章）

「吾欲取天下而爲之，吾見其不得已。」（第二十九章）

「見小，曰明。守柔，曰強。用其光，復歸其明，無遺身殃，是爲習常。」

（第五十二章）

上面的「見」，不是看一件有色的物體，而是看人間的事。普通人們也用「見」去指看

見事件，因爲人世的事，都是由有形色的人或物所成的。這種「見」，不單用眼睛看，還要用理智（心）去想。所以在這樣「見」中，包含著理智。

老子說，「自見者，不明。」「不自見，故明。」在這裡，老子指有自己見識或意見（偏見）的人，看事看不明白。因爲接著他說「不自是，故彰；不自伐，故有功；不自矜，故長。」這一切的動作，都包含心的認識和判斷，而且是自己反省的判斷。自己反省，不是反省自己的存在，不是認識自己本體，像西洋認識論所有的問題；如同笛克爾所說「我思故我存」；而是日常生活上的現象。自見、自是、自伐、自矜，先認識自己所有的才能，和所有的動作，再又認識別人的才能和動作，最後作判斷，以自己比別人強。這都是理智（心）的認識作用。老子肯定人有這種認識作用，便是肯定人有理智，理智能知，即是心能知。

3.　知

上面講「見」，作爲理智的認識作用，普通說是「知」；這種作用的結果，就是知識。

「天下皆知美之爲美，斯惡已；皆知善之爲善，斯不善已。」（第二章）

「是以聖人之治，……常使民無常知無欲，使夫智者不敢爲也。」（第三章）

「道沖而用之，或不盈，淵兮似萬物之宗，⋯吾不知誰之子，象帝之先。」

（第四章）

「知常曰明，不知常，妄作凶。知常容，容乃公。」（第十六章）

「太上，下知有之。」（第十七章）

「孔德之容，惟道是從。⋯⋯以閱眾甫。我何以知眾甫之狀哉？以此。」（第二十一章）

「知人者智，自知者明。」（第三十三章）

「有物混成，先天地生。⋯⋯吾不知其名，字之曰道。」（第二十五章）

「知其雄，守其雌，為天下谿。⋯⋯知其白，守其黑，為天下式。」（第二十八章）

「知足不辱，知止不殆。」（第四十四章）

「禍莫大於不知足，咎莫大於欲得；故知足之足，常足矣。」（第四十六章）

「不出戶，知天下；不闚牖，見天道。其出彌遠，其知彌少。是以聖人不行而知，不見而名，不為而成。」（第四十七章）

「知和曰常，知常曰明。」（第五十五章）

「以正治國，以奇用兵，以無事取天下，吾何以知其然哉！」（第五十七章）

「無不克，則莫知其極。」（第五十九章）

「夫唯無知，是以不我知。知我者希，則我者貴。」（第七十章）

「知不知上，不知知病；夫唯病，是以不病。」（第七十一章）

「是以聖人不自知，不自見，自愛不自貴。」（第七十二章）

「弱之勝強，柔之勝剛，天下莫有知，莫能行。」（第七十八章）

「知者不博，博者不知。」（第八十一章）

上面可以說把道德經各章的「知」字，都抄出來了。根據這些文據，可以推敲「知」在老子的思想中，所有的意義。

第一，知，是理智的認識作用。

知美、知善、知常、知眾甫之狀，知足，這些都是理智（心）的認識作用，不是感官的作用，也是普通的理智作用，沒有特別的性質。

第二，知的對象，為人世社會的人物、事故，和其中的道理。知有限制，對於「道」不能知，「吾不知誰之子」，「吾不知其名」。

第三，知的價值，老子予以否定，以不知為貴。「是以聖人之治，……常使民無知無欲。」

「夫唯無知，是以我不知。」「聖人不自知」，「知不知上，不知知病；夫唯病，是以不病。」

老子的人生原則，在於自然，不用人造的制度，人的知識，常用為多欲，不知足；常製造供人慾望的事物，添人貪心，常訂立禮儀倫理規律，拘束人的人性，因此他主張：

「絕智棄聖，民利百倍，絕仁棄義，民復孝慈。絕巧棄利，盜賊無有。」（第十九章）

「絕學無憂，唯之與阿，相去幾何？」（第二十章）

「為學日益，為道日損。」（第四十八章）

「夫禮者：忠信之薄，而亂之首。」（第三十八章）

「聖人乃不自見，不自知。」「我獨泊兮其未兆，如嬰兒之未孩。漯漯兮若無所歸，眾人皆有餘而我獨遺，我愚人之心也哉！沌沌乎！俗人昭昭，我獨昏昏；俗人察察，我獨悶悶；澹兮其若海，飂兮若無止；眾人皆有以，而我獨頑似鄙，我獨異於人而貴食母。」（第二十章）

「是以聖人欲不欲，不貴難得之貨，學不學，復眾人之所過，以輔萬物之自然而不敢為。」（第六十四章）

但是聖人的無知，並不是沒有知識，聖人的無知，是不知人世紛雜的事物，但卻有高一等的知，「知常」，「知明」。

老子說：

「聖人抱一為天下式，不自見，故明。」（第二十二章）

「歸根曰靜，是謂復命，復命曰常，知常曰明，不知常，妄作凶。」（第十六章）

「知和日常，知常曰明。」（第五十五章）

「昔之得一者：天得一以清，地得一以寧，神得一以靈，谷得一以盈，萬物得一以生，侯王得一以為天下，貞以致之。」（第三十九章）

老子以聖人的知，在知人生的基本原則，基本為「一」為「常」，「一」和常是什麼？

老子說：「道生一，一生一，一生二，二生三，三生萬物，萬物負陰而抱陽，沖氣以為和。」（第四十二章）在這一章老子的形上宇宙本體觀，有「一」，有「和」。「一」為「道」的「初生」，「和」為「道」的沖氣。王弼注說：「萬物萬形，其歸一也。何由致一，由於無也。」王弼並沒有說明「一」與「和」。從老子的道德經研究一，一是有，有生於無。既從

無生有，乃生二生三生萬物。「有」是萬物的根基，萬物要歸根，歸根曰復命，復命曰常。知常曰明。常是復命歸根到一。

聖人知常，抱一。老子沒有說聖人知一，知，在老子的思想中是有限的。

「道，沖而用之，……吾不知誰之子，象帝之先。」（第四章）

「是謂惚恍，迎之不見其首，隨之不見其後。」（第十四章）

「有物混成，先天地生，……吾不知其名，字之曰道。」（第二十五章）

「夫唯無知，是以不我知。」（第七十章）

「知不知上，不知知病。夫唯病病，是以不病。」（第七十一章）

老子所講的「不知」，是對於「道」。「道」本體不可知，人便不能知。「道」本體不可知，因為「道」超越宇宙萬物以上。又因為「道」的本體，恍惚不定，無形無象無名，人的理智不能認識。

4.　觀

在道德經的第一章，老子說：

「道可道，非常道；名可名，非常名，無名天地之始，有名萬物之母。故常無，欲以觀其妙，常有，欲以觀其徼。此兩者同出而異名，同謂之元，元之又元，眾妙之門。」

這一章文字的句讀，在古今學者中，常有問題，我不討論這些問題，祗就上面的句讀來研究認識問題。在這一章中，對認識問題最重要的觀念是「觀」，次要的是「妙」和「徼」，再次的是「元」。

我看了這本講老子道德經的書，作者對妙字和徼字都有解釋，對元字也有，對「觀」字，卻沒有看見任何的解釋。「道」的本體是不可知的，為什麼老子卻說：「欲以觀其妙」和「欲以觀其徼」？所觀的是「常」。「常無」是「道」的本體，「常有」是「道」的用。不能像有此學者把「常無」和「常有」放在同一層面；因為老子自己說了「無名天地之始，有名天下之母。」易經說乾為萬物資始，坤為萬物資生，中國傳統儒家都以乾為上，坤為下，始和生意義不同一層次。「道」名為「常無」，有生於無，「常有」便是

「道」之用。「道，沖而用之，…吾不知誰之子，象帝之先。」

老子想「觀」的，是「常無」的妙，和「常有」的徼。妙是神妙，王弼注爲「妙者，微之極也。」王是從數量去解釋。妙，實際上是指不是物質之體，是精神體，精神體無形無像，不可見，不可知，乃非常神妙莫測，即不可用有形體之知去認識。徼，有此道德經本作皦，皦爲月光清明。普通說徹底，看清楚，所以徼曒是明，因爲曒指日光。有的道德經本作皎，皎爲月光清明。普通說徹底，看清楚，所以徼有明瞭和光明的意思。老子的「觀」，觀「道」體的妙，觀「道」用的徼。

「道」本體的妙，是不能觀到的，因爲本體恍惚：

　　「視之不見，名曰夷；聽之不聞，名曰希；搏之不得，名曰微；此三者不可致詰，故混而爲一。其上不皦，其下不昧，繩繩不可名，復歸於無物，是謂無狀之狀，無物之象，是謂惚恍，望之不見其首，隨之不見其後。」（第十四章）

「道」的用：

　　這樣，人對於「道」的本體不能有一個觀念，不能有一個名，「吾不知其名，字之曰道，強爲之名曰大。」（第二十五章）「道」的用：

「道生一，一生二，二生三，三生萬物，萬物負陰而抱陽，沖氣以爲和。」

（第四十二章）

「致虛極守靜篤，萬物竝作，吾以觀復。夫物芸芸，各歸其根。歸根曰靜，是謂復命。復命曰常，知常曰明。」（第十六章）

「反者，道之動；弱者，道之用。天生萬物生於有，有生於

無。」（第四十章）

老子所注意的是在「道」之用，「吾以觀復」。「復」是「道」用的原則，復是歸根，是反，是弱。老子說「吾以觀復」，不是「欲觀其徼」，是「吾以觀復」；不是希望觀到，而是肯定觀到。他說「復命曰常，知常曰明，不知常，妄作凶。」因此老子能用「道」的原則，作爲人生的原則。

「復命」、「反」、「弱」。道的原則，也就是人生的原則，稱爲一。「是以聖人抱一爲天下式」（第二十二章）「昔之得一者：天得一以清，地得一以寧，神得一以靈，谷得一以盈，萬物得一以生，侯王得一以爲天下，貞以致之。」（第三十九章）

問題則在怎樣可以觀「道」的用？「道」的本體不能觀，不能知；「道」的用—復命是

有形跡，所有形跡不是形色的形跡，乃是宇宙萬物動的原則，宇宙萬物在「道」的用，是在

第四個層次，「道生一，一生二，二生三，三生萬物。」萬物動的原則，從萬物有形色的動，

可以推論出來，這是由感覺供給資料，理智根據這些資料去推論，這是人們的通常認識動作。

但是提高到萬物以上三個層次，對於「道生一」，老子不用見，不用知，卻用「觀」，「觀」

便超越感覺和理智，「觀」的主體是誰？當然主體是人，然而人卻用什麼去觀道？不用感官，

不用理智（心），人還有什麼認識的官能？佛教天台宗和華嚴宗都用「觀」，為佛教最高的

認識。佛教的「觀」是佛—真如，自己顯示自己的本體。佛家便用觀，儒家用明，解釋了最高的認識。

「明德」，人性由人心而顯，自然光明。

觀，是直見，西洋哲學稱為intuition，是精神界直到精神界，不經過理智，彼此面對面。

老子書裡沒有這種思想，沒有說「道」本體顯明，也沒有說道的用是顯明。然而道德經說：

「知常日明」，對於「常」的知是明，「常」為復命，復命是「道」之用的原則，也就是

「故常有，欲以觀其徼。」的常有的原則，即「反，道之動。」道之動的「復命」，在人的

知，是明。明，是普通所說的明白，或者是儒家明德之明？老子說：「不知常，妄作凶。」

知對不知，明對妄作；明，不是通常的明白，或知道清楚；因明白是形容詞，形容「知」的

程度，不是用爲解釋知的對象。知常爲明，不知爲妄作；明，是名詞，是明智，「知常日明」，

知道「常」是明智，「不知常，妄作凶。」不知「常」是妄作。這個「明」字，評判知識的價值，不解釋知識的由來。老子當然肯定知道「復命」是有很高價值的知識，但是他是不是用「明」解釋「觀」呢？道之用的常是「復命」，「復命」自然顯明，人可以直見呢？莊子講宇宙萬物爲一，一爲通，通爲氣；萬物由一氣所成，故相通，既然人與萬物在本體上相通，當然可以直見氣的本體，氣的本體對於人便是明，本體和本體相對面。道德經說：「萬物負陰而抱陽，沖氣以爲和。」老子以「和」爲一，宇宙萬物都因沖氣而成一，這樣就可以同莊子以一爲通，通爲氣，氣相通。人乃能直見：「反者道之動。」老子說：「天下有始以爲天下母，既得其母，以知其子，復守其母，終身不殆。」（第五十二章）老子以「道生一」爲天下之始，爲天下母，萬物爲「一」的子，由萬物反復到「一」。

老子祇有定「知常曰明」的價值，其他的知識都要歸到這一點，否則沒有價值。故曰：

「慧智出，有大僞。」（第十八章）「絕聖棄智」（第十九章），「絕學無憂」（第二十章），「載營魄抱一，能無離乎。」（第十章）「我愚人之心哉！……我獨昏昏。」（第二十章）。

第六章　莊子的認識論

一、概論

莊子繼承老子的思想，完成道家思想的系統，但在一些方面，和老子的思想不完全相同。

「夫道有情有信，無爲無形，可傳而不可受，可得而不可見，自本自根，未有天地，自古以固存，神鬼神帝，生天生地，在太極之先而不爲高，在六極之下而不爲深，先天地生而不爲久，長於上古而不老。狶韋氏得之以挈天地，伏羲氏得之以襲氣母，維斗得之終古不忒，日月得之終古不息，堪坏得之以襲崑崙，馮夷得之以遊大川，肩吾得之以處太山，黃帝得之以登雲天，顓頊得之以處玄宮，禺強得之立乎北極，西王母得之坐乎少廣，莫知其始，莫知

其終，彭祖得之，上及有虞，下及五伯，傳說得之，以相武丁，奄有天下，乘東維騎箕尾而比於列星。」（大宗師）

莊子所講的「道」，有道德經所講的「道」，先天地所有的最高實體，「自本自根，未有天地，自古以固存。」「有情有信，無爲無形。」另一方面，莊子所講的「道」，又有宇宙最高原則和人生最基本道理之「道」，他述說古代偉人得「道」以處理宇宙。在道德經也有人生最高之「道」，但老子講論不詳，莊子則更注重這種「道」。

對宇宙的起源，莊子更有一種思想：

「有始也者，有未始有始也者，有未始有夫未始有始也者，有有也者，有無也者，有未始有無也者，有未始有夫未始有無也者。俄而有無矣，而未知有無之果孰有孰無也。」（齊物篇）

「泰初有無，無有無名，一之所起。有一而未形。物得以生謂之德，未形者有分且然無閒謂之命。留動而生形，物成生理謂之形，形體保神，各有儀則，謂之性。」（天地篇）

「察其始，而本無生；非徒無生也，而本無形；非徒無形也，而本無氣。雜乎芒芴之間，變而有氣，氣變而有形，形變而有生。今又變而之死，是相與為春秋冬夏四時行也。」（至樂篇）

莊子不講老子所講「道生一，一生二，二生三，三生萬物。」他講「泰初有無」，「變而有氣，氣變而有形，形變而有生。」莊子在齊物篇所說萬物有個「元始」，元始又有一個高於元始的沒有始者，在沒有元始者以上另有一個沒有元始者。在這種程序中，不知道把老子的「道」放在那一層次，是「未始有始也者」，或是「有未始有夫未始也者」？我拿列子天瑞篇所說作比較，列子說：

「夫有形者生於無形，則天地安生？故曰：有太易，有太初，有太始，有太素。太易者，未見氣也；太初者，氣之始也；太始者，形之始也；太素者，質之始也。氣形質具而未相離，故曰渾淪。渾淪者言萬物相渾淪而未相離也。視之不見，聽之不聞，循之不得，故曰易也。易無形埒。易變而為一，一變而為七，七變而為九，九變者，究也，乃復變而為一，一者形變之始也。清

輕者上爲天，濁重者下爲地，沖和氣者爲人。故天地含精，萬物化生。」

東晉張湛注說：「易者，不窮滯之稱，凝寂於太虛之域，將何所見耶？如易繫之太極，

老氏之渾成也。」列子的話本來就亂，張湛的注解更亂。列子的「易有太易，有太初⋯」是

往下行，張湛以列子的「易」，相當於易傳的「太極」和老子的「道」。太極和道不相配，

道稱爲無，太極爲元氣和太虛之氣，則是有。莊子天地篇所講：「無，一，形。」在至樂

篇講：「無、氣、形、生、死。」莊子的「無」，符合於老子的「道」。齊物篇所說的「有

始也者，未始有始也者⋯。」應該是講邏輯，有如佛教中論的四層眞俗兩諦。

莊子另外又有一點和老子不同，他講「造物者」：

「子祀子輿子犁子來，四人相與語曰：孰能以無爲首，以生爲脊，以死爲尻，

孰知死生存亡之一體者，吾與之友矣。四人相視而笑，莫逆於心，遂相與爲

友。俄而子輿有病，子祀往問之，曰：偉哉！夫造物者，將以予爲此拘拘也。

⋯嗟乎！夫造物者又將以予爲此拘拘也。

「予方將與造物者爲人，厭則又乘夫莽眇之鳥，以出六極之外，而遊無何有

（大宗師篇）

之鄉，以處壙垠之野，又何帛以治天下感予之心爲！」（應帝王篇）

「造物者」是不是和「造化者」同一意義？莊子在大宗師篇說：

之形而曰：人耳人耳！夫造化者必以爲不祥之人。」

「今大冶鑄金，金踊躍曰：我且必爲鏌鋣，大冶必以爲不祥之金。今一犯人

造化者爲造人者，造物者爲造萬物者，兩者同一。因有造化者，莊子講「命」，天地都

不願人貧困，人若貧困，「然而至此極者，命也夫！」（大宗師篇）莊子喪妻，惠

子責他不合人性，莊子答說妻死是返回元氣，「人且偃然寢於巨室，而我噭噭然隨之哭，自

以爲不通乎命，故止也。」（至樂篇）

命和造物者必定是有關，造物者和道和氣有什麼關係？關係是在那一個層次？在本體論

和宇宙論裡應該詳細討論，在這裡祇是提出來，爲更明瞭莊子的認識論。

至於莊子的人生觀，他主張養生。人由氣而成，氣有天地的元氣和人的本氣，本氣由父

母而來，構成人的身體，元氣的大地而來，構成人的生命，是爲人的心靈。人和宇宙萬物，

一氣相通，保養這種天地的元氣，堅守心齋，勿因身體而浪傷元氣，人便可以不死，與天地而長終。

二、 莊子的認識論

1. 認識的層次

通常人都分認識的層次為兩級；心思之官，耳目之官；耳目之官為感覺之官能，心思之官為理智之官能。莊子也肯定這兩種官能。

「而目將熒之，而色將平之；口將營之，容將形之，心且成之。」（人間世篇）

「無聽之以耳，而聽之以心；無聽之以心，而聽之以氣。聽止於耳，心止於符，氣也者，虛而待物者也。」（人間世篇）

「目無所見，耳無所聞，心無所知。」（在宥篇）

「故視而可見者，形與色也；聽而可聞者，名與聲也。悲夫世人以形色名聲

為足以得彼之情。夫形色名聲果不足以得彼之情，則知者不言，言者不知，而世豈識之哉！」（天道篇）

從上面所引的文據，莊子分人的認識官能為三種：感官、心、氣。感官的對象為物質的形色，形色包含五官的對象。心為理智之官，心的功能為知，將感官所得的形色合成一項知識：「心且成之」，「心無所知」。心的知為「符」，「心止於符」，符合外面的客體。心的知，不是幻象，而是要和客體相合。莊子提出了「氣」，「而聽之以氣，…氣也者，虛而待物者也。」這是莊子自己的主張。他主張萬物由氣而成，「人之生，氣之聚也。」…通于下一氣耳。」（知北遊篇）

「氣」，在形以先，「變而有氣，氣變而有形」，氣從「芒芴」而變，「芒芴」代表道。氣沒有形，因為「虛而待物者也。」荀子曾說心虛而靈：心是虛，乃可以接收無窮的知識和感情。虛，等於西洋哲學的精神性，氣分陰陽就成了形，有清濁，便有物質性。莊子講「而聽之以氣」，以氣為一種認識官能，和荀子以心為虛，為認識官能不同，因為莊子列舉心為認識官能後，又列舉氣，氣和心便不是同一官能。莊子也特別講心，以心為心齋；然而他講認識官能的氣，不是心，而是心齋。心齋，是心空無任何事物的念慮。

莊子的認識論，低級的認識官能是耳目等感官，感官的對象是形色聲味等物質客體；中級的認識官能是心，心的對象是物理事理；高等的認識官能是氣，氣的對象為宇宙的自然之道，認識的價值也分為三等，感官的覺，心的知，氣的視或直見。感覺的價值最低，心知的價值也不高，祇能算是小知，氣的觀式直覺才最真知，大知。

2. 氣　視

氣，虛以待物，不是心虛以接收知識，而是氣虛，絕無阻礙，一貫相通，人的氣可以進入物的氣，物的氣可以進入人的氣。

「臣之所好者道也，進乎技矣。始臣之解牛之時，所見無非牛者，三年之後，未嘗見全牛也。方今之時，臣以神遇而不以目視，官知止而神欲行，依乎天理，批大郤，導大窾，因其固然，技經肯綮之未嘗，而況大軱乎！」（養生篇）

「工倕旋而蓋規矩，指與物化而不以心稽，故其靈台一而不桎。忘足，履之適也；忘要，帶之適也；知忘是非，心之適也。」（達生篇）

氣觀，不以見視，不以心稽，而是以神遇，是物化。這種氣視，氣和氣相遇。元氣在人，

在人之心，「唯道集虛；虛者，心齋也。」（人間世篇）心齋，心空無任何事物的思慮，也無

人世事物的知識，衹有元氣，元氣沒有形色，不可聞見，稱爲神，有似易傳的生命力，神妙

莫測。氣，爲認識官能，心齋元神直接和事物的元氣相遇，是一種透視，稱爲神遇。庖丁說：

「以神遇而不以目視。」感官和理智（心）止於自己的對象，「神」則行入事物以內，直見

事物的天理，「官欲止而神欲行，依乎天理」，則行動本乎物之固然，不受外面形色的阻擾，

可以說是與物同化的「物化」。

莊子的「氣視」或「氣知」，和他的本體宇宙觀相連，萬物由氣而成，萬物的氣在根基

上爲同一的氣，稱爲元氣，元氣而萬物內周遊不停，一氣相通。這個「一氣相通」就是莊子

認識論「氣視」的根基。「一氣相通」在本體論是物體的成因，是萬物的「生命根」；在認

識論，「一氣相通」則是一氣之理相通，「氣視」直見相通之理。相通之理就是道。道，不

是本體先天地的「道」，而是「道」之理，莊子也稱這種理爲道。

3. 道

「唯道集虛」，張湛注說：「虛其心，則至道集於懷也。」「氣視」的對象就是至道，

「氣視」所知，是知「道」。

「至道之精，窈窈冥冥，至道之極，昏昏默默，無視無聽，抱神以靜，形將自正。必靜必清，無勞女形，無搖女精，乃可以長生。目無所見，耳無所聞，心無所知，女神將守形，形乃長生。」（在宥篇）

這一段話，是黃帝向廣成子請教長生之道，廣成子說：「善哉問乎！來，吾語女至道。」所說至道，不是本體的絕對的「道」，而是天理。「道」，不可見，不可聞，祗能以神視，「抱神以靜」。神和天理相遇，「神將守形」，「形將自正」。

「通於天者，德也；行於萬物者，道也。上治人者，事也。」（天地篇）

「道不可聞，聞而非也；道不可見，見而非也；道不可言，言而非也。知形形之不形乎？道不當名。」（知北遊篇）

「行於萬物者，道也。」道為元氣的天理，隨元氣行於萬物之中。道，不可見聞，祗能

神遇。這種天理的道，既沒有形色，沒有限制，便沒有觀念可以代表，所以也不能言。「道不可言，言而非也。」可言，就不是天理自然之道。

「大道不稱，大辯不言。」（齊物篇）

「孰知不言之辯，不道之道；若有能知，此之謂天府。」（同上）

不可言之道，乃「道生一，一生二，二生三，三生萬物，萬物負陰而抱陽，沖氣以爲和。」這一連串的「理」，又是宇宙萬物生存的基理。道，既不可見聞，不是由見聞之知和理性之知所構成的，祇能心齋以元氣相通而神遇。

「至人之用心若鏡，不將不逆，應而不藏，故能勝物而不傷。」（應帝王篇）

神遇，在心齋由氣相通。心齋的心，空除一切念慮。外物的元氣，通過心齋，聖心「不將迎，不逆拒」，自然地讓元氣相通。外物之氣通過心齋，心齋如同一座明鏡座，顯出外物元氣之理，這種理，本來已在心齋裡，元氣相通，理也相通。相通之理爲道，聖人自然明

「道」。「應而不藏」，外物的理通過心齋，和心齋原先之理，彼此相應，但不留藏在心齋內。張湛注「勝物而不傷」說：「物來即鑒，鑒不以心，故雖天下之廣，而無勞神之累。」

「鑒」，對鏡說：宋明理學家的認識論就常用「鑒」，心如明鏡枱，遇事即鑒定事物之理。

「道」，為宇宙萬物一切事理的根本。

　　「北海若曰：知道者，必達於理；達於理者，必明於權；明於權者，不以物害己。」（秋水篇）

聖人和真人追求至道之知，至道之知，才是真知。「且有真人，而後有真知。」（大宗師篇）因為感官之知和心之知，都有不足。「形莫若就，心莫若和；雖然之二者有患，就不欲入，和不欲出。」（人間世篇）感官之知，是物就物，不能入物之理。心之知，是結合印象而抽出理，在外物沒有觀念的物。道，則是氣相通，物理相鑒。

道，乃理之極至，為一。元氣為一，元氣之道也為一。養生，貴養「一元氣」；至知，貴知「一道」。道，乃理之極至，最高最大，知「道」為大知，「小知不及大知。」（逍遙遊篇）「大知閑閑，小知閒閒；大言炎炎，小言詹詹。」張湛注說閑閑為「廣博之貌，無所

容貌」，閒閒爲「有所閒別也」。

「自其同者視之，萬物皆一也。夫若然者，且不知耳目之所宜，而遊心於德之和。」（德充符篇）

「物視其所，一而不見其所喪，視喪其足，猶遺土也。」（同上）

道既爲一，德也爲一；人世的道德分多少類，那是因爲人的知，不是至知，乃分成多少類的知，成多少類的德。

「夫道不欲雜，雜則多，多則擾，擾則憂，憂而不救。……且若亦知夫德之所蕩而知之所爲出乎哉？德蕩乎名，知出乎爭。名也者，相札也；知也者，爭之器也；二者凶器，非所以盡行也。」（人間世篇）

至德爲一，不是人世謂各種道德。老子所謂「上德不德，是以有德，下德不失德，是以無德。」（三十八章）「大道廢有仁義，慧智出有大僞。」（第十八章）

「道」既無言，至知的人不言也不辯；至德的人不行也不為，一切順乎天然。

「夫大道不稱，大辯不言，大仁不仁，大廉不嗛，大勇不忮。道昭而不道，言辯而不及，仁常而不成，廉清而不信，勇忮而不成，……故知止其所不知，至矣！孰知不言之辯，不道之道，若有能知，此之謂天府。注焉而不滿，酌焉而不竭，而不知其所縕來，此之謂葆光。」（齊物篇）

莊子在齊物篇說明小知的人，辯論是非，究其竟，誰也不知道誰是誰非，而且事的本身就沒有是非；因為小知的人，知事物的一面，事物各面不相同，事物的本體則是同一。大知的人，看到事物的全體，看到宇宙的大道，宇宙就是「一」，沒有分別。行「道」的上德的人，一切順乎「道」，自然而成。

「遊心於淡，合氣於漠，順乎自然而無容私焉而天下治矣。」（應帝王篇）

「夫虛靜恬淡寂寞無為者，萬物之本也。」（天道篇）

莊子主靜，主靜在「無心」。在生活上，無心於一事，一切順其自然。在認識上，無心於任何知識，空心而成心齋，虛以待物，物至氣通，氣理鑑於心鏡，即有神遇，直見事理，所見事物之理不是事物存在之理，是事物行動變化之理。

丙編　佛家的認識論

第七章　唯　識　論

一、唯　識

1. 唯識的意義

佛教的教義跟哲學上的認識論，關連很深。佛教以人生爲苦；人所以有苦，因爲人貪心不厭。人爲甚麼貪心不厭呢？因爲人把世界本來虛無的東西，誤認爲實有。那麼，人生的痛苦不是發生於一種誤解嗎？誤解屬於認識，所以佛教各宗都討論人的認識。但是詳細講解認識論的，則是法相宗和唯識宗。兩宗的重要典籍，爲玄奘所譯的成唯識論，窺基所作的成唯識論述記。

唯識有什麼意義？唯識與唯心相連，佛教的禪宗與天台華嚴等宗，注重一個心字，說萬法唯心。唯識宗則說萬法唯識，無論色法心法，都是識所造成的。佛書解釋唯識說：

「此唯識二字，先離後解，次合解。先且離解，初唯後識。初唯字有三義：一者揀持之義，揀謂之揀去我法所持。持謂持取，持取依圓二性。……二者決定義，決無離心之境，定有內識之心。……三者顯勝義，謂心王勝，心所籌劣，今但顯勝，不彰於劣。……次合釋唯識者。唯爲揀去，遮無外境。境無外境，境無非有。識能了別，詮有內心。心有非無，合名唯識。」（大藏經 延壽 宗鏡錄 卷四）

唯識即是說：人所謂實在有的東西，都是人因識而誤執爲實有；那麼說明這其中的所以然，叫人除去我執法執，便稱爲唯識。所以說唯爲揀持，爲決定，爲勝。唯爲揀持：揀是揀去，持是我執法執，把我執法執都除去，稱爲唯識。唯爲決定：決定心以外的東西都是空的，只有心是實的。唯爲勝：以實勝空，知道外間的東西都不起貪戀，便稱爲唯識。識字在佛教中有了別的意義。了是明了，別是分別，人對於一切事物能夠了別，便稱爲識。若能了別外間事物都是由識所變，這種識稱爲唯識。

2. 識的種類──八識

佛教常說八識，以識爲八種。前六種，跟普通哲學上的分類很相彷彿，可是後二識，就是佛教的特有物。

「八識之義，出楞伽經。故彼經中（第二章），大慧白佛，世尊不立八識耶？佛言，建立！所言識者，乃是神知之別名也，隨義分別，識乃無量。今據一門，且論八種。八名是何？一者眼識，二者耳識，三者鼻識，四者舌識，五者身識，六者意識，七者阿陀那識，八者阿梨耶識。八中前六，隨根受名，後之二種，就體立稱。」（大藏經　慧遠　大乘義章　卷三）

這八識，前面六種，「隨根受名」，即按六識的官能取名詞，故稱爲眼耳鼻舌身意。眼耳鼻舌，大家都懂，身識則是觸覺。觸覺滿身，因此稱爲身識。意識則屬於心，是人的一種判斷，表示人的一種反省，故稱意識。八識的後兩種，或稱阿陀那識和阿梨耶識，或稱爲末那識和阿賴耶識，這只是譯音的不同，在意義上，無關重要。

3. 識之作用——有漏無漏

佛教以人的智識，跟人的善惡，套在一個環圈以內。普通哲學上以認識的過程，屬於心

理學，以人的善惡行為，屬於倫理，雖說認識可以影響人的倫理與心理，完全判

為兩事，彼此間並沒有內在的關係。佛教則以認識為倫理，互為因果。人今生的認識能力，

乃人前生的倫理果；人今生的認識，轉為人今生及來生的倫理因，彼此環套相連，因果互應。

識既為人生倫理的因，識乃分為有漏識與無漏識。漏者是煩惱，煩惱不單指的人生痛苦

也指的人生惡行，有漏識即是使人有煩惱之識。這種識也稱為無明，也稱為愚癡。人因為昏

愚不明，誤以空為實，貪戀世物，所以有苦有惡。無漏識則為明，則為智，使人觀看清楚，

萬物俱空，一切苦痛便都消失，再不行惡，這種識稱為無漏。

為什麼緣故一個人的認識是有漏呢？那是因為他有我執和法執，我執是執我以為實有，

法執是執法以為實有。

「諸所執我略有三種：一者執我體常週遍，量同虛空，隨處造業，受苦樂故。

二者執我其體雖常，而量不定，隨身大小有卷舒故。三者執我體常，至細如

一極微，潛轉身中，作事業故。」（大藏經 成唯識論 卷一 玄奘譯）

我身本不有但以我能造業我能輪迴，便以我為有，我既為有，我所認識的外界事物，也

該為有了。於是萬法該有，人遂有我執法執。

可是人為什麼有這種我執法執的有漏識呢？有漏識是因為所緣和能緣，都為著前生的惡

果，不得不生出這種錯誤。

經　成唯識論　卷二　玄奘譯)

「然有漏自體生時，皆似所緣能緣相現。彼相應法，應知亦爾。似所緣相，說明相分。似能緣相，說明見分……相見所依自體名事，即自證分。」（大藏

識發生時，必能知道自己所知道的對象，那麼便有能夠知道的本能，稱為「能緣」；又有能夠知道的對象，稱為「所緣」。因著本能與對象相合，乃有一種物相，物相稱為「相分」。有了物相，知道分別本能與物象，這種分別，稱為「見分」。有了見分，自己知道自己有了認識，這種自反的認識，稱為「自證分」。還有所謂「證自證分」，即是有了自證分的自反認識，自己知道有這種自反認識，便是「證自證分」。識的這四種作用，都受阿賴耶識所有種子的影響，因為所藏的種子有漏，所熏出來的識也就有漏。

二、第八識阿賴耶識

1. 阿賴耶識的意義

普通講認識論，常由感覺以到靈覺，在佛教的認識論，也應該由前六識以到後二識。但是因佛教的認識論，跟前生今生的善惡互為因果；這個因果的樞紐是第八識，則我們講佛教認識論，便該從阿賴耶識開始，把普通認識論的次序倒過來。

佛教的認識論，重在一個變字，佛教的識，本不可稱為識，因為這種識只是一種幻見。第一能變是第八識，第二能變是第七識，第三能變是前六識。所以幻見完全由於識所變成。第一能變是第八識，第二能變是第七識，第三能變是前六識。所以認識論的次序，便由後者而至前者。

阿賴耶或阿梨耶為梵語的譯音，意義為藏，因此也稱為藏識。藏字包含三部分：一為「能藏」，二為「所藏」，三為「執藏」。「能藏」謂能藏有前七識的萬法種子，阿賴耶識好似一個倉庫，藏蓄各般識的種子。「所藏」即是藏識中所藏的各種種子。「執藏」是說第七識因著第八識的種子，誤有我執法執，故稱執藏。在這三種意義中。以第三義最關重要；因為有了我執，乃生萬般煩惱，人便墮在塵裏。

「初能變識，大小乘教，名阿賴耶識。此識具有能藏所藏執藏義故，謂與雜染互爲緣故，有情執爲自內我故。……此是能引諸界趣生善不善業異熟果故，說名異熟。……此能執持諸法種子令不失敗，名一切種。」（大藏經　成唯識論

卷三　玄奘譯）

阿賴耶識亦名異熟識，第八識雖因前生善業而有眞智，然異熟兩字皆用於無明，故說爲有情者的總報應，得道成佛的人已是無情。無情人的識，不稱爲異熟果。法相宗所謂無記法也不由阿賴耶而生。無記法即虛空無爲，爲眞如無爲等法。

2. 種　子

阿賴耶識的重要性，在於藏有萬法的種子。種子是甚麼？種子是第八識生法的能力。

種子發生了，乃有法，乃有現行，乃有果。佛教的這個法字，指的物體或事物。萬法，即指的各般事物。法相宗講百法，把宇宙的事物，劃分爲百類。除六種無爲法以外，其餘的各法，都由第八識發生。發生各法的能力，便稱爲種子。

「此中何法名爲種子？謂本識中親生自果功能差別。」（大藏經　成唯識論　卷一）。

種子爲能眞正稱爲種子，須具有六種條件。一，剎那滅。二，果俱有。三，恆隨轉。四，性決定。五，待衆緣。六，引自果。種子乃生識的能力，既生識，種子就滅。種子不滅，識則不生，故須是「剎那滅」。種子生識，識是現行，種子和現行同時俱有。所謂同時，則是說識與種子相連續，彼此相應，同時俱有稱爲「果俱有」。種子的轉變，常繼續不斷，八識中能常現者唯有第八識，其餘各識不常現。所以種子須在第八識中。這一點稱爲「恆隨轉」。可是第八識雖常現，但種子的轉變，要緊有其餘的各緣，互相結合，纔能實現，所以有「待衆緣」。衆緣結合了乃生識果，識果的性質，跟種子的因力，該當相合，善因生善識，惡因生惡識。識果由種子決定，故稱「性決定」，既然識果由種子決定，種子所引生的果跟自己性質相同，色法種子引生色法。心法種子引生心法，因此便有「引自果」。

種子是怎樣來的？關於種子的來源，有三種意見，第一種意見爲唯本有說，謂種子是人本性就有，不由熏習而成。不過因著熏習，纔能生長。

「皆本性有，不從熏習，由熏習力，但可增長。」（大藏經　成唯識論　玄奘譯　卷

第二種意見，爲唯新熏說，謂種子是第八識因其餘七識的熏習，纔有種子。不過「所熏」

和「能熏」是人本性所有。因此也可說種子是無始成就。

　　（二）

　　「種子皆熏故生，所熏能熏，皆無始有故，諸種子無始成就。」（成唯識論　卷

第三種意見爲折衷派，可稱爲本有始起並有說，這派以第八識中，本就帶有生起諸法的

功能，這種功能爲本有種子。本有種子生起現行，現行熏習第八識又生新種子，新種子乃爲

熏起種子。

　　（二）

　　「一者本有，謂無始來異熟識中法爾而有生蘊處界功能差別。……二者始起，

謂無始來數數現行熏習而有。」（大藏經　成唯識論　玄奘譯　卷二）

玄奘的《成唯識論》，讚成第三說，以種子即有本生者，也該經過熏習。且人生的現行，一定能生成種子。

「諸聖教中雖說內種定有熏習，而不定說一切種子皆熏故生，寧全撥無本有種子，然本有種亦由熏習全其增盛，方能得果，故能內種定有熏習，……由此應知，諸法種子，各有本有始起二類。」（同上）

種子的種類，有內種子，有外種子，外種子，是外界一切生物的種子，內種子是第八識的種子。

「一外二內，外謂穀麥等，於善惡二性不明了，是有記故，內謂阿梨耶識，於善惡二性則明了。」（大藏經 世親 攝大乘論釋 眞諦譯 卷二）

但是唯識論所講的，當然是內種子。內種子普通分「有漏色心種子」，「無漏色心種子」兩種。有漏種子，爲世間諸法之因，無漏種子，爲出世間諸法之因。有漏種子之來源，乃惡

業所熏成，無漏種子，乃善業所熏成。

有漏種子再分兩種：「名言種子」和「業種子」。名言種子，即由名言所熏，能引生善惡諸法之種子，名言種子又分為「表義名言種子」，「顯境名言種子」。業種子，即造作諸業所熏之種子。無漏種子又分三類：「生空無漏種子」，「法空無漏種子」，「俱空無漏種子」。又有分種子為四類者，即「世間種子」，「出世種子」，「不清淨種子」，「清淨種子」。

在認識論上有價值的，另有一種分類，即是種子分為「共相」和「不共相」。共相種子，使每個人所有的識相似，例如一山一水一域，大家所有的識都相似，為共相種子所變。不共相種子則是每人各自所有的。各人的五官有強有弱，各人的意力也有不同，這些都是不共相種子所變的。

種子的作用有兩種：第一是使所謂客觀世界的萬法，顯於人的認識前。第二是使人以這些法，認為是實，或認為是虛。

3. 熏　習

有了有漏或無漏的種子，僅僅只有產生識果的功能。若沒有別的因緣，叫種子發長，仍舊不能成爲識。使種子長成，乃識的過程，稱爲熏習。好比把種子種在地下，必要有熱氣，種子纔能生芽。

但是熏習還有另一意義，因爲熏習不但是說種子發育成芽的緣因；並且也說種子生成的緣因。種子的生成無論是本生或是始成，都要經過熏習，因此種子也稱爲習氣。所謂習氣，氣是說的氣分。習是說的熏習。由現行的熏習，而得相應的氣分，稱爲習氣，習氣便是種子。

「如是建立，因果不亂。有義種子，皆熏故生。所熏能熏俱無始有，故諸種子，無始成就。種子既是習氣異成，習氣必由熏習而有。如麻香氣，花熏故生，如契經說諸有情心，染淨諸法所熏習故，無量種子之所積集。論說內種定有熏習，外種熏習，或有或無，又名言等三種熏習。總攝一切有漏法種，彼三既由熏習而有，故有漏種子必藉熏生，無漏種生，亦由熏習。說聞熏習，聞淨法界等流正法而熏起故，是出世心種子性故。」（大藏經　成唯識論　卷二　玄奘譯）

種子由熏習而生長，因是第八識藏有種子。第八識受其餘七識之熏，乃是識成現行，這樣現行生種子，種子生現行，互為因果。

第八識之種子，因前七識之熏而生識時，前七識稱為「能熏」，第八識稱為「所熏」。

（大藏經 成唯識論 玄奘譯 卷三）

「如是能熏與所熏識，俱生俱滅，熏習義成，令所熏中種子生長，如熏苣藤，故名熏習。能熏識等，從種生時，即能為因，復熏成種。三法展轉，因果同時。如炷生燄，炷生燋炷，亦如蘆束，更互相依，因果俱時，理不傾動。」

「三法展轉，因果同時。」第八識之種子，與前七識相接，乃生識。識生即有現行，現行即又在第八識內留生種子。因此前種子生識，識又生新種子。前種子生識，為受前七識之熏；識又生新種子，乃受現行之熏。這樣第八識常是「所熏」，常是轉變不斷。

「阿賴耶識，為斷為常？非斷非常，以恆轉故。恆謂此識無始時來，一類相續，常無間斷，是界趣生施設本故，性堅持種令不失故。轉，謂此識無始時

來，念念生滅，前後變異。因滅果生，非常一故。」（大藏經 成唯識論 玄奘譯

（卷三）

三法相轉，常是同類相引。有漏的舊種子，生世間法的無明現行；無明現行再生有漏新種子。這類繼續不斷，人也便輪迴百世千世，再也斷不了煩惱，這一點都與佛法不和；因為佛法在教人斷煩惱，得出世法，那麼怎樣辦呢？佛教的高僧們乃說，有有漏種子的人，若因聞了佛法，發生信心，造作善業。善業便熏生無漏新種子，無漏新種子又可生無善行。若有一天，有漏種子因著這個人的修行，再不熏習現行，這個人便得道成佛了。有漏種子的無明現行，其最無明的是我執。我執由於第七識熏習第八識有漏種子而成。若能除了我執，無明便可除淨。

「共相識中，佛性真心與無明地，合為本識，名阿梨耶，依本變起阿陀那識執我之心，依本變起眼等六識及六根塵，義如上辨。如攝論說，於中曲有三門分別：一辨熏相，二明能熏所熏差別，三明受熏不受熏異，熏相若何？今此光明阿陀那識共阿梨耶相熏習義。彼阿陀那執我之心，熏於本識，成我種

子。本識受彼陀那熏，已還能引起彼心中我性，生阿陀那。如是相熏，往來無窮。是則陀那望於本識，互為因果。問：此我何由而盡？由六識中聞無我教，修無我解，熏於本識成無我種。本中真心，受彼熏已，熏於本中令無明薄，無明薄故，令無明中我種薄。我種薄故，轉生陀那。執我我亦薄，如是展轉，乃至窮盡。」（大藏經　慧遠　大乘義章　卷三）

種子與現行兩者間的關係，因此該由兩方面去看。在舊種子引起現行時，常是同類相引。在現行熏生新種子時，現行能夠已經有了改變。把繼續熏習的過程中斷。因為無明的現行，能因信佛法而改為有明的善業，同時有明的現行，也能因信外道而變為無明的惡業，善業熏生無漏種子，惡業熏生有漏種子，這樣一個人纔能有進於善或進於惡的分別。

「復次有四種法熏習義故，染法淨法起不斷絕，云何為四？一者淨法，名為真如。二者一切染因，名為無明。三者妄心，名為業識。四者妄境界，所謂六塵。熏習義故。如世間衣服實無於香，若人以香氣而熏習故，則有香氣。此亦如是。真如淨法，實無於染，但以無明而熏習故，則有染相，無明染法，

實無淨業，但以眞如而熏習故，則有淨用。」（大藏經 馬鳴 大乘起信論 眞諦譯）

人心本有眞如，但因無明染因的熏習，所起者乃是無明的染相。無明的染相，若有眞如的教導，也能起眞如的淨業。這即是說熏習的兩層關係。

三、 第七識末那識

1. 末那識的意義

佛教唯識論的第七識，稱爲末那，也稱爲阿陀那，末那與阿陀那都是梵語的譯音，意義則爲「意」。因爲這一識是由意而生的。但是第八識稱爲意識，也由意而生。兩者的分別則是第七識爲「恆審思量」，第六識則既不是恆，也不是審思量。所以第七識也稱爲「思量能變」。爲的不與第六識相混。意識的名詞，留給第六識，第七識乃稱爲末那識。

「次初異熟能變識後，應辯思量能變識相。是識聖教別名末那，恆審思量，

勝餘識故。」（大藏經 成唯識論 卷四 玄奘譯）。

「恆審思量」，恆是說沒有間斷，審思量是說知道分別。第七末那識不是一時因故而成的認識，乃是一種判斷，常存在意中，造成了一種心理狀態。甚麼是這種心理狀態？即是「恆審思量，所執我相。」（成唯識論 卷四）所執我相，乃是第七識的判斷，因著這種判斷常存人的意中，人便常信自己爲有。

末那識在四證分中屬於「自證分」。自證分是自己知道自己有認識。在見分與相分裡，人沒有反省到自身，末那識則是反省自身，而且以自己爲有。於是「證自證分」也由第七識而生。不過，證自證分不算是識所造成的心理狀態。「自證分」則純粹是識。因此第七識從識一方面說是屬於自證分。

因著末那識引出我執，於是屬於「心所相應門」。「心所」「心王」屬於心。心王指心的本體，心所指心所生的動作。「心所相應門」，謂第七識常生煩惱，煩惱與第七識之心王相應。有第七識即有煩惱。

2. 末那識的作用

末那識薰習第八識種子而生我執。它的發生以第八識爲所依，「所依」是依託的意思。

末那識依託阿賴耶識而生，阿賴耶識的種子是能力。末那識要靠這種能力才能生識。但是第七識不以第八識爲本體。第七識的本體是意。意依託種子的能力而有末那識。因此稱第八識爲所依，同時也稱第八識爲「所緣境」。所緣境指的認識官能的對象，第七識的對象不是在外面，而是在心內。心內的對象則是第八識種子所造，因此說第八識爲第七識的所緣境。若是把第七識的所緣境，再加分析，有謂此識緣第八識種子，執爲我。又有說此識緣第八識的見分，執爲我，緣第八識的相分，執爲我所。但據理說，第七識祇緣第八識的見分。緣著第八識的見分，乃有我執。因此謂第八識的見分，爲第七識的所緣境。

第七識既常生我執，我執乃是煩惱之根；因此末那識爲心所相應門。所相應的煩惱，分爲四項。即：我癡，我見，我慢，我愛。我癡是無明，判事常判錯，常以空爲有。我見即常見自身，執以爲有。我慢則是自以爲大，妄生倨傲。我愛爲一切貪念，這四種煩惱常跟著第七識。

「此意任運恆緣藏識，與四根本煩惱相應。其四者何？謂我癡我見并我慢我愛，是名四種。我癡者謂無明，愚於我相，迷無我理，故名我癡。我見者謂我執，於非我法，妄計爲我，故名我見。我慢者謂倨傲，恃所執我，令心高舉，故名高慢。我愛者謂我貪，於所執我深生耽著，故名我愛。……此四常起擾濁內心，令外轉識恆成雜染，有情由此又生死輪迴，不能出離，故名煩惱。」（大藏經 成唯識論 玄奘譯 卷四）

四 前六識

1. 前六識的意義

唯識分八識爲三種能變，第一異熟能變爲阿賴耶識。第二思量能變爲末那識。第三了別能變爲前六識。因此前六識都屬於一類。這一類的特點，在於「了別」。了別是說能夠分別識外的事物。這六識的對象，不是在於識的自身，而是在於識以外的事物。能夠了明識以外的事物，可說眞眞是識；第七識和第八識，雖然對於人生影響極大，但在認識一方面說，不

算為真正的認識。所以佛經上有時單單說前六識稱為識。

「集起名心，思量名意，了別名識，是三別義。如是三義，雖通八識，而隨勝顯。第八名心，集諸法種，起諸法故。第七名意，緣藏識故。恆審思量為我等故。餘六種於六別境，麤動間斷，了別轉故。如《入楞伽伽地中說：藏識名心，思量名意，能了諸境相，是說名為識。」（大藏經 成唯識論 卷五 玄奘譯）

前六識還有一點與第七識第八識不同。第七第八兩識常不間斷；因為這兩識所依所緣和所知的對象，都是在自身，所以可以不間斷。前六識的所依所緣和所知的對象，乃與外界事物相連。外界的事物不能常在跟前，所以常有間斷。例如眼睛不是常常看見，若是有光有色的時候才可以看見。然而在前六識中，意識則比前五識較為常有。因為意識的對象，雖也在於物相，這種物相則已是意中的相分。若是人願意回想時，即可以見意中的物相。所以成唯識論說：

「頌曰：依止根本識，五識隨緣現；或俱或不俱，如濤波依水，意識常現起，

除生無想天，及無心二定，睡眠與悶絕。論曰：根本識者，阿陀那識，染淨諸識生根本故。依止者，謂前六轉識，以根本識爲共親依。五識者，謂前五轉識，種類相似，故總說之，隨緣現言，顯非常起。緣謂作意、根、境等衆緣。謂五識身，内依本識，外隨作意、五根、境等衆緣和合。方得現前，由此或俱或不俱起，外緣合者有頓漸故。如水波濤，隨緣多少。此等法喻，廣說如經。由五轉識行相麤動，所藉衆緣。時多不具，故起時少，不起時多。第六意識雖亦麤動，而所藉衆緣，無時不具。由違緣故，有時不起。第七八識，行相微細，所藉衆緣，一切時有，故無緣礙，合總不行。」（同上，卷七）

前六識的名詞，或隨根得名，或隨所依得名，隨根得名者，爲眼耳鼻舌身五識。隨所依得名者，爲意識。

2. 意 識

第六識意識，所知道的對象，是我有了一種感覺時，我知道自己有了一種感覺，或是把感覺互相比較，知有分別。所以第六識是反省，反省到感覺，知道感覺乃自己所有的。第六

識的所依，即第六識的器官，是意，所以稱為意識。因為意能反省。第六識和第七識雖同是

意識，兩識彼此有不同。第七識是判斷，所以稱為審思量：而且還是判斷所造成的執我心理

狀態，所以稱為恆審思量。第七識則只是能理會自己有了感覺，或是有所思索，所以只是了

別，而且也是無恆。第六識為能了別，所依的還有第八識的種子，因著種子，第六識才能有

了別能力，才能知道反省自己的感覺，所以第八識常稱為根本所依。

第六識的所緣，為第五識所有的感覺和心的作用。因此意識分為兩類：有「五俱意識」

和「無俱意識」。五俱意識，是在五種感官有一感覺時，即激動意識而生識。無俱意識，不

與感官俱起，而由心的作用，在外面感官不動時，也能生識。五俱意識又分「五同緣」和

「不同緣」兩種。五同緣意識與五種感覺同緣一樣的境而起，不同緣意識則雖與五識俱起，

卻不同緣一樣的境。無俱意識也分為「五後意識」與「獨頭意識」兩種。五後意識，雖不與

五種感覺同時俱起，但生於感覺之後。獨頭意識，則獨自而起。獨頭意識又分為「獨散意識」，

「夢中意識」，「定中意識」三種。獨散意識是獨自一人回憶已往，推想將來，或比較推度

眼前事，所引起的。夢中意識，為作夢時所生。定中意識為得道入定後所生。

3. 五 識

前五識，即眼識、耳識、鼻識、舌識、身識。五識分根、境、塵。根是五識的機官，即眼、耳、鼻、舌、身，境是五識的對象，便是色、聲、香、味、觸。塵是五識爲能達到對象的媒介物。即是空與明等。沒有空間，五識不能感覺，沒有光明，眼睛不能見。然普通則以塵與境混用，所說五塵即是五境了。因爲色聲香味觸，乃風火水土四大所造，故稱爲塵。塵者，言是塵界的東西。

五識爲能夠生識，須根境相合。根境相合須五識的各緣都和在一起，五識各緣，分內緣外緣兩類。內緣是人身內的緣，外緣是人身外的緣。內緣只有種子，外緣則包有心所，現行，染淨法，分別，空、明、根、境等緣。種子乃第八識的種子，爲五識的根本依，稱爲親因緣，心所謂心之作用。現行謂由第八識所起的現行。染淨法謂第七識所生之心理狀態。分別謂第六識的反省。根爲器官，境爲對象，空爲空間，明爲光明。這些內緣外緣都相和時才能有一完全的感覺。

佛教既以萬法爲空，那麼客觀的宇宙，何以現於感覺？這都是種子所變成的，種子有本能，使萬法現於感覺。

五識所生的識，也跟意識一樣，通於不善性，善性，和無記性，隨五識的通於三性，隨意識而定。意識是主腦，領導著五識去通變。意識通於一性，五識也就通於這一性。

唯識宗講論八識目的，並不在說明人的知識由何而來。唯識宗的目的，乃在說明世間的事件，都是人的八識所造的。實際上世界是一大空，宇宙本身也是空。凡夫等因著不淨種子，乃造出了腦中的花花世界。因此唯識宗便說一切唯識。

五、 轉識成智

1. 阿賴耶識是否純為染識

佛教的目的，在於破除無明，解脫人生痛苦，唯識的認識論雖然講明萬法 (物) 由識而成，識則來自藏識的種子，種子造境，根境由緣結合乃有五識的感覺，感覺由意識而成了別識。第七識末那識執著了別識造成了「物執」和「我執」。這就是無明，也是苦集滅道四諦的第二諦。知道了苦的原因，就要問怎樣去滅這種原因呢？

「物執」和「我執」的末那識，在本身上依附第八識，因為第八識是染識，是染污不善，

末那識和第八阿賴耶識同一體，所以也是染識不淨，因而產生執著的意識（不是第六識）；所以說以現行阿賴耶識爲不共依。一方面，因有第六識的了別識，末那識才執著了別識，了別識是第七識的資料。了別識的根源是第八識的種子。因而以種子阿賴耶識爲親因緣。

爲破除無明，即是破除「物執」和「我執」，便應該從第八識下手，要使阿賴耶識從不淨識轉成淨識，淨識的知才是智慧，這就是所謂轉識成智。

攝大乘論主張阿賴耶識是染識，又是淨識，或更好說阿賴耶識根本是淨識，因著染污而成爲染污不淨識，除去染污，阿賴耶識恢復本身的淨識。

攝論開端引阿毘達摩大乘經兩偈，玄奘譯：

「無昔時來界，一切法等依，
　由此有諸趣，及涅槃證得。」

玄奘加一頌說：

「由攝藏諸法，一切種子說，

故名阿賴耶，勝者我開示。」

玄奘翻譯攝論，攝論以阿賴耶識藏有種子，一切法（事物）依阿賴耶識而起，有染識使
人輪迴走入五趣或六趣，也有淨識，使人證入涅槃。
眞諦則主張阿賴耶識純爲染識，淨識爲第九識。

「眞諦三藏，依決定藏識立九識義，如九識品說。言九識者：眼等六識，大
同唯識論第七阿陀那，此云執持，執持爲人爲我所……第八阿黎耶，……第
九阿摩羅識，此云無垢識。」（眞諦譯 攝大乘論卷中 應知勝相第二之二）

眞諦講「識轉」有兩面，不淨阿賴耶識轉爲不淨行，淨識阿摩羅識轉爲智。「此中言
「唯識義」分別兩類。一是就淨品而言識，淨品者，『遣境遣心』『境界俱無，唯識又泯』。
由境識俱泯立唯識義，所立所成者唯一阿摩羅識也。另一是就不淨品而言識。不淨品者，
遣境不遣心，因爲所言唯識本爲「境不離識唯識所變」故。此所唯之識即雜染之八識也。」

（牟宗三 佛性與般若 上冊 頁三五七）

眞諦譯決定藏論卷上心地品第一之一有云：

「一切行種煩惱者，聚在阿羅耶識（阿賴耶識）中。得眞如境智，增上行故，修習行故，斷阿羅耶識，即轉凡夫性，阿羅耶識滅。此識滅故，一切煩惱滅。

阿羅耶識對治故，燈阿摩羅識。……

阿羅耶識而是一切煩惱根本，不爲聖道而作根本。阿摩羅識亦復不爲煩惱根本，但爲聖道得道作根本。阿摩羅識作聖道依因，不作生因。」

眞諦以阿摩羅識爲清淨心，也就是法身。「若依眞諦，此法身即是如來藏自性清淨心，在纏名如來藏，出纏名法身，它既是自性清淨心，它自身具無量無漏功德，因而亦自能爲功德法之生因。通過加行工夫，只把它連同其本具之功德法顯現出來而已。此亦可說工夫即本體。」（牟宗三　佛性與般若　上冊　頁三五四）

但是眞諦認爲阿摩羅識祇是聖道依因，不作生因；這是順遂攝論的思想。玄奘作上面這段經的譯文，在「阿摩羅識」的字句上，用「轉依」兩字，沒有「阿摩羅識」的字句。攝論的意思是說「由緣眞如境智，修習多修習故，而得轉依。」轉識成智，是靠眞如智，以作修

習多修習，能夠轉阿賴耶雜染識成爲清淨智。清淨智當然不是阿賴耶識所生，只是無漏種子

所依，[真諦]改「轉依」爲「阿摩羅識」，但不能在翻譯上，改攝論的基本思想。

楞伽經以心爲如來應身，稱爲如來藏，稱爲佛性，不在阿賴耶識內。[勝鬘]經講一乘眞實，

如來藏法身，自性清淨，涅槃經講佛性如來藏。如來藏爲人心的佛性，自性清淨，爲清淨智

的根本。淨智之修成，由正聞熏習種子爲淨種子，熏習漸漸增多，以到成智慧，現眞心如來

藏。淨智之種子依存在藏識內，但不以藏識爲所依。「淨種是出世淨心之種子，也是法身之

種子，爲法身所攝屬，與法身爲同一流類，不與阿賴耶識同一流類，是故當轉依時，它即依

法身，不復再依異熟果。……阿賴耶「以解爲性」，這個「解」是它的「超越的性」。當

它在纏時，它是迷染的。這迷染性不是它的超越的自性，乃是它的客性。故當它通過正聞熏

習而得轉依時，它恢復了它的超越的自性。當其在纏時，吾人就其迷染之客性而名之曰阿賴

耶。當其出纏時，吾人就其超越的自性而名之曰『如來藏自性清淨心』，此時它只是一解性

呈現，它就是法身。……此一解說完全與攝論本義不合。」（同上　頁三○八─三○九）

因此可以分爲兩派：妄心派、眞心派。[玄奘]攝論爲妄心派；[真諦]傾向眞心派，天台宗和

華嚴宗爲眞心派。眞心派由大乘起信論起，以天台宗和華嚴宗完成；雖然天台宗講「性具」，

華嚴宗講「性起」，對「眞如心」的講法不同，但兩宗都以眞如心爲根本。

2. 轉識成智

眞諦曾翻譯轉識論說：

「識轉有兩種：一轉爲眾生，二轉爲法，一切所緣不出此二。此二實無，但是識轉作二相貌也。

次明能緣有三種：一果報識，即是阿黎耶識；二執識，即阿陀那識；三塵識，即是六識。」

所謂兩種轉識，即是雜染識轉，清淨識轉。轉是由識轉爲行，即是果。雜染識轉而成的行，即是眾生；清淨識轉而成的行，即是法。識的轉是識的自體變現起見分，成爲能認識的心法業用，再變起相分，成爲所認識的客觀對象。識轉有兩種意義：一是轉變義，就是因果同時的轉變；一是轉現義，就是由因變成果的顯現，識自體轉變所現起的相分和見分。相爲識的執受，爲見分；執受的種子爲境，爲相分。普通說：境是感官所見的物，稱爲相分；相是第六識意識分別了感官印象所得的相，而爲第七識所執，相當於我們常說的觀念，這是識

轉的第一迴合。唯識論分別識的轉變爲三種：一、第八阿賴耶識爲異識能變；二、第七末那識爲思量能變；三前六識爲了別能變，我以三迴合的變來說明。由種子造境有感覺，由感覺而有觀念，因著觀念而生執著；第一迴合識轉變爲執著的無明。第二迴合，無明造行而生種子，又造業，第三迴合，業力造輪迴五趣而有眾生，所以說識轉爲眾生。識轉變爲眾生，行造業，業造輪迴。阿賴耶雜染識的轉變，造成人生的痛苦。佛教的目標就在於消除這種識變，所以講轉識爲智，即第二種識轉，轉爲法。

轉識爲智的方法和內容，佛教各宗派有不同的講法，小乘業感緣起論和初期唯識論注意在種子。惡的雜染種子爲「有漏種子」，善的清淨種子爲「無漏種子」，「有漏種子」由惡行爲所熏生，「無漏種子」由善行爲所熏生。一個凡夫，心中有阿賴耶識，阿賴耶識所藏都是有漏種子，怎麼樣能夠有善行爲而熏生無識的種子？爲能轉識成智須要以無漏種子消除有漏種子，凡夫一生所行，不都是惡，也有善，但是善行少，不常繼續，善行所產無漏種子便少，藏在阿賴耶識不生效力。凡夫聽了佛法，起了善心，願意相信，又執守戒律，勤奮爲善，無漏種子越積越多，最後便能消除有漏種子，得有佛智。

聽了佛道而相信爲「正聞」，「正聞」熏習無漏種子。「正聞」的內容有兩：一是聽佛道，一是相信的善心。聽道爲人世的事件，善心則是人內心的事，人心既是阿賴耶識怎麼能

起善心，玄奘認爲阿賴耶識爲染淨兩面的識，淨面爲本體，染面爲客體。但若按唯識宗所講，阿賴耶識所有的作用，多是污染的，怎麼能說它的本性是淨，客性是染？

眞諦乃主講淨識爲第九識阿摩羅識。阿摩羅識爲本有，不是行善時而始有。它是自性清淨心，爲客塵所染乃不淨，名爲阿賴耶識。眞諦卻說它是正聞聖道之所依，而不是正聞的生因，「阿摩羅識作聖道依因，不作生因」，這一點大約因爲眞諦衹說第九識，沒有說明第九識爲「自性清淨心」，或爲「法身」。

無漏種子爲清淨的、常的、超越的、隸屬法身，不屬於雜染的阿賴耶識，屬於阿摩羅識。

阿摩羅識既稱爲識，識是了別作用，或是作用的能力，不是根本，因而不說是善種的生因。而且既是種子，種子不分有漏無漏都藏在阿賴耶識中。到無漏種子因積多而消除有漏種子，阿賴耶識也消除，這時才得正見智慧。這種解說缺乏根本。唐君毅說：「依法相唯識宗之教，成佛之無漏種，決不能由有漏善熏習以成；人之悟入惟賴多聞熏習逢諸佛出現於世，以積諸善法，……因佛之言教，皆無漏種之現行，皆淨法界之等流；故吾人聞其言教，便得熏習吾人之無漏種，使之增長。……然一理論，實無異將一切後來之佛之成道，而唯以其自淨法界等流之言教，以使後來諸求道者，有其正聞，而亦有出世心種。若然道，而畢竟是否有最先始發出世心以自成道之佛？……是見此種謂衆生之無漏種必待聞熏習……即畢竟是否有最先始發出世心以自成道之佛？

之為無漏，然後能增長成出世心之說，必有某一不妥當之處。」（中國哲學原論　原性篇　頁二

二八—二三〇）

楞伽經乃講如來藏。大般涅槃經主張一切眾生皆有佛性，佛性為客塵所染，藏而不顯，

稱為如來藏；如來藏為自性清淨心，就是法身，自具無量無漏功德，能生正見，能解除雜染

阿賴耶識。楞伽經說「見一切法如實處。」

佛語心品　第二

「大慧，如實處見一切法者，謂超自心現量」（求那跋陀羅譯　楞伽經　卷第二　一切

「見一切法如實處」，是如來正見的境界，超越自心現量。楞伽經說：

「大慧，有七種性自性：所謂集自性，性自性，相自性，大種性自性，因性

自性，緣因自性，成性自性。復次，大慧，有七種第一義：所謂心境界，慧

境界，智境界，見境界，超二見境界，超子地境界，如來自到境界。」（求譯

楞伽阿跋多羅寶經　卷第一　一切佛心品第一之二）

所謂七種性，是自七種方面去見自己的性，都不出因果關係，第七成性自性，是心的本義。所謂境界，是行的境界。如來境界爲佛境界，佛有慧智正見，不以外物性相爲有，也不以破除性相爲空，而是見如實處，即見眞如。這種正見，以「一切法離所作因緣」，「無生無滅」。如來乃是正智眞如。唯識論述說轉識成智：一第六意識轉成妙觀察智，二第七末那識轉成平等性智，三第八阿賴耶識轉成大圓鏡智，四前五識轉成成所作智。

然而楞伽經說「見一切法如實處」，祇提出一種境界，沒有提出眞如實體。即是正覺智慧觀宇宙萬物，不有不空，不生不滅，脫離因緣，一切平等，一切如一，如同一實有。這是一種境界，是一處。而且如來藏爲客塵所覆，塵勞所污，須要修行，以加無漏種子。佛的正見智慧不漏種子。所以楞伽經、涅槃經的佛性如來藏還不是最終的講法，後來由起信論開起的眞如緣起論，天台宗和華嚴宗才到終點。

3. 修 行

爲能轉識成智須有「無漏種子」，「無漏種子」發自正聞熏習，藏於阿賴耶識，但不屬於阿賴耶識，而屬於清淨識，或阿摩羅識，或如來藏。無漏種子由善行去加增，善行就是修行。修行的方法有五階段，戌唯識論講唯識五位：第一資糧位，第二加行位，第三通達位，

第四修習位，第五究竟位。

祇是在修識上有好心起步走。

第一資糧位，深信佛法，然對於引起煩惱的貪慾未能克制，心有愛，有取，有法執我執，

「何謂悟入唯識五位？一資糧位，謂修大乘順解脫分。二加行位，謂修大乘順決擇分。三通達位，謂諸菩薩所住見道。四修習位，謂諸菩薩所住修道。五究竟位，謂住無上正等菩提。云何漸次悟入唯識？謂諸菩薩於識相性資糧位中，能深信解。在加行位，能漸伏除所取能取，引發眞見。在通達位，如實通達。修習位中，如所見理，數數修習，伏斷餘障。至究竟位，出障圓明，能盡未來化有情類，復令悟入唯識相性。」（成唯識論　卷九）

「二取習氣，名彼隨眠，隨逐有情，眠伏藏識，或隨增過，故名隨眠。即是所知煩惱障種。煩惱障者，謂執偏計所執實我，薩迦耶（我及我所）見而爲上首。百二十八根本煩惱，及彼等流諸隨煩惱，此皆煩惱有情身心，能障涅槃，名

煩惱障。所知障者，謂執徧計所執實法，薩迦耶見而爲上首。見疑無明愛恚慢等，覆所知境無顛倒性，能障菩提，名所知障。」（同上）

第二加行位，對於名、義、自性、差別，四種法皆是假名，係自心所變，實不可得，破法執我執，以萬法爲空。

「皆帶相故，未能證實。故說菩薩此四位中，猶於現前安立少物，謂是唯識眞勝義性。以彼空有二相未除，帶相觀心，有所得故，非實安住惟識眞理。彼相滅已，方實安住。」（成唯識論　卷九）

第三通達位，破除了別識，一切無差別，有空相通，得無分別智，即證眞如。

「若時菩薩於所緣境，無分別智都無所得，不取種種戲論相故。爾時乃名實住唯識眞勝義性，即證眞如。智與眞如，平等平等，俱離能取所取相故。能所取相，俱是分別，有所得心戲論現故。」（同上）

第四修習位，依照佛法，如所見理，數數修習，伏斷魔障。修行者能到第三位，已經知道證眞如之理，堅執修習，不要後退，乃能轉依。

「菩薩從前見道起已，爲斷餘障，證得轉依，復數修習無分別智。此智遠離所取能取，故說無得。及不思議，或離戲論，說爲無得；妙用難測，名不思議。……依謂所依，即依他起，與染淨法，爲所依故。染謂虛妄徧計所執；淨謂眞實圓成實性。轉謂二分轉捨轉得。由數修習無分別智，斷本識中二障麤重，故能轉捨依他起上徧計所執，及能轉得依他起中圓成實性。由轉煩惱，得大涅槃；轉所知障，證無上覺。成立唯識，意爲有情證得如斯二轉果。或依即是唯識眞如，生死涅槃之所依故。愚夫顚倒，迷此眞如，故無始來，受生死苦。聖者離倒，悟此眞如，便得涅槃，畢究安樂。」（同上）

第五究竟位，轉依得中圓成實性，破除徧計所執性和依他起性。轉煩惱而得大涅槃，畢竟安樂。

「前修習位所得轉依，應知即是究竟位相。此謂此前二轉依果，即是究竟無漏界攝。諸漏永盡，非漏隨增。性淨圓明，故名無漏。界是藏義，此中含容無邊希有大功德故。或是因義，能生五乘世出世間利樂事故。」（同上 卷十）

上述的五位，是五種境界，修行者在修行時所歷的境界，修行所行的善行，並未說明，修行的善行，是大乘各宗所行的六度，八正道。

六度（波羅密）：一布施，二持戒，三忍辱，四精進，五禪定，六智慧。

布施：財施，無畏施，法施三種。財施為施錢財什物；無畏施，為無殺害之心；法施為施救佛法。

持戒：持守在家出家關於小乘大乘的戒律。

忍辱：忍受一切有情辱罵打擊。

精進：精勵身心進修前三度，遇難不退。

禪定：坐禪，有四禪八定等方法。

智慧：通達諸法之智，破除迷惑證成佛理之慧。

八正道：正見、正思、正語、正業、正命、正精進、正念、正定。

正見：見苦集滅道四諦的道理，勉力去明白。

正思維：對苦集滅道四諦的道理，好好去思維。

正語：謹慎語言，口不亂語。

正業：對於身體，務守戒律，不有邪業。

正命：對於身、口、意的動作，敢加管束，不能結惡業，遠離五種感官的邪活法，不遭邪命。

正定：以眞智入於禪定，離開一切有無的色相，心常安定。

正念：常以眞智憶念佛道，避開凡俗邪念。

正精進：努力勤習佛道，發眞智慧。

六度，八正道，爲修行的普遍善行，能生無漏種子，積蓄加多，消除有漏種子。

4. 智

「轉識成智」，識在唯識論爲八識，總括起來以第八識阿賴耶識作代表。「轉識成智」要消滅八識。八識的認識所得的爲色相，執著色相而有物執我執，消滅八識是要把色相消滅，

同時「我執物執」也隨著消失，消失了「執著」我色相，得到了智，這個智是什麼？這個智稱為淨智，沒有雜染，即是自性清淨心，稱為如來藏，稱為法身。

如來藏被雜染阿賴耶識所覆蓋，或說所纏，消除了雜染阿賴耶識，如來藏顯現自己。如來藏自己即是法身，即是自性清淨心。如來藏顯出自己，一切色相都消失，如來藏顯現清淨心。清淨心是光明，是圓成實性。在清淨性的光明中，一切名色都消失了，萬法（萬有）亦有亦空，萬法平等，不生不滅，不一不異。

這種智是否知識？清淨光明心所顯現，沒有知識的主體和客體，沒有認識的官能，祇有清淨心，清淨心自己顯現，顯現萬法平等，不有不無。修行的人得達這種智的顯現，修行人的「我」化滅，入於清淨心，即入於法身。智，不是修行人的智，乃是法身的智，法身的智，不是認識，而是顯現。這種顯現的智，從認識論去解釋，是精神體的認識。精神體是淨，是明，自己所有的一切，都明明顯現。不是主體去認識客體，是客體自己顯現自己；認識不是認識，而是見，是觀；當然不是眼睛見，或眼睛觀，而是精神體的見或觀；即認識論所謂的「直見」。

但在如來藏的見或觀，沒有見或觀的主體，見和被見和成一體，自見自觀。

在如來藏觀所觀的萬法平等，萬法不是外在的萬法（萬有），是在如來藏自性清淨心內見到萬法，這一層的問題，屬於如來藏緣起論。

附錄：法航著 唯識史觀及其哲學 頁二六五轉依表

轉依
- 所轉道
  - 能伏道──四尋觀
    - 名尋思觀。
    - 事尋思觀。
    - 自性尋思觀。
    - 差別尋思觀。
  - 能斷道──四如實智
    - 名尋思觀所引如實智。
    - 事尋思觀所引如實智。
    - 自尋思觀所引如實智。
    - 差別思觀所引如實智。
- 所轉依
  - 持種依──第八識。
  - 迷悟依──真如、如來藏。
- 所轉捨
  - 所斷捨──二障種子在真障間道即斷。
  - 所棄捨──有漏善法及劣無漏種法，亦棄捨之。
- 所轉得
  - 所顯得
    - 自性清淨涅槃──煩惱障淨智所行真實。
    - 有餘依涅槃──有異熟果。
    - 無餘依涅槃──無異熟果。
    - 無住處涅槃──所知障淨智所行真實。
      - 不住世間。
      - 不住二業。
  - 所坐得
    - 大圓鏡智──第八識轉。
    - 平等性智──第七識轉。
    - 妙觀察智──第六識轉。
    - 成所作智──前五識轉。

第八章　天台宗的摩訶止觀

一、概　論

天台宗以慧文為第一祖，慧思為第二祖，智顗為第三祖。實際建立天台宗的法師為智顗，智顗也稱為「智者」，於陳朝宣德七年入天台山，終身修行，註釋法華經，作摩訶止觀、法華玄義二十卷，法華經文句二十卷。後人以他所住的山名稱他所立的宗。

妙法蓮華經為天台宗的基本經典，為佛祖後期所說。中國有三種譯本，西晉竺法護翻譯本十卷，名法華經；東晉，後秦鳩摩羅什翻譯本七卷，名妙法蓮華經；隋朝闍那笈多翻譯本八卷，名妙法蓮華經。隋唐時，法華經所有的注疏本很多。

天台宗號稱圓教，講權講實，以權教包括小乘和大乘各宗派，（華嚴宗在外），故稱圓教，而以華嚴宗為圓教別教。

「以明圓教者，圓如圓妙、圓滿、圓足、圓頓，故名圓教。所謂圓伏、圓信、圓斷、圓行、圓位，圓自在莊嚴，圓建立眾生，諸大乘經論說佛境界，不共三乘位次，總屬此教也。」（天台四教儀）

天台宗的特點：開權顯實，十界互具，十如如，無住本，不斷斷，一念心，性具。

1. 開權顯實

天台宗特別標明「開權顯實」，以小乘和大乘宗派，都可得到解脫，為佛祖對各種心境不同的人所設的佛道，但是唯一的真實佛道，則是天台宗。天台宗是實，其他各宗都包涵在天台宗以內，乃是權，即是臨時權變之道。然有華嚴宗則是圓教的別教。

「若法華後教不俟更開。法華前教，或門、理已入妙者，更何所開？或門、理，雖妙，而未入妙，門理妙者亦不須開。若門理若人未入妙者，今當開。謂開一切愛見煩惱即是菩提，故云：『觀一切空法如實相』。開一切生死即是涅槃，故云：『世間相常住』。開一切凡人即是妙人，故云：『一切眾生

皆吾子」。開一切愛見言教即是佛法，故云：「若說俗間經書，治生產業，皆與實相不相違背」。開一切眾生即是妙理，故云：「為眾生開佛知見」，示悟入等亦復如是。」（法華玄義第九　上　于辨體中入實相門）

這種開權思想，根源為「十界互具」。

2. 十法界

法界為實相，十法界為十種實相，即是：地獄、餓鬼、畜生、修羅、人、天、聲聞、緣覺、菩薩、佛。十法界包括一切有情。天台宗講十法界，就權實方面去講，佛，是實，其他九界是權。十界互相通，每界都有佛理，佛之實是在九界中，每一界都可見自己的佛性，見到佛性即得道，即成佛。佛，自己也包涵其他九界。使九界見到佛性是權，即從權的修行法，稱為方便法。法華經不用心字或性字，常用「身」字，表示法華經認為每一法的形相雖是假，雖是空，然也是實相。實相又不是存在的實相，而是理的實相，可以說是抽象的實相，但又不是完全的抽象，而稱為如如實相，即普通說好似一個實相。關於這一點，後面將再有說明。

3. 十如如

十如如，實相不可認識，祇是如如實相。實相在每一有情（法）內，每一法也是如如。

如如的意義為「如是」。我們對於一種微妙深奧的理論，聽高明的人給我們講了，還是不懂，祇能羨慕地說：「是這樣！是這樣！」或者，在夜色昏明裡，或者在晨光稀微中，看見一個影子像是人，看不清楚，祇能說：「似乎是一個人。」實相不可認識，祇能說是「如如」，因此稱有情界的佛性為「如來藏」。實相在每一法內，每一法就是實相；每一法的成素為十：相、性、體、力、作、因、緣、果、報，本末究竟。這十個因素也同為「如如」，佛家各宗所講的空

諦、假諦、中諦，都是因素如如的觀點，可以由下面的圖表看出。

空諦由如
字觀點

是相如
是性如
是體如
是力如
是作如
是因如
是緣如
是果如
是報如
是究竟如

天台圓教祇講一乘，以最後「究竟本末」為一乘：

假諦由成
素觀點

如是相
如是性
如是體
如是力
如是作
如是因
如是緣
如是果
如是報
如是究竟

中諦由如
和素相連

相如是
性如是
體如是
力如是
作如是
因如是
緣如是
果如是
報如是
究竟如是

「次判權實者，光宅以前五如，是為權，屬凡夫；次四如，是為實，屬聖人；後一如，總結權實。」（妙法蓮華經玄義 卷二上）

實相和諸法，相即相融，諸法常住，又常變，以「無」為本。無，是不可言說，不可分析，沒有自性，祗可說為「如如」。

「無住本」，意思是無所依，實相是無所依，沒有定位。法華經說：

4. 無住本

蓮華經玄義 卷七上

「一、約理事明本迹者，從無住本立一切法。無住之理即是本時實相眞諦也，一切法即是本時森羅俗諦也。由實相眞本垂於俗諦，尋於俗諦即顯眞本，本迹雖殊，不可思議一也。觀一切法空如實相，但以因緣有從顚倒生。」（妙法

維摩詰經觀眾生品第七說：善不善以身為本，身以貪欲為本，貪欲以虛妄分別為本，虛妄分別以顚倒想為本，顚倒想以無住為本，無住則無本，從無住本立一切法。

無住即實相的異名，實相即性空的異名。一切法都沒有自性，由因緣而起，都是性空。

一切法的根本性為實相，性既是空，實相便是空。但凡夫無明，顚倒空實，以空為實，乃生

一切法。無明顛倒沒有自性，沒有根本，即無所住。然而無明顛倒就是實相自己，因爲普通

說「我錯了」，錯是以我爲本。無明顛倒以實相爲實，實相則無本，實相爲絕對的最後實相，

牟宗三說：「以一切法無住無本所表示的空如之理爲本，此非如通常肯認一最後的實有之體，

此實有之體既是最後的，故不能再有所本。因此，此實有之體即是自住自本。……『從無住

本立一切法』，此與普通從實有之體立一切法不同。諸法無住無本，是空。若從仁體起用，

則一切法正是有住有本。是故『從空立一切法』與『從實有之體立一切法』正是兩絕異之系

統。不特此也。從佛教內部說，『從無住本立一切法』亦與從阿賴耶識立一切法，從如來藏

眞心立一切法不同。……且甚至亦與中論所說：「以有空義故，一切法得成不同。」（牟宗

三　佛性與般若　下冊　頁六七七—六七八）

但是牟宗三以最後實相爲空如實相之理，不是存在的實體，等於以抽象之理立一切物

（法），在普通哲學上不能講，在佛教教義也不能講。「無住」應該解釋沒有「定位」，天

台宗主張十界相通，每一界都沒有自性，都是空。餓鬼和菩薩相通，餓鬼立時成爲菩薩，人

和畜生相通，人立時可以成爲畜生，畜生立時成爲人，十界都以實相爲本，實相也是空，和

十界相通，沒有定位，所以無住；因爲是無住，便能「立一切法。」實相爲一空體，但爲實

有體，有如老子的「道」，因爲不定，稱爲「無」，乃能生「有」。天台宗又講「從無明生

「一切法」。

5. 不斷斷

佛教講修行，以斷絕煩惱，爲斷煩惱須斷絕貪欲，斷貪欲須斷無明。斷了無明也就斷了凡夫的身份。在十界中，從一界轉變另一界，先要斷了前一界；修行便是「斷」的工夫，天台宗講十界相通，講無住本，從一界立刻轉另一界，不要斷前一界，而且立刻轉到另一界，是不斷而斷，所以稱爲「不斷斷」。也就是「煩惱即菩提」，「生死即涅槃」，從「方便權」說，「離淫怒痴爲解脫」；從「不斷斷」說，「淫怒痴性即是解脫」。前者是權，後者爲圓實。

「謂聞一切愛見煩惱即是菩提，故云：『觀一切法空如實相』。開一切生死即是涅槃，故云：『世間相常住』。開一切凡人即妙人，故云：『一切眾生皆是吾子』。開一切愛見言教即是佛法，故云：『若說俗間經書，治生產業，皆與實相不相違背』。開一切眾生即是妙理，故云：『爲今生開佛知見』。示悟入等亦復如是。」（法華玄義卷九　辨體第四　入實相門）

按理說，一切眾生，即十法界皆是如如，眾生都有佛性，都是菩提相，便無所謂斷不斷；而所謂解脫，在主觀心理有解脫。所謂解脫即在本身，即在淫欲，即在痴愛，不要斷絕以後才有解脫。

佛，完全清淨，純然佛法，但既具有其他九法界之法，便是「不斷斷」，和無明脫節。

6.　一念心

天下事物必有一根基，天台宗以一切法的根基為無住本，無住本就是佛，佛就是「一念心」，也簡單地說「一心」。

心為知，知為觀，觀為智慧。若「無明」為一切法的依止本，無明即是「一念心」，是就迷就事而說。反過來，就智慧而說，觀一切皆空，本性純淨，便是「一念無明法性心」。

牟宗三說：「不可以阿賴耶系統或如來藏系統來混視，而此『一念心』既不可以分解說的識心視，亦不可以分解的真心視。此是對於『一念心』之初步的規定。」（牟宗三　佛性與般若　下冊　頁六〇四）

牟宗三認為「一念心」不是認識的主體，也不是存在的主體，而是一切法的理，理又不是純粹抽象物，而又是實相，他詭譎的方式而圓說的一念心。「此一念心即如來藏理，故此

中有法性，亦有無明，法性就空如說，無明就十法界之差別相說，佛是即在九法界在『不斷

斷』中成。」（同上 頁六〇九）「有心有法即有法性。......法性雖已即于無明而為心。即，

為一切法，然法性亦不失。故『一念心即具十法界』就等于說『法性即具十法界』或『中道

實相理即具十法界』，此中之『即』是『就是』義，『具』是緣起作用地具。......故只說

『性具』，不說性起。」（同上 頁六一二）

一念心明明是真如心，就是真心，牟宗三捨真心而說實相理，但若捨真心的真相，怎麼

說實相理。一念心具十法界，不是祇具十法界之理，而是具十法界之實，所以具有法性和無

明；所以天台宗講『性具』，以佛性具有善惡之性，即真如心有善惡。這一點似乎唯識宗以

阿賴耶識有染淨兩性，也似乎大乘起信論的一心二門，但是在內容的解釋不相同。

7. 性 具

天台宗既然主張「一念無明法性心」為無住本，生一切法，無明即是法性，不斷斷而解

脫，便應該主張「一念明」即真如心具有善惡。

牟宗三說：「生死、煩惱、淫怒痴等，有的是凡夫的，有的是聲聞的，有的是菩薩的。

是則下自凡夫，上至菩薩，每一法界之差別法，差別相，其成為差別，主要地說，是由於無

明。此生客觀地說固有法，而主觀說亦皆有無明。……小乘斷見思惑，而不能斷除塵沙惑，至如根本惑則只伏不斷，正因此故，而成爲小乘法界。菩薩及無明，而不能斷盡，亦正因此而成爲菩薩界。至佛究竟斷，則其法界之法全在清淨中。……他既具有九法界，則他即是「不斷斷」。他即于凡夫而爲不斷斷，則在其「不斷斷」中的凡夫即與凡夫之無明脫節，病除而法存，因此，即成爲佛法。」（佛性與般若　下冊　頁六〇一）

「一念心即具十法界」，牟宗三說「性具者，法性是即于一切法而切具備一切法之謂也，故心具，從勝從主說，即是性具，法不出如故也。以法不出如，故如性即備一切法矣。是故如性之『性具』即是『圓具』，此即所謂『圓談法性』（同上　頁六一一）

一念心具一切法，但若何能具善與惡，染與淨呢？牟宗三說：「然則何謂體同？荊溪云：『依他即圓者，更互相依，以圓同故，依而復即』，此所謂體同，意即謂無明與法性同一事體也。……是故無明即法性，法性即無明，此兩者不是分解地有自住地拉開說，乃是緊扣在一起而詭譎地無自主地圓融地說。這詭譎地圓融地說的『體同』即是圓教之所以爲圓教處。

此一表達模式乃爲天台宗所把握，依此而有種種『不二』之妙談」（同上　頁六九六）「通常易走分解的思路，故難于了解天台宗所謂性具，性惡，……此蓋爲三道即三德，不斷，斷，一念無明心即具十法界」，一一法界皆有惑業苦三道性相，十界互融如水，情執十界局限如冰，一

等辭語所必涵。」（同上 頁七三四）

但是這些辭語是由「性具而來」，而不是由這些辭句逆行式去解釋性具。牟宗三以這種逆行式為詭譎式，順行式從性具下行到這些辭句為分解式，詭譎形為圓融式。但是問題的根本，一念心具性善惡性，即性具善惡，並沒有解釋。

唐君毅解釋說：

「則吾人之所以異於佛者，非無覺與有覺之分，乃人有本覺，而不覺其有此本覺，尚未覺此本覺，以有始覺之故耳。然人之有本覺者，雖可不覺其本覺，亦可覺其本覺。則此本覺之覺，固有此不覺與覺之二可能或二義。此二可能或二義，即同依心真如，而有之心生滅門與心真如門。此本覺之心真如，依自而有不覺，有無明，有心之生滅；亦能依自而覺，以成始覺，成究竟覺，成佛，而具一切種智。」（中國哲學原論 原性篇 頁二三二）

「人若能於此承認其當下之自覺心，自有其一知捨染取淨，而自向於其心之真知，或自性清淨之如來藏，而使之呈現之『知』；或承認此自覺心，能自悟此本心，或此本心能自悟者；即可不重此自覺的意識心以外尚有末那、賴

耶、五識心等之一面，而將不重此心識之多之一面。……此能兼知轉染依淨之一『知』，既通於心之染淨二面；今通過此『知』以觀染，則知染之心，既涵去染之能，此染者之能亦即通於淨；心又能取淨去染，則淨者應亦通於染。……在此一思路中，其通染淨以言性者即天台宗之說。」（同上　頁二四七）

唯識宗的遍計所執性為純染，圓成實性為純淨，依他起者分染淨二分，唯識宗把染淨分開截然不同，大乘起信論以真心有染淨二門，華嚴宗以真心為純淨，都和天台宗的主張不同，天台宗的「性具」以善惡相融。唐君毅認為這是自覺和不覺，在不覺中有自覺之能，也有向自淨化之能，佛真心是純全自覺，然涵有不覺之能，這就是性具善惡。但仍舊祇解釋了現實，沒有說明為什麼真心──一念之心有不自覺之能。牟宗三認為這樣追究，是華嚴宗分析式的觀法，天台宗是圓融觀法，而且是詭譎式，不分析去追求原因。否則一念心不為「無住本」，而有所依（原因）。一念心既然無住本的自己為本，它是這樣，就是這樣，不能去問原因。

我則認為「理」不能是一切法的根源，應該是實相。天台宗的實相和華嚴宗一樣，而是一實相理。況且「一念心」真心或真如，不能認為一絕對實相，否則便和華嚴宗一樣，有如老子的「道」，或張載的太和（太虛），本性彷彿不定，中涵各種變化之道；染淨乃是變化之道。

二、天台宗的止觀

1. 一念心

天台宗的最高的理想，為「一念三千」，不僅以「一念心」具十法界，即是具宇宙萬物；正具以「一念」具三千世界。普通講佛教哲學，都以真如，或佛，作為佛教的最高實相；天台宗的大乘止觀法門解釋「真如」：

「一切諸法，依此心有，以心為體。望於諸法，法悉虛虛，有即非有。對此虛偽法故，目之為真。又復諸法雖實非有，但以虛妄因緣，而有生滅之相。然此虛法生時，此心不生；諸法滅時，此心不滅。不生，故不增；不滅，故不減。以不生不滅，故名之為真。三世諸佛，及以眾生，同以此一淨心為體。凡聖諸法，自有差別異相；而此真心，無異無相，故名之為如。又真如者，以一切法，真實如是，唯是一心；故名此一心，以為真如」。（卷一）

真如乃一心的代名詞，這個代名詞解釋「一心」的本性，不生不滅，無異無相，為一切萬物之理。真如既為萬物之理，在萬物之內，稱為「如來藏」，稱為「佛性」。

「真如」為「一心」，「真如」是名詞，「一心」是實體。佛教大乘各宗莫不講心，佛學辭典綜合佛經所說心為六種心：一、肉團心，即吾人的心臟；二、集起心，即阿賴耶識；三、思量心，即末那識；四、緣慮心，或了別心，即意識（第六識）；五、堅實心，即自性清淨心，如來藏心，真如…六、積聚精要心，積聚諸經中一切要義。

六種心除第一種和第六種不是認識官能外，其他四種都是認識官能，第二種為第八識，第三種為第七識，第四種為第六識，第五種為真如。天台止觀所講的心為一念心，真如；因此，真如為「無明法性心」，「一念心」，為止觀的主體。「一念心」生一切法。

> 「若隨便宜者，應言無明法法性生一切法。如眠法法性，則有一切夢事。心與緣合，則三種世界，三千性相，皆從心起。」（摩訶止觀　第七章　觀心是不可思議境）

所謂生不是造作而生一物，或成一物，而是顯現。心和緣相合，現出一切法。一法即有一切法，現一法即現一切法。同樣，不是心陸續地生一切法，而是心的一念，生一法，一法

即一切法，故一念生一切法。

一念心又不是說心的一念，而就是心，一念心就是全心，全心就是一念。

一念即一心，一心為不可思議境。

不二門指要抄 第一

「今釋一念，乃是趣舉根塵和合一刹那心。若陰若惑，若善若惡，皆具三千，皆即三諦，乃十妙之大體，故云『咸爾』。斯之『一念』，為成觀故。」（十

「觀心是不可思議境者，此境難說。先明思議境，令不思議境易顯。思議法者，小乘亦說心生一切法，謂六道因果，三界輪環，若去凡欣聖，則棄下上出，厭身滅智，乃是作有四諦，蓋思議法也。

……此之十法（十法界之十種因果法），迤邐淺深，皆從心出。雖是大乘無量四諦所攝，猶是思議之境，非今止觀所觀也。

大乘亦明心生一切法，謂十法界也。

……若從一心生一切法者，此則是縱。若心一時合一切法者，此即是橫。縱

亦不可，橫亦不可。祇心是一切法，一切法是心故。非縱非橫，非一非異，玄妙深絕，非識所識，非言所言，所以稱爲不可思議境。」（摩訶止觀　卷第五）

一念心爲不可思議境。

2.　止　觀

觀心爲不可思議境，是一種認識的行爲，這種行動和普通所講認識行動不同。天台宗智顗著有摩訶止觀一書，講這種認識行爲。

「摩訶」意思是「大乘」，「止觀」爲禪法，「止」爲停止一切妄念，「觀」爲正見佛道。

天台宗的「一念心」，不像華嚴宗作爲絕對最高實相，而是宇宙萬物的整體。宇宙萬物以十法界代表，萬物不各自分立，每一法界具其他九法界，十界共融。十界又不是自立存在，而是在心內，心和萬物不分，萬物彼此不分，也不能分析去講，也沒有辦法可以講；所以說

「復以何義立止觀名？略有四：一相待，二絕待，三會異，四通三德。」（摩

訶止觀·卷第三上）

「相待」有三種意義：息義、停義、對不止止義。息義，是息止一切惡覺妄念。停義，是按心諦的理，祗想現前的事，心停住不動。對不止止義，是無明為法性，法明為無明，無明為不止，法性為非止非不止。由無明而觀法性，由法性而觀無明。

「絕待」，則是破除上面的三種相待，以照境為正觀，除惑為傍觀，成為無生止觀。

「故今言絕待止觀者，絕橫豎諸待，絕諸思議，絕諸煩惱諸業諸果，絕諸教觀證等，悉皆不生，故名為止。止亦不可得觀冥如境，境既息滅清淨，尚無清淨，何得有觀。」（同上）

這種絕止，也稱不可思議境。

「會異」是會通各種異名：止觀、不止觀、不觀。

「通三德」，是止觀通於般若、法身、解脫、三德；或以三種槃若為三德：

「夫槃若者具足般若，具有三種：道慧般若通貫穿觀，道種慧般若通達觀，一切種慧通非觀。觀具足法身亦有三種：色身通一止一觀，法門身通一止一觀，實相身通一止一觀。」（同上）

止觀是心觀，心觀明宇宙一切，不是禪定，也是禪定，止觀更是圓融一切，一心三千世界。

摩訶止觀共十卷，但爲智顗所說，灌頂所記，缺第八第九第十章。第七章講「正觀」，爲全書的中心，敘說十種觀境，每境各有十乘觀法，但最後三境已闕失。

摩訶止觀解釋止觀的體相，以止觀通於凡聖，止屬於心，觀屬於行，所止要證於行。

3. 一念三千

摩訶止觀第七章講「正觀」，分十種觀境即十法門觀心。第一法門，爲觀不可思議境，以一念心爲所觀境。一念心總攝一切，具十法界。故觀一念心即觀宇宙一切，宇宙一切不是分立的，不是實在的，也不是完全不實的，非有非不有，彼此互相通，互相融，都在一念心之中。

「夫一心具十法界，一法界又具十法界、百法界。一界具三十種世界，百法界即具三千種世界。此三千在一念心。若無心而已，介爾有心，即具三千。」

（摩詰止觀　卷第五上）

十法界在上面已經說過，十如如也在上面說過。每一法界都有相、性、體、力、作、因、緣、果、報，本末十如如。於是十法界的每一法界又具十法界，成百法界；百法界因著十如如而成千法界。十法界在三世界以內，三世界爲五陰世間，眾生世間，國土世間。因此千法界成爲三千世界。結果就是一念三千。

一念不是一個思念（念頭），而是心，心又不是思慮的心，而是無明法性心，就是整體的心。

一心三千，無所依附，不託因緣。和法相宗所說，地論師所說都不同。

「問：心起必託緣，爲心具三千法，爲緣具？不共具？爲離具？若心具者，心起不用緣。若緣具者，緣具不關心。若共具者，未共若無，共時安有？若離具者，既離心離緣，那忽心具？四句尚不可得，云何具三千法耶？

答：地人云：一切解惑真妄依持法性，法性持真妄，真妄依法性也。攝大乘云：法性不爲惑所染，不爲淨所淨，故法性非所依，言依持者，阿黎耶是也。無沒無明盛持一切種子。若從地師，則心具一切法。若從攝師，則緣具一切法。此兩師各據一邊。」（同上）

一念三千，爲止觀最高境界的代名詞，在這一代名詞中含有兩方面的意義：第一，在存在本體論方面，是一念心具一切法，一切法存在一念心，因爲一切法由心所生所立。凡夫所看見宇宙萬物，不是實在有個宇宙，也不是實在有一切萬物，宇宙萬物都是空的。但又不都是假的虛的，宇宙萬物是有是在，是在一念心中，一切萬物無論染淨，都存在一念心中；所以說：一念心具十法界，一念心具一切法。第二，從認識方面，一念心具一切法，是在認識性存在，是一念：一切法（萬物）爲一念，一念爲萬物。沒有念，心是心，心是無明法性心。一念心認識萬法（萬物），萬法乃生乃立。認識不是心爲認識主體，萬法爲認識客體，認識爲主體和客體相結合，而是一念心自然呈現自己，所呈現的就是萬法（萬物），萬法和一念心是一，不是二。一念心的呈現無所依持。

一心的一念，不是和普通所說的心的一個念頭，不是心本體是靜，不是動而起念。心本

來就是一念，心本來就呈現自己，本來就具一切。但是這本來的呈現，並不生也不立離開自己的萬物，一切都圓融在自己本體以內。可是呈現本體時有的物卻有了假意識，認爲自己是自立的，又認爲別的物也是自立的，於是這些物（人）因自己的意識立了宇宙萬物。人自立了，對於別的物也不是認識，祇是錯誤的意識，即是所謂我執物執。好比一海的波浪，一個波浪認爲自己是自立存在，同時也認爲別的波浪都是自立的，其實都是一個海水的波浪，波浪就是海水。

這種認識論，是一念心自己的呈現，一念心是光明的，呈現自己，就是顯明自己。

4. 修止不二

十法界圓融，煩惱是菩提，餓鬼或凡夫是菩薩；但是現在的凡夫，用怎麼方法就成爲菩薩，或更好悟明自己是一念心，是佛。普通佛教都講修行以得道，得道能解脫。天台宗以無明法性心爲最高實相，理內具一切法，十法界的九法界都和第十法界之佛相融，最高實相爲如如之實相理，十法界爲一念心的「性具」，不生不滅，不變不異，餓鬼成佛，餓鬼的法性並不消滅，所以天台宗主張「不斷斷」，不斷而斷，修止不二。

荊谿著十不二門指要抄，書中第三節爲修止不二門。

「修止不二門者，性德只是界如一念，此內界如三法具足。性雖本爾，藉智起修。由修照性，由性發修。存性，則全修成性。起修，則全性成修。性無所移，修常宛爾。」

「修謂修治造作，即變造三千。性謂本有不改，即理具三千。今示全性起修，則諸行無作。全修在性，則一念圓成。是則修外無性，性外無修。互泯互融，故稱不二，而就心法妙爲門。」

修行，是修德行善。凡夫和聲聞緣覺的人，認爲外面的事物爲實有，爲能達到佛的境界，須要克除心中的念慮，消滅對我和對事物的執著，佛教教人守戒律，靜坐禪定。這些善行可以把人從無明煩惱中解脫出來。天台宗主張一界具十界，每界都有一念心。在佛以外的九界，一念心隱而不現，修行不是去尋在外在上的眞如，而是把自有的一念心顯明出來。一念心若顯明佛境界，其他九法界就隱沒，然而不是被克除或被消滅，仍舊存在。修行是全性起修，不是在性外修善行以發現性，而是性自行顯現，故說「全性修行，則諸行無作」。使性自己顯示，一念心爲性，性具三千，即是具十界。在修行時，性不變。十法界就是一念心，一念心爲性，性具三千，即是具十界。在修行時，性不變。十法界就是一念心，一念心

「由修照性」，不是用善行去除無明煩惱，而是由修去照性，再由「性發修」，性自顯現。

性的自己顯現是「一念圓成」。所以是「修外無性，性外無修」。修止不能分，不是修行而後有止修和止不分，而且修和觀不能分，即是止和觀不能分，不是修止而後有觀。

一念心具有十法界，每一法界是一念心自己顯現在這一法界，如人，一念心顯現自己為人；如餓鬼，一念心顯現自己是餓鬼，其他九法界都隱沒。一個人得道成佛，就是使佛法界顯現，其他九法界隱沒；雖然隱沒，仍舊未滅。故曰：「性無所移」。

5. 修習止觀

在理論上，「性外無修」，實際上仍舊要有行為使一念心本性（佛法界）顯現，修止仍舊要有修習，須要實際的行為，天台宗乃有修行止觀坐禪法要講述。這本書為智顗所口述，寶靜所講述。寶靜為清末和民國初年的法師（一八九九—一九四〇）。「天台止觀有四本：一曰圓頓止觀，大師（智顗）於荆州玉泉寺說，章安記為十卷，二曰漸次止觀，在瓦官寺說，弟子法慎記本三十卷，章安治定為十卷，今禪波羅密是。三曰不定止觀，即陳尚書令毛喜請大師出，有一卷，今六妙門是。四曰小止觀，即今文是。大師為俗兄陳鍼出，實大部之梗概，入道之樞機。」（修習止觀坐禪法要講述　小止觀序　頁一五）

實行止觀的方法，在「修習止觀坐禪法要講述」的書裡，提出十點，「具緣第一，訶欲

第二，棄蓋第三，調和第四，方便第五，正修第六，善發第七，覺魔第八，治病第九，證果第十。」

「具緣第一」，修止觀的人，要具備的五個條件（助緣），一、守戒律，二、懺悔，三、誓滅罪原，四、堅持清淨心，五、衣食住按法具足。

「訶欲第二」，訶責情慾，使不煩心。欲為五欲，色、聲、香、味、觸五欲，即目耳鼻舌身，五種感官所引起的情慾，須嚴加節制。

「棄蓋第三」，捨棄五種煩惱障道，一、外面五官所引發情慾，內心意念被動，覆蓋善念，應該捨棄。二、棄瞋惡蓋，即不惱恨人，三、棄睡眠蓋，不恣意放縱手足四肢。四、棄掉悔蓋，即克制身口心放逸，五、棄疑蓋，應信心堅定。

「調和第四」，調和五事，即身、息、心、眠、食五事，使用得宜。

「方便第五」，方便法門有五：一、樂欲，心樂佛法。二、精進，堅持志向。三、憶念，念世間一切都是欺人迷人的虛相，念禪法令人安定得道。四、巧慧，衡量世間逸樂是虛假，禪定之樂為智慧。五、一心分別，明見世間諸事可惡可患，善識定慧可尊可貴。

「正修行第六」，正式修行止觀的方法，分為二種，第一、坐中修行，即靜坐修習。分五階梯，先收粗心，次收浮心，再安心，然後入定，細心克服偏執歪邪之念，再於定中得智

慧，最後有均齊定慧修止觀，第二、歷緣對境修習，即在行事中，隨境隨緣作修習。

「善根發第七」，修習止觀過了第六正修行，便有種善根發生：一、外善根，所謂布施、持戒、孝順父母尊長，二、內善根，所謂諸禪定法門善根：明善根發相、不淨觀善根發相、慈心善根發相，因緣觀善根發相，念佛善根發相。

「覺知魔事第八」，惡魔破壞善根，應善識魔事，魔有四種：煩惱魔、陰魔、死魔、鬼神魔。

「治病第九」，修習止觀，須調和身、心息以絕病源。

「證果第十」，修習止觀者，經過上面的九梯，可以得達止觀，即觀一切是空，是假相。作有空二諦觀。再往上修，超越空假二諦，達到中道一諦，行於中道正觀，即不有不空，於一切事物無所染者，一切佛法皆現眼前。

證果第十的小止觀原文：

　　「若行者如是修止觀時，能了知一切諸法皆從心生，因緣虛假不實故空，以知空故，即不得一切諸法名字相則體眞止也。

　　爾時上不可佛果若求，下不見眾生可度，是名從假入空觀，亦名二諦觀，亦

名慧眼，亦名一切智。

若住此觀，即墮聲聞辟支佛地。……

若菩薩爲一切眾生，成就一切佛法，不應取著無爲而自寂滅，爾時應從空入假觀。……

行者如是觀時，雖知一切諸法畢竟空寂，能於空中修種種行，如空中種樹，亦能分別眾生諸根，性，欲無量故，則說法無量。……乃是從空入假觀，亦名平等觀，亦名法眼，亦名道種智。住此觀中，智慧力多故，雖見佛性而不明了。菩薩雖復成就此二種觀，定名方便觀門，非正觀也。……

云何修正觀？若體知心性非眞非假，息緣眞假之心，名之爲正。諦觀心性非空非假，而不壞空假之法。若能如是照了，則於心性通達中道，圓照二諦，則見一切諸法中道二諦，亦不取道二諦，以決定性不可得故，是名中道正觀。

……

當知中道正觀，則是佛眼一切種智，若住此觀，則定慧力等，了了見佛性。

安住大乘，行步平正，其疾如風，自然流入薩婆若海。」（修習止觀坐禪法要講述

證果等）

摩訶止觀的實證方法，在修習止觀坐禪法要講述書中詳細講述。附錄四，有憸虛的止觀大義，扼要地說出修習的過程。第一步，凡夫習染俗氣，示以由俗審理，苦無立腳處。第二步，令修空觀，以捨萬物的名相，空觀若成，見思惑盡。第三步，從空出假，假從空出，成俗中觀。第四步，方便隨緣，隨緣不染，度化眾生，假觀告成。依別教義，人我不分，渾然正理。以上為別教次第止觀。按圓教說：是以不可思議心，觀不可思議境，行無分別止，頓破三惑，圓證三智，圓成三德，而三德仍成於三諦。

天台宗止觀，以次第修行為方便法，不違法止觀包涵在止觀以內。天台宗的正觀，則是以一念心，觀不可思議境，一念心十法界，一念心三千世間。心，就是宇宙萬物，宇宙萬物就是心。

我們研究天台宗的認識論，以一念心三千世間為對象，因為一念三千為天台宗的正觀。在上面已經說過，一念三千的認識，沒有認識主體和客體的分，也沒有認識器官的理智，乃是一念心自己顯明自己，自性清淨，空無一物，同時心內隱然一切法界。

從一念心往下，好似一個波浪觀看全海，則有三種智，最高為一切道種智，這是佛所看見的世界，非空非假，不壞空假，圓照二諦。次等為道種智，觀一切法畢究空，一切平等，但智慧力強，多加思索為菩薩法界。下一等為一切智，觀一切物為空，即空為假，有空假二

諦觀，爲聲聞緣覺法界。三種智的觀，都是認識，佛的觀，爲自己顯明，自己觀自己，不是反省，因爲不用理智。這種境，似乎天主教神學所講的天主，天主認識自己，是自己顯明自己，沒有理智作用，沒有觀念。天主本性是光明，是純淨，是絕對眞美善，不具有任何污點，這和天台宗的性具，完全不同。

菩薩，聲聞緣覺，凡夫所觀，用理智，止觀說「智慧力強」認識法界（外物），這種理智力，就是無明的作用；所認識的法界，是一念心所呈現。好似海中的波浪，一個波浪看別的波浪，認爲是這樣，是那樣，都是看的主體波浪，智慧不同，他所看的就不同，實則都是海水的波浪，是海水所呈現，本性都是一樣，一切平等。

菩薩，聲聞，緣覺，凡夫的理智，乃是一念心的無明的呈現，實際上並無所謂理智力，只是一念心所呈現的法界，不是凡夫等等是觀的主體，觀到別的客體法界，而是凡夫等等就是無明，無明呈現各種法界，凡夫等等觀到別的法界，到達佛的境，乃體驗到自己是一念心，所觀的就是自己一念心。天台宗根本反對分析，理智的作用爲分析。

天台宗的認識論，完全是一念心的呈現。

第九章　華嚴宗的海印三昧

一、概　論

1. 史　略

華嚴宗為法藏所建立，在他以前，先有唐朝初期的杜順為第一祖，著有五教止觀一卷，法界觀門一卷，後有他的弟子智儼為第二祖，著有華嚴搜玄記九卷，法藏為第三祖。法藏字賢首，俗姓康，生於貞觀十七年，著作很多，建立了華嚴宗思想系統，第四祖為澄觀，第五祖為宗密。

華嚴宗所宗為華嚴經，詳名為大方廣佛華嚴經，為佛祖得道初次所說的經，述說自己得道的心境和學理，因含義太高太玄，聽眾不能懂。佛祖乃改方式，先從淺近的小乘，再以漸漸入高深的大乘，最後講了法華經，去世前，講了涅槃經。

華嚴經在中國有三種譯本：第一種譯本，為東晉佛馱跋陀羅的譯本，共六十卷，稱六十華嚴。第二種譯本，為唐實義難陀的譯本，共八十卷，稱八十華嚴。第三種譯本為唐般若的譯本，共四十卷，稱四十華嚴。

華嚴宗源於地論宗，地論宗分南北兩派，兩派爭論點在於阿黎耶識（阿賴耶識）的性相，北派以這識為妄識，和真如有分別，南派以這識為淨識。

華嚴宗的宗趣，以法界理實緣起因果不思議為宗，內涵四方面：第一別開法界以成因果，因果不離理實法界，第二會融因果以同法界，第三法界因果分明顯示，第四法界因果雙融俱離，性相混然，無礙自定，以上四門，第一即體之用，第二即用之體，第三即體用雙顯，第四即體用鎔融。這第四為不思議，第四融會前三，即四門一揆。

華嚴宗的特點：法界緣起，性起，四法界，三重觀，海印三昧，修行。

2. 法界緣起

法界，有兩種意義：一、指最高真理，也可以說是絕對實體，實體即是法界；二、指一切物，即是宇宙萬物。法界緣起講萬法的緣起，這種緣起以最高實體的真如為本體，隱在一切法（物）以內，負有無明的污染，然真如本體是淨。因此萬法由自身的「法」真如的法界

而緣起，眞如又能除去染污而顯自身淨相。法界是一法，而又是萬法，一即一切，一切即一，互相圓融。

法藏著有金獅子章，說明華嚴宗的教義大綱，共有十點：明緣起，辨色空，約三性，顯無相，說無生，論五教，勒十玄，括六相，成菩提，入涅槃。

法藏在金師子章明緣起說：

「謂金無自性，隨工巧匠緣，遂有獅子相起。起但是緣，故名緣起。」

用金和師子作比喻，金爲本體，師子爲相。金的本體沒有定相，即「金無自性」。金存在時必有相，所有的相，是工匠加給的。工匠是緣，因此說金師子由緣起。

辨色空說：

「謂師子相虛，唯是眞金。師子不有，金體不無，故名色空。又復空無自相，約色以明。不礙幻有，名爲色空。」

相為形色，相不是實有，是空，實有的是金，金是本體。本體實有，色相為空。色相由緣起，緣起乃一幻有，祇有外面的形色。

約三性說：

「師子情有，名為徧計。師子似有，名曰依他。金性不變，故號圓成。」

顯無相說：

「謂以金收師子盡，金外更無師子可得，故名無相。」

師子既是幻有，為何人都以為有？是因為人無明，誤徧計以為有，乃是人們的執著。實際上師子是相，依附在金體上，師子相叫做依他。除去徧計，師子相乃為空，金體呈現，乃為圓成。這是佛教常說的三性：徧計所有性，依他性，圓成實性。

相為幻有，為空，為無。沒有金當然沒有師子；有師子當然也可以沒有師子；所以師子相，不能是實有。

說無生說：

「謂正見師子生時，但是金子，金外更無一物。師子雖有生滅，金體本無增

減，故曰無生。」

生滅歸於實有，不歸於虛相。虛相為無明藉緣所起，緣失即消，無所謂生滅。

上面五點，法藏用比喻解釋宇宙萬物的緣起。天台宗講法界緣起，一面說萬法的緣起，

一面說萬法的緣起是絕絕實體，即是「法界」在兩方面的意義。

牟宗三說：「般若經只言空、如、法性、實際、法位，不言法界，蓋無對于一切法作根

源的說明之故。攝論依據阿毘達摩大乘經之經偈以阿賴耶識為一切法所依止，始有『最清淨

法界』之說，此是阿賴耶系統中之法界。起信論將一切法統于如來藏自性清淨心，始有『一

法界』之說，此是如來藏系統中之法界。本此系統盛談法界圓融而至其極者，則為華嚴宗。」

（佛性與般若　上冊　頁四五八）

天台宗主張「法界」為最高實體，為「真心」，為「真如」。「真心」為萬法的根由，

萬法由真心而起，稱為法界緣起。

華嚴宗的宗趣，使用「體用」。「體」、「用」以外，有「相」，「體」和「用」和「相」三者以講緣起。眞心或眞如爲「體」，體性清淨，不生不滅，不增不減；好比金獅仔彰的金。「相」，爲一切法，即宇宙萬物，爲眞心向外的表現，好比金師子的師子相，又好比海水中的波浪。「用」，爲緣起，眞心自力向外顯示而起「相」。緣是無明，眞心自力向外表現而起相，相因無明而執爲有，一切萬法是眞心隨緣而起的相。

華嚴宗不主張眞心具有染性，無明不在眞心內，和天台宗不同，因此講「性起」，不講「性具」。

3. 性　起

「性起」的意思，是宇宙萬法，不來自各種緣起，而是自己本性的顯現。眞心（眞如）爲本體，萬法是眞如的顯相。「性起」還有另一種意義，在華嚴宗的觀法裡，由自己的本心而見到自己的本性，本性即眞如，其他一切都泯滅，頓然成佛。所以，「性起」爲眞如自力向外顯示而有萬相，又爲眞如泯滅一切外相而顯示本體，有似黑格爾的正反合，絕對精神體爲本體，本體向外顯示「非我」爲宇宙萬物，萬物再由精神回向本體。

「性起」的法界緣起，牟宗三說：「此與阿賴耶緣起，如來藏緣起，層次不同，而意義

與作用亦皆不同。此蓋只是就毗盧遮那佛法身法界中之法以緣起觀點觀之而說爲法界緣起，因而即如此亦只是緣起性空一義之展轉引申，引申之以表示佛法身法界之無邊無盡圓融無礙也，此與阿賴耶緣起以及如來藏緣起之說明一切法之來源者不同也。」（佛性與般若　上冊　頁四九一）但是講法雖不同，法界緣起也是爲解說宇宙萬法的來源。層次不同，阿賴耶系統和如來藏系統講萬法來源，以萬法爲阿賴耶識或如來藏所生，是就「存在」層面說。法界緣起則就「觀」層面說，由華嚴宗的觀，顯示佛法身無邊無量，一切圓融，這種緣起和天台宗的緣起都是由心去觀。

法藏在《一乘教義分齊章諸教所詮差別第七說：

「不染者，即隨緣作諸法也。染而不染者，明隨緣時不失自性。由初義故，俗諦得成。由後義故，眞諦復立，如是眞俗但有二義，而無二體，相融無礙，離諸情執」。

眞如隨緣性起，但隨緣不變。上面已經說過，眞如向外顯示，而有萬法相。因無明污染的緣，乃有情執萬法的凡夫，又有三種智的得道者。執著萬法爲有，是俗諦；眞如本體的顯

示爲慧，慧觀眞如本體不變爲空，是眞諦。眞如（眞心）有兩層的意義，一層是隨緣，一層是不變。

天台宗和華嚴宗的性具和性起都有一個根本問題，就是「緣」無明的問題。天台宗性具論以一念心（眞心，眞如）本性具有無明，因著無明而起萬法；問題是一念心爲什麼顯示了無明？就似海水起浪是因有風力。華嚴宗主張眞心本性完全清淨，不具污染；爲什麼眞心顯出萬法？是因隨緣，緣是什麼呢？是無明，無明爲什麼對眞心起作用？都是因爲有種力去發動無明。或者更好說，無明不是因一種力而發動，而是在一種境況中，一念心顯示了具有的無明，或是按華嚴宗所說，眞如顯示自己，在一種境況中，被無明所誤執。

華嚴宗的法界緣起論，法界既指眞心，又指萬法，法界緣起以萬法由眞心所起，不是說萬法由眞心所生，而是眞心顯示本體時，因無明而顯污染的萬法，成爲緣起性空。眞如本性是空無一物，純全清淨，光明不染。萬法是無明緣起。然而所起萬法，並不是實有，不是在眞如以外有萬法，而是眞如顯示自己被無明執爲萬法。因此，萬法實際就是眞如，所以說萬法和眞如互相融會。天台宗講十法界互攝，一法界即具十法界。華嚴宗講華嚴世界，華嚴世界以一入一切，一切入一。

4. 華嚴世界

華嚴世界，為事事圓融的世界，在一中有一切，在一切中祇有一。首先的講法，真如為理，萬法為事；萬法為空，以真如而為有。所以理在事中，萬事同一理，一理即一切事，一切事祇有一理，再進一步，還有一切入一，一切入一；萬事在每一事中，即萬物在一物中。華嚴宗用比喩解說，一間大廳中懸掛一大型的晶珠燈，每粒晶珠明亮如鏡，反映別的晶珠，每粒晶珠都反映所有的晶珠。這樣，每粒晶珠都收受了所有晶珠的映像，就是所謂一切入一。同時，每粒晶珠都映在一切晶珠裡，就是所謂一入一切。同時，所有晶珠都映在一切晶珠裡，就是所謂一入一切。也可以用別的一個比喩，一間大廳，上下四方都裝的是鏡子，一個人站在廳子中間，他的像首先反映在上下四方的六面鏡子裡，六面鏡子裡的六個像再反映到六面的鏡子裡，就變為三十六，這樣再反映，像越加越多，六面鏡子裡滿是人像。其實，所有的像是一個人的像。這就是華嚴世界。這種華嚴世界有如香水海，一遍音氣；又如光明海，四面遍光明，無絲毫塵垢。在世界中，依照毗盧遮那佛的佛力，顯出各種莊嚴，有種種差別，各種莊嚴相連，成世界網，一切平等。

華嚴經以華嚴世界，為毗盧遮那佛所修的無量劫修行，經歷了無量世界。佛自身放光明，

在光明中顯出無量的世界。普賢菩薩作頌說：

「華嚴世界海，法界等無別，莊嚴極清淨，
安住於虛空。此世界海中，刹種難思議。
一一皆自在，各界無雜亂。華嚴世界海，
刹種善安布，殊形異莊嚴，種種相不同，
諸佛變化音，種種爲其體。隨其業力見。
……
大海眞珠焰，光網不思議，如是諸刹種，
悉在蓮華住。一切諸刹種，光網不可說，
光中現諸刹，普徧十方海。……」（八十華嚴　卷十　華嚴世界品第五之三）

華嚴經疏論纂要，道霈編，在疏解華嚴世界品第五之一，說明這品的宗趣，華嚴世界圓
攝三世業境，因爲一念三世。一念，就是無念，無念即無三世古今等法。「法身無念，一切
眾生妄念三世多劫之法，不離無念之中。以是義故，此華嚴世界所有莊嚴境界，能現諸佛業，

衆生三世所行行業因果，總現其中。……如百千明鏡，俱懸四面，前後影像，互相徹故，爲

法界之體性無時故。……九明華嚴世界因何得隱現自在者，爲從一切法空之理，隨智現故，

得隱現自在。……善財白言，此莊嚴何處去？彌勒答言：從來處去。非集非常，遠離一切。……日：從何處來？日從菩

薩智慧神通來，依菩薩智慧神力而住，無有去處，亦無住處。……雖

無來去，然以慣習不可思議幻智力故，及往昔大願力故，如是顯現。華嚴世界亦復如是。以

如來大願智力，法性自體空無性力，隱現自在。若隨法性，萬相都無，隨願智力，衆生隨現。

隱現隨緣，都無作者。但以理智，法爾自具不可思議功，不思議境變，無能作者，自在隱現。

凡夫執著，用作無明。執障既無，智用自在。順法身，萬象俱寂；隨智用，萬象俱生；隨大

悲，常居生死；隨理智，生死恒眞。以此三事，隱顯萬端，不離一眞之智，化儀百變。」（上

冊　頁三一二─三一三）

這段解釋相當清楚，萬法，乃是隱現問題。在眞如法身空無一物，純淨光明，就如一片

光海。眞如光海現出萬物，是理智力的作用，理智力觀到光海中有萬物。理智力是三世的業

力，也是果報，三世業力不同，所見萬物的層次不同，凡夫執著萬物爲有，得道的人聲聞緣

覺菩薩觀萬物，知道是空是假，但心仍有所偏，「智用自在」，「執障既無」，佛則一眞之

智，「萬象俱寂」，因此萬事「隱現隨緣」。

緣，「緣何意義？緣意有四：一為明二乘雖得解脫三界粗業，無有福音，不利眾生，滯於涅槃。二為三乘菩薩，有樂生淨土，淨相常在，障法性如理，染淨當情知見不普，情存淨土，不得自在。……三為佈一切法空眾生，為法空無相之理，謂言斷見，空無福智，不樂觀空，樂取相縛，隨境存業，不得解脫者，所現福樂依現果故，令觀空法，空卻無明，不樂觀業。四、總為一切三乘，及一切凡夫，現廣大願行福智境界量度樣式，令其做學，不偏執故。」

（同上 頁三一二）

上面所講的緣，為華嚴世界的緣，所以現出華嚴世界是為指示三乘及凡夫一切人，要除去心理障礙，以得福智。心理障礙是心所所著，或執著萬法為有，或執著涅槃，或執著淨土，或執著渡眾生。因心有著，心不能空，心便隨所執著而現各層物相或法理。若能心空一切，完全自在，則萬象俱寂。

萬法是空幻，空幻成為假相，因著人的理智去想。萬法的存在，是在理智即人的心中。

5. 四種法界

法界的第一種意義，為宇宙萬法。華嚴宗解說宇宙，以理和事兩個觀念作綱要：理，為宇宙萬法的實相，即宇宙萬法所以存在之理，是為真如；事，為宇宙萬法，宇宙萬法是空，

有三重觀和海印三昧。

四種事和理的關係，華嚴宗認為不是存在的關係，而是「觀」——認識的關係，天台宗乃現象。

大乘圓教，如天台和華嚴都講理和事，事和事互相融，不分彼此，真如為本體，事物為現象。

大乘始教，如中論，般若，都講空，講如來藏。理和事相即而不相離。

小乘佛教把事和理相分離，袛講事，以五蘊的事（物）為有，不講真如。

事事無礙界，宇宙萬物，互相通融，華嚴宗的華嚴世界各事如同晶珠互映，彼此互融。

理事無礙世界，起信論和天台宗，以理事同一，天台宗以十法界互攝。

理世界，為事物存在之理，隱藏在事物裡，即是真如。大乘如來藏系統講萬法唯心，心為如來藏，如來藏就是真如。

事世界，為現象世界，即宇宙萬物，小乘佛教以現象為有。

一切圓融；就萬法來說，則有這四種關係。佛教的宗派，各主重一種關係，各派宗義乃不同。

是假相，是現象。就理和事的關係，有四種法界：事法界、理法界、理事無礙法界、事事無礙法界。這四種關係，就是華嚴世界萬法的關係。華嚴世界在整體來說，一切關係都寂滅，

6. 六相圓融

天台宗講十如如，華嚴宗講六相圓融。六相爲：總相、別相、同相、異相、成相、壞相。

法藏在金獅子章說：

「獅子是總相，五根差別爲別相，共一緣起爲同相，眼耳各不相知是異相，諸緣共會是成相，諸緣各住自法是壞相。」（金師子章）

「初列名者，謂總相、別相、同相、異相、成相、壞相。總相者，一含多德故。別相者，多德非一故。別依止總，滿彼總故。同相者，多義不相離，同成一總故。異相者，多義相望，各各異故。成相者，由此諸義緣起成故。壞相者，諸義各位自法不移動故。」（華嚴一乘教義分齊章　卷四）

六相爲物體構成因素的名稱，每一物有總相和別相，有成相和壞相；多數物體也有總相和別相，也有成相和壞相。至於同相和異相則在兩個以上物體中可以有。六相的意義是在「相」上，「相」在佛教思想裏指著形相，形相常有狀態的意思，狀態可以用線條繪出，看

來是一種模形或規劃。因此，一切計劃都可以稱爲形相，計劃的形成是有「理」的，「理」乃是計劃的根基和目標。「相」便也指著物體的「理」，稱爲性相。「六相」不是講外面的形相，是講事物的性理，從性理方面觀看萬法（物）的性理的總別同異和成壞；但是萬法沒有各自的性相，萬法爲空爲虛，祇有萬法的眞實性—眞如是實相，因此，六相實際是一，互相攝取，互相圓融。

法藏在上面所引華嚴一乘教義章接著用偈說：

「一即具多名總相，多耶非一是別相。

多數自同成於總，各種別異現於同。

一多緣起理妙成，壞住自法常不作。

唯智境界非事識，以此方便會一乘。」（同上）

因著人的理智，就是人心的了別識，分別這些六相，達到悲觀的境界，只有一乘的圓融。

二、　華嚴宗的海印三昧

方東美在輔仁大學講華嚴宗哲學，曾說華嚴宗思想具足五套哲學理論，第一套是三重觀，

第二套是四法界，第三套是法界緣起，第四套是一真法界，第五套是六相圓融。（華嚴哲學

上冊　頁三三六）這五套哲學，其實是一套相連的思想，在上面已經講過了第二、第三、第五

套，在後面要講第一和第四套，就是華嚴的認識論。

天台宗和華嚴宗的認識論，要從兩宗所講「觀」法去研究，對天台宗我們研究了「摩訶

止觀」，對華嚴宗的觀法，我們研究「三重觀」，「十玄門」，「海印三昧」。

1. 三重觀

佛教大乘各派常講三性和三無性，三性為偏計所執性、依他起性、圓成實性。三無性為

相無性、生無性、勝義無性。三無性針對三性以破除，破除的方法，都是在觀法。三重觀為

杜順所講，一為眞空觀，二為理事無礙觀，三為周偏含忍觀。

甲、眞空觀

觀一切萬法爲空，但不執著空爲空，空無自性，不能執；心理須平衡，也不能執著。眞

空觀，以萬法畢竟爲空，然心理上沒有「空」的想念。

杜順講眞空觀分爲四類：會色歸空觀，明色即空觀，空色無礙觀，泯絕無寄觀。

會色歸空觀，把一切的色，即是一切物質物，歸於眞空，這一類再分爲四門：色非斷空觀，色非眞空觀，色空非空觀，色即是空門。這一種觀，以色爲空，心繫在空上，心裡並不眞空，祇講到觀空，但仍執著空。所謂空在本體上又不是空，因爲不是無，所以是空非空。既然空非空，心便不執著空。

明空即色觀，由空的觀點去觀色，有四種觀法：空非幻色門，空非實色門，空非空色門，空即是色門。由空的觀點去觀色，空就是色，色不是幻色，又不是實色，也不是空色。這是從存在去觀色，色是不有又有，是無又非無，宇宙萬法（物）是亦有亦不有，亦無亦不無。

空色無礙觀，如同理事無礙，空就是色，空和色相互解釋。空是否定，色是否定；空是無，色是有；兩者對立，互相衝突。華嚴宗的觀，目的則是取消一切衝突，把否定和肯定結在一個主體上。

泯絕無寄觀；否定和肯定結在一起，這句話便失去意義；若一切的語言都失去了意義，心上便是一片空白，什麼思想都沒有，什麼意念都沒有。色和空既是一，色也沒有意義，空也沒有意義，宇宙萬物一切都沒有意義，心便寂滅，無所寄託。這是眞空觀。

乙、理事無礙觀

華嚴宗的四法界中第三法界，就是理事無礙法界，理為真如，事為宇宙萬物。在存在方面，理事不能分離；事固不能脫離理，宇宙萬物脫離真如就不存在：理也不能和事相離，在理論上，真如不能是一孤單體，它必表現自己。在「觀」方面，理事相連，觀宇宙萬物，必須從真如去觀，觀真如，也要從宇宙萬物去觀，否則就會陷入真如不可見，不可說，就如禪宗不立文字，文字失去意義。

理事無礙觀分為十門：理偏於事門，事偏於理門，依理成事門，事能顯理門，以理奪事門，事能隱理門，真理即事門，事法即理門，真理非事門，事法非理門。

這十門代表理和事的十種關係，十種關係從存在和認識兩方面去看，互相成立，互相顯示，互相分別。

佛教講空，不講無。宇宙萬物是空，但不是無。宇宙萬物實際存在，是有，不能用一句話說都不存在，是無，把一切都否決。可以說一切都是幻想，但幻想是有，不能說是沒有，就必須詮釋幻想是什麼？怎麼成的？佛教就在作這種解釋。

丙、周徧含容觀

華嚴四法界的第四法界，爲事事無礙法界，三性的第三性爲圓成實性；這兩點在「觀」方面，合爲周徧含容觀。從理一，即眞如，去觀宇宙萬物，萬物同一理，互相通，互相攝。從萬物去觀萬物，萬物都沒有本性，沒有本相，都是空，彼此也相通。周徧含容觀，觀萬物一切相通相攝，絕不排擠，絕不自相限制。這種觀也分十門：理如事門，事如理門，事含理事門，通局無碍門，廣狹無礙門，徧容無礙門，攝入無礙門，交涉無礙門，普融無礙門。

華嚴宗的這種觀，建立了下面的三種方式：

交涉無礙門：

一攝一，一入一。
一攝一切，一入一切。
一切攝一，一切入一。
一切攝一切，一切入一切，

相在無礙門：

　攝一入一。

　攝一切入一。

　攝一入一切。

　攝一切入一切。

普融無礙門：

　一法攝一入一，　　一切攝一入一，

　一法攝一切入一切，　一切攝一切入一切，

　一法攝一入一切，　一切攝一入一切，

　一法攝一切入一。　一切攝一切入一。

華嚴宗的三重觀是很邏輯的，它的原理有四點：一切萬法爲一心眞如的現象，一切萬法

為空，一切萬法以真如而存在，一切萬法以一心真如的性相為性相。

2. 十玄門

法藏在探玄記講十玄，澄觀在華嚴疏抄講新十玄，兩種十玄沒有不同，實則在杜順的三重觀就包括十玄門。

甲、同時具足相應門

一切萬法是空，但具有真如的性相。因著真如的性相，各各具有同一的性相，彼此互相通應。而且一物具有一切物的性相；因此同時具足一切。

乙、廣狹自在無礙門

萬法沒有各自的性相，為空；便沒有物質，沒有量，沒有廣狹，當然彼此交通無礙。

丙、一多相容不同門

萬物在色相方面，都不相同，各自獨立；但實際上是空無自性，一和多相容相通。

「以一剎種入一切，一切入一亦無餘。

體相如本無差別，無等無量悉周遍。」（八十華嚴　卷八　華藏品）

丁、諸法相即自在門

既然一入一切，一切入一，一切入一切，諸法便相即自在。相即是相連相通，而且彼此

可以互相代替。

戊、祕密隱顯俱成門

從萬法（物）說，理是隱，事是顯，理事互相成。從眞如說：眞如向外顯示，乃有萬法，

眞如本體則純淨不污染，眞如本體爲祕密隱，萬法爲向外的顯露。隱顯常是俱成。

己、微細相容安立門

這一門和廣狹無礙門，一多相容不同門相連，細微和廣狹的意義相通。

「昔曾受化及修行，皆使了知真實義。

十方所有諸國土，悉入毛孔無有餘。

一切毛孔剎無邊，於彼普現神通力。」（八十華嚴　卷第三十一　十迴向品第二十五之九）

庚、因陀羅網境界門

這一門觀法為華嚴宗的特點，因陀羅網是掛在帝釋天宮的極大珠網，每個網孔嵌有一顆明珠。每顆明珠，映顯所有明珠。在上面我們已經講過這種情景。

六十華嚴經卷四爐舍那佛品第二下，描寫摩尼寶王有無數香水海，又有一羅網，網中盛滿香水，水中有眾花，花又噴香，水香花香互相融會，每一花具有一切花的香味。

辛、託事顯法生解門

事由法生，就事觀理，理顯。這門所標出的法，和理同義，不是通常所說的萬法。

壬、十法隔世異成門

十世相隔的法，法為事，十世的事互相成，這一門破除時間的阻礙，就似上面第二廣狹

自在無礙門，破除空間的阻礙。十世的法，同由一心眞如而來，以同一眞如爲性相，故異時相成。

癸、主體圓明俱顯門

萬法的主體是一心，主體因萬法而顯，萬法實際上是空，各種法顯明一心的能力（德），所以萬法顯明一心的各種德能。各種德能同爲一心所顯，萬法和一心眞如互相圓融。

十玄門和三重觀，多多少少常有重覆。主體圓明俱德門和三重觀的周遍含容觀很相同。

宗密在注華嚴法界觀門結語說：「令圓明顯現，稱行境界，無障無礙，深思之，令現在前。

若人欲識眞空理，身內眞如還徧外。

情與無情共一體，處處皆同眞法界。

祇用一念觀一境，一切諸境同時會。

於一境中一切智，一切智中諸法界。

一念照入於多劫，一一劫收一切。

時處帝網現重重，一切智通無窒礙。」

澄觀作華嚴法界玄義，疏解杜順三重觀，在開端解釋三重觀說：

3.

甲、觀法的理論

海印三昧

「言法界者，一經之玄宗，總以緣起法界不思議爲宗故。然法界之相要唯有三，然總具四種：一事法界，二理法界，三理事無礙法界，四事事無礙法界，今是後三。其事法界歷別難陳，一一事相皆可成觀，故略不明。總爲三觀所依體，事略有十對，一教義，二理事，三境智，四行位，五因果，六依正，七體用，八人法，九逆順，十感應。隨一一事，皆爲三體所依之正體。」

澄觀標明華嚴宗之宗義，爲法界緣起。緣起性空，不可思議，爲觀法的原則。法界爲四，第一事法界爲色，色爲空，沒有觀的價值。事法界須和理法界由關係方面去講，才有觀的價值。「觀」的對象是事和法的關係，關係從十方面去考慮。

「言眞空者，非斷滅空，非離色空，即有明空，亦無空相，故名眞空。如文具，三周遍含容者，事本相礙，大小等殊，理本包徧，即空無礙，以理融事，全事如理，乃至塵毛，皆具包徧。此二相望，成於十門，亦如下說。」

澄觀概括說了三重觀的大意：眞空觀是「即有明空」，根據有去觀空，不是觀空爲斷滅一切的空，也不是觀空爲和色相分離的空。空是色，空亦是有。理沒有形相，全在各萬中，有包徧名事。因此事理無礙，事事無礙。

宗密作注華嚴法界觀門，在眞空第一注說：

「理法界也，原其實體，但是本心，今以簡非虛妄念慮，故云眞。簡非形礙色相，故云空。」

「理事無礙觀第二，注說：前雖說色是簡情計以成眞空，空色無礙，泯斷無寄，方爲眞如之理，未顯眞如妙用，故唯是眞空觀門，未爲理事無礙。今諸事與理，炳然雙融，故得此觀名也。」

「周徧含融觀第三，注說：一一事皆如理，故融通也。謂若唯約事，即彼此相礙，若唯約理，則無可相礙，亦無可徧容。今以事如理融，故有十門無礙。」

牟宗三曾說：「這一圓教系統之基本前題可如下列：1.緣起性空，2.毘盧遮那佛法身，空觀我，有「理本包徧，即空無礙」相即相入。

實際上，三重觀和十玄門的基本原理，萬法由一心眞如性起，性相俱空。因此，乃有眞如本身，明淨如海，萬法反映在海中。眞如本覺顯示自身，如同一片澄清的海水，在自己本身顯映萬法。

3.海印三昧。由此三前題，可以奇詭地引申出種種玄談，如十玄緣起之所示。」（佛性與般若

上冊　頁五五四）

乙、海印三昧

海印三昧在華嚴經嚴賢首品提出，爲十種三昧的第一種，總攝其他九種三昧。

海印三昧爲眞如本覺，好似大海，風平浪息，海水澄清，天上星辰，地上山林樹木，都映在海中。眞如本身，明淨如海，萬法反映在海中。眞如本覺顯示自身，如同一片澄清的海水，在自己本身顯映萬法。

澄觀在華嚴經疏釋以十層次解釋海印三昧的意義：一無心能現，二現所所現，三能現與

所現非一，四非異，五無去來，六廣大，七普現，八頓現，九常現，十非現現。法藏在逆盡

還源觀說：「言海印者，真如本覺也。妄盡心澄，萬像直現，猶如大海由風起浪，若風止息，

海水澄清，無像不現。」

法藏作修華嚴奧旨妄盡還源觀，說明這觀法的意義，在書的開端說：

「今略明此觀，總分六門，先列名，後廣辨。

一、顯一體，謂自性清淨圓明體。二、起用，一者，海印森羅常住用；二者，

法界圓明自在用。三、示三徧：一者、一塵普周法界徧；二者，一塵出生無

盡徧；三者，一塵含容空有徧。四、行四德：一者，隨緣妙用無方德；二者，

威儀住持有則德；三者，柔和質直攝生德；四者，普代眾生受苦德。五、入

五止：一者，照法清虛離緣止；二者，觀人寂寞絕欲止；三者，性起繁興法

爾止；四者，定光顯現無念止；五者，事理玄通非相止。六、起六觀：一者，

攝境歸心真空觀；二者，從心現境妙有觀；三者，心境祕密圓融觀；四者，

智身影現眾緣觀；五者，多身入一鏡像觀；六者，主伴互現帝網觀。」

這段疏解說明了海印三昧的各種意義。海印三昧是一心眞如的自性清淨圓明體之一種作用，海水澄清，萬象齊現。法藏引華嚴經「經云：森羅及萬象，一法之所印，言一法者，所謂一心也。是心即攝一切世間出世間法，即是一法界大總相法門體。唯依妄念而有差別，若離妄念，唯一眞如。」眞如本體的另一作用法界圓明自在用，爲華嚴三昧，廣修萬行，稱理成德，乃能得華嚴三昧，有海印三昧的圓覺，又有智慧方便神通，一切自在。第二到第五所說，爲修行的境界，第六則講海印三昧的六種觀法。這六種觀法，包括上面三重觀和十玄門的重要觀法。先由眞空觀觀世物爲空，次由一心觀萬物爲妙有，第三觀心物合一，祕密圓融，第四，一心如海水顯現萬物，第五，萬物融入一心，第六本體一心和萬法顯現在每一物中，如帝網珠粒互相反映。

海印三昧按澄觀的十層意義，海印三昧的本體一心眞如，澄清無物，也無心，故無心能現。眞如一心所現，凡入世出世一切法，都現，故現所現。所現萬法和眞如本體不是一體，故能現與所現非一。但雖不是一體，但萬法和眞如一心爲一，故非異。萬法沒有來去，沒有生滅，祇現在眞如一心，如在大海，故無去來。眞如一心所現，廣大、普現、頓現、常現，不是幻象的顯現。

華嚴宗爲表現海印三昧的實際境界，乃用毘盧遮那佛象徵一心眞如，或稱毘盧遮那法身

佛，或簡稱盧舍那。「毘盧遮那」意譯爲「遍一切處」，「盧舍那」意譯爲「光明遍照」。

丙、毘盧遮那佛

毘盧遮那佛，（毘盧遮那）「毘盧」意思是「種種」，「遮那」意思是「光明」，即是說毘盧遮那佛法身慈智以種種救行的光，破除衆生的暗昧。毘盧遮那佛爲修行多世的佛，轉了多數法輪：

「毘盧遮那佛，能轉正法輪，法界諸國土，如雲悉周徧，

十方中所有，諸大世界海，佛神通願力，處處轉法輪。

十方塵國土，光網悉周徧，光中悉有佛，普化群衆生，

佛身無差別，充滿於法界，能令見色心，隨機善調伏。」（八十華嚴經　如來現品

第二）

毘盧遮那佛法身把曠劫修行的嚴淨故，一時都能顯現，所以稱爲「世主」。一身遍射光明，遍照無數世界，連一毛孔中也現三千大世界。「世主」也就是「世尊」，是釋迦牟尼佛。

他成道後，演說華嚴。

「爾時世尊，處于此座，於一切法，成最正覺。

智入三世，悉皆平等，其身充滿一切世間。」（八十華嚴　世主妙嚴品第一）

毗盧遮那佛法身，如比大海，三世一切都顯映在海中。又好比一盞大晶珠燈，燈上懸掛無數晶珠，每一顆珠反映無數的珠；又好比一大帝網，網絲結處有寶珠，寶珠互相顯映，這種描述華藏經稱爲不可思議。

這種不可思議的情景，描述華嚴宗的認識論。真真的認識，祗有佛的「正覺」，其他的凡夫，聲聞，緣覺，菩薩所有智識，不是真的認識，都是假想，誤覺，佛的正覺，爲佛，即一心真如的自覺，自己認識自己。一心真如本體純淨光明，自然顯露自己，即是自己認識自己，不是用理智去反省自己，也不用觀念代表自己，祗是自己顯露自己。

一心真如顯露自己，宇宙的一切萬法都也在中顯現，所顯現的人，好比顆顆寶珠，反現宇宙的一切，有的認爲都是真的，有的認爲是假的，有的認爲是通的，這就凡夫的愚昧，和求道的人的一切智及道種智，到最後這些人修行到最高境一切種智，認識一切圓融於一心真

如；從眞如去觀宇宙萬法，一切平等，一切無礙，一切圓融。

這種認識論可以彷彿天主教神學講天主上帝的認識，天主自己認識是顯露自己，天主是純淨的絕對精神體，光明無暗，天主所造的天使和宇宙萬物，這些受造物的性相也顯在天主本體內，天主在本體內又在本體以外認識受造物。宇宙人類認識萬物，用天生的理智去認識，認識的對象是宇宙萬物。天使和在天堂的聖人，都是相對精神體，和宇宙物質沒有接觸，他們認識宇宙萬物，是在天主本體所顯露的萬物去認識。人世的事故的理也顯露在天主本體內，天使和天堂的聖人，在天主本體內看到人事發生和經過的理。沒有升天而受罰的靈魂，不能見天主，也不能知道人世的事。這一點在西洋歸屬於神學，在中國佛教歸於哲學。在一層祇是一種彷彿佛相似，在本質上則不相同，佛教的宇宙萬法爲空爲假，天主教的天使聖人以及宇宙萬物是在是實，是天主創造力的果。

華嚴經詳細講修行之道，有十心、十信、十住、十地、十行、十迴向。修行的行果，爲妄盡還源觀，普賢十大願。法藏述華嚴奧旨妄盡還源觀，分爲六門：

六門

觀　　止　　德　　徧　用　體——真如清淨圓明體

　　　　　　　　　　　　　海印森羅常用
　　　　　　　　　　　　　法界圓明自在用

　　　　　　　　一塵普遍法界徧
　　　　　　　　一塵出生無盡徧
　　　　　　　　一塵含空有徧

　　照法清虛離緣止
　　觀人寂怕絕欲止
　　性起繁興法爾止
　　定光顯現無念止
　　事理玄通非相止

主伴互相帝網觀
多身入一鏡像觀
智身顯現眾緣觀
心境祕密圓融觀
從心現境妙有觀
攝境歸心眞空觀

普代眾生受苦德
柔和質直攝生德
威儀住持有則德
隨緣妙用無方德

普賢十大願

禮讚諸佛
稱讚如來
虔修供養
懺悔業障
隨喜功德
諸轉法輪
諸佛世住
常隨佛學
恆須衆生
普皆迴向

華嚴經的入法界品，在各種華嚴經譯本中都有，在品中，佛向各方菩薩講如來境界，智

行，加持，力，無畏，三昧，所住，自在，身，智，表現佛的圓融智。

方東美曾經說華嚴事理圓融觀可解決一切哲學上主客空有對立難解諸問題，又說華嚴眞

空觀解決了哲學史上存而未決的思想體系。（華嚴宗哲學 下冊 二章）這種說法似乎太懸空，

太誇獎，中西哲學的認識論，出發點不同，所依附的形上本體論不同，不能混而爲一。

這一篇所寫已經很長了，在這裡作結束。

全書結語

西方哲學從笛克爾以來，幾乎四百年都在認識論裡面轉來轉去，不能有個共同的結論。

英國洛克、休謨等的經驗主義，否定理智有認識物性的能力，德國康德的純理性批判，祗標出先天的範疇，費希特和黑格爾主張絕對理念論，馬克斯主張唯物論的感覺，胡賽爾的現象論提出「回歸事物本身」，最近的邏輯實證論，或是數學邏輯，或是語言邏輯，都沒有對理智認識力的共同點，祗有士林哲學繼承亞里斯多德和聖多瑪斯的思識，肯定理智可以認識物的性理，被認識的對象在人的理性中，和理智相結合，得有一種「理性的存在」。

當代中國哲學人士對西方哲學認識論，予以批判、責備兩分主義，或主客二元主義，認為西方認識論把認識主體和被認識的客體分離，中間設了一道鴻溝，主客兩體沒結合的可能，不能有理智的認識，這乃是人自己造的孽。他們稱揚中國的認識論，沒有主客兩體的分離，主客為一體，認識便沒有問題。

方東美稱揚佛教華嚴宗，可解決一切二元對立的心病，華嚴事理圓融觀可以解決一切哲學上主客空有對立難解諸問題。（方東美 華嚴宗哲學 下册 第十七 第二十一講）

牟宗三則認為華嚴宗為分析法的別圓教，真正圓教是天台宗，天台宗以權實通於大小各宗，一切圓通平等。天台宗教義不以直線分解方式，是以曲線詭譎方式，在圓教的佛心智上始有智的直覺。「一念三千，法性三千，法性具三千即智具三千，智現三千。智具智現即智的直覺之自性妙用。智的直覺，只是佛心智之自我活動，不是成性之被動與接受。其自我活動即當身而現三千世間法，此即智的直覺在佛教系統一之創生性──消生意義的創生性，此與儒家意志因果之積極意義的創生性不同。」（牟宗三 智的直覺與中國哲學 頁三二二）

梁漱溟則分理智和理性：「理性者人心之妙用，理性者人心之美德。後者為體，前者為用。雖體用不二，而為了認識人心有必要分別指出。……自我言之，理智、理性各有其所認識之理。理智靜以觀物，其所得者可云物理，是夾雜一毫感情（主觀好惡）不得的。理性反之，要以無私的感情的中心，即從不自欺其好惡而為判斷焉，其所得者可云情理。」（梁漱溟 人

心與人生 頁九五）

簡單來說：梁漱溟分理智和理性為體用，可以說是中國儒家傳統的性和心；理智為性、為理，為體，理性為心、為知、為用。但是梁氏說兩者都認識理，實則就是儒家所說理智的

物理，就是心所顯的天理；理性的情理，就是心知外物之理。

這種儒家傳統的認識，以完滿的認識，為窮理盡性，即是人心顯明天理。這種認識是心顯明理，不是心認識理，理已在心中，遇事物乃顯出，這種認識是良知，是直覺式的知，不是西方哲學的理智認識，也不是理智的直覺。不能拿這種認識方式去批判西方認識論。兩方的認識對象和內容不同。西方哲學也有良知，和儒家的思想相同。

儒家認識論可以用為批判西方認識論，在於肯定理智（心）的認識能力，可以認識理。西方哲學除士林哲學外，都不肯定理智的認識「理」的能力。

中國哲學無論儒、墨、道，都肯定理智的認識能力，都肯定名必有實。中國哲學用的基本原理是「體用合一」。熊十力非常強調這一點，「本書的旨趣，是在即用顯體，這是上卷已經說過的。為什麼可以即用顯體呢？許多學者，每云，體不可說，只好依作用顯示之。這句話，等於空說白道。我們應先理會體用二詞的意義，是可以分作二片的事物事呢，抑是畢竟不可分為二片的呢。這個問題，真正重要。如果說，體用是可分的，那麼，體自為體，用自為用，如何可云即用而顯體？我願好學深思的人，不要忽視這個問題。」（熊十力 新唯識論 頁二一）「余嘗默然息慮，而知體用畢竟不可分為二片。使其可分，則用既別於體而獨存，即用體有自體，不應於用之外，更覓一物，說是本體。又體，若離於用而獨存，則體為無用，

之體，不獨是死物，亦是閒物。往復推徵，體用畢竟不可分，是事無疑。今當以二義，明不可分。一曰；即體而言，用在體。夫體，至寂而善動者也，至無而妙有也。寂無者，是其德恒常而不可易也。動有者，是其化至神而不守故也。……然而寂無，則說爲體之本然。動有，亦名爲體之妙用。本然不可致詰，妙用有可形容。是故顯體，必於其用。誠知動有，元無留迹。則於動有，而知其本自寂無矣。故夫即用而顯體者，正以即用即體故也。所以說用在體者，在字須活看。意云，此用即是顯之顯現，非有別異於體而獨在的用故。二曰，即用而言，體在用，此與前義本一貫，特返覆以盡其蘊耳。」（同上 頁三一九─三二〇）

熊十力的「即用顯體」的意義和普通哲學界的體用意義不相同。他採用佛教的思想，揉和易經的思想，構成自己的「生生」思想。他所說的「體」，「是一種極絕待，無方無相。」「是幻現相狀，宛爾萬殊。體，喻如淵深停蓄之大海水；用，喻如起滅不住之衆漚。」（同上 頁三七〇）這種體，是佛教的眞如，用，是宇宙萬物。他的「即用顯體」，和陸九淵王陽明的「即心顯理」相同，也和朱熹的「窮理盡性」相同，歸根是大學的「明明德」。

普通中西哲學的認識論，講「即用顯體」，體和用在本性上是分別的，體是體，用是用；在存在上，則是合一的，用是存在於主體上，用是主體的行動，行動之理是主體的理，因此由行動之用可以認識主體。「即用顯體」是用顯主體之理，我們可以說主體是這種物體；例

如由人的行為，說人是理性的動物。西方士林哲學肯定這一點，其他的哲學派別，或是否認

「用」可以顯主體之理，或是否認人的理智可以由用以知理，或者認為用所顯的理只是局部

的理，不代表整個主體。

最後的這一說，也是老子莊子所說的小知，不足為知識，因而沒有是和非。

儒家肯定理智的知識，所以主張：「博學之，審問之，慎思之，明辨之，篤行之。」

（中庸 第二十章）但是宋明理學家則認為理智的知識，祗是對外物的普知識，為人日常生活

之用，真真的完好知識，則是「大學之道，在明明德。」，在於人心顯出人性的天理。

儒家的理智知識，不是科學知識，王陽明以為朱熹的格物，是求科學知識，乃埋頭去剖

竹，求知竹的竹理，到底求不得，幾乎精神分裂，遂放棄朱熹的格物，走向陸九淵的反觀自

心。

朱熹的格物致知，是由感覺印象，人心得知物體行動之理，然後人心知道應付物體行動

之理。人和物的關係都是在生命方面。宇宙之理為一理，一理即是生命之理。萬物在生命的

根本上是相通的。莊子以這種相通為「一氣」的相通，所以講「氣知」。朱熹以這種相通為

「一理」的相通，所以講「今日格一物，明日格一物，久之，自然貫通。」貫通時，則是人

性天理，由人心而顯。

理智（人心）格物致知，朱熹和儒家學者都不講認識的主體客體之分，因爲外物的行動之理，即生命之理，本來就在人心，對外物的感覺，引導人心反觀自心，這種思想和西方哲學的認識論不相同。

佛教的認識論，更和中、西哲學的認識論不同，方東美和牟宗三稱揚華嚴宗或天台宗的圓融，說是解決或破除西方二元對立論，都不合於理。天台和華嚴兩宗代表中國佛教的最高峰，也結合了佛教各宗的思想。佛教以人生爲痛苦，痛苦的來源，因爲人心對世物有貪戀；人心的貪戀是因爲人認爲事物爲實有，人認爲事物爲實有，是因爲人無明，錯把空無的萬物視爲實有。痛苦的緣因來自不正當的認識，破除不正當的認識在於以正當的認識去破除。這種正當的認識，稱爲智慧，稱爲正覺，稱爲得道。正覺所認識的是什麼？宇宙祇有一「眞如」實體，實體向外的顯露，是爲宇宙萬物。好比海水是眞如，海波是萬物。所顯海波中，有些海波認爲自己是實體，別的海波也是實體，全海波浪成了宇宙萬法，正覺使錯覺的海波體驗自己是海水的一形色，別的波浪都是形色，而且像大海風平浪息的一樣，海波回歸海水，沒有波浪，只有海水，沒有波浪的高低大小不齊，一切是海水平平，一切平等。這就是方東美和牟宗三所稱揚的圓融。這種圓融爲本體的圓融，一切事物無性無相。物是空無，又因眞如而有，亦有亦無，亦空亦不空。當然，一切二元相對都破除了，實則一切萬物都不存在了，

都不是認識的對象。方東美說華嚴宗以事理相即相融，事是物，理是真如，物當然融在真如裡。

佛教的最高正覺，有天台宗的摩訶止觀，有華嚴宗的海印三昧，還有禪宗的禪觀，都是真如本體顯現萬物，好似海水顯出海波；這是本體論的存在，體驗到這種存在，乃有正覺，為佛教的智慧。這種正覺不是認識物的理，而是體驗物的不存在。無明幻化萬物為有，正覺體驗萬法為無。但同時，又體驗到萬物的根本為真如；能夠達到這種正覺的境界，人就體驗和真如和而為一，好比海波跌入海中，和全海水合而為一，進入涅槃、成佛。

佛教大乘以人人都有佛性，佛性為人的真性，為人的真我，所以要「明心見性」，在心中見到真性，即佛性。

宋明理學家採取佛性這種認識論，也談「明心見性」，去掉人心的私慾，以見人性的天理；內容和佛教不同，方式則相同。

真正要貫通中西哲學的認識論，可以用朱熹「理一而殊」的思想，萬物生命之理，根本相同，彼此相通，沒有認識主體和客體之分。這就是生命哲學的認識論。

整個的學術，整個的宇宙，都是人的認識所構成的，全球人所不認識的天際銀河，等於不存在。人們認識萬物，當然不是虛構，是根據外面的實體，人為認識，天生有感官和理智，

感官認識形色，理智認識物的理；應該對理智的認識力，沒有問題，既是天生的認識官能，當然具有認識對象的能力。西方哲學家中，要証明理智有認識能力，不能証明，就是沒有。可是為証明理智的認識能力，還要用理智去証明，就像西方哲學家中有人要証明自己的存在，仍舊要用自己的存在去証明。這些前提都是不能用証明去証明，也不要去証明，而是自己的直覺。

人的一切知識，是理智，即人心的活動，是人的生活。人的生活為生命的發育，生命的發育和生命相關連；人的一切知識都直接或間接和生命發育相關連，都要有益於生命發揚，而不傷害生命。例如原子能的知識要為人類生命服務，而不摧毀人類的生命。中國哲學以人的生命，由心靈生命作主幹，代表人的生命，心靈生命的發揚為人精神的發揚，建立高尚的道德生活。中國哲學乃以「人生之道」作為求知，即求學的目的，倫理道德乃範圍整個人生，私人生活，家庭生活，社會國家生活，日常生活，學術生活，工商業生活，政治生活，藝術生活，一切都有倫理道德的規範。生命是一體，生命的發展是一體，發展的原則是一體。這是中國哲學的優點！